52주
기독교 신앙의 체계

기독교 신앙의 체계

ⓒ **생명의말씀사** 2021

2021년 7월 30일 1판 1쇄 발행

펴낸이 | 김창영
펴낸곳 | 생명의말씀사

등록 | 1962. 1. 10. No.300-1962-1
주소 | 서울시 종로구 경희궁1길 6 (03176)
전화 | 02)738-6555(본사) · 02)3159-7979(영업)
팩스 | 02)739-3824(본사) · 080-022-8585(영업)

지은이 | 김창영, 김홍만

기획편집 | 유선영, 최은용
디자인 | 조현진, 김혜진
인쇄 | 영진문원
제본 | 정문바인텍

ISBN 978-89-04-03177-1 (03230)

저작권자의 허락없이 이 책의 일부 또는 전체를
무단 복제, 전재, 발췌하면 저작권법에 의해 처벌을 받습니다.

52주

기독교 신앙의 체계

– 바른 신학으로 바른 신앙을 이끄는 52주 신학 공부 –

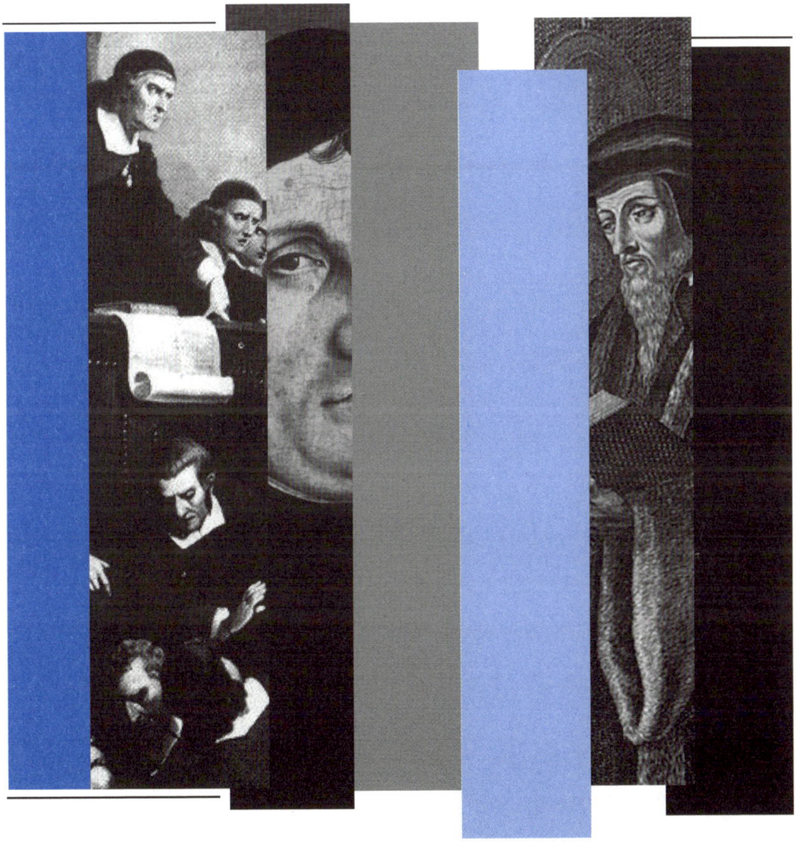

김창영 | 김홍만

생명의말씀사

목차

서문 – 바른 신앙의 체계를 세우는 원리와 방법 •08

I. 성경론: 성경이란 무엇인가?
1. 기독교 신앙의 근거 •16

II. 신론: 하나님은 어떤 분이신가?
2. 하나님의 존재와 속성 •24
3. 삼위일체 •32
4. 만물 창조 •38
5. 인간 창조 •44
6. 하나님의 섭리 •49
7. 선한 천사와 악한 천사 •55

III. 인간론: 사람은 어떤 존재인가?
8. 행위 언약 •64
9. 원죄와 자범죄 •70

IV. 기독론: 예수 그리스도는 어떤 분이신가?

10. 은혜 언약 • 78
11. 예수님의 호칭들 • 84
12. 그리스도의 선지자 직무 • 90
13. 그리스도의 제사장 직무 • 95
14. 그리스도의 왕의 직무 • 100
15. 그리스도의 상태 • 105

V. 구원론: 구원이란 무엇인가?

16. 성령의 유효한 부르심과 중생 • 114
17. 생명에 이르는 회개 • 121
18. 구원 얻는 믿음 • 128
19. 칭의 • 135
20. 양자 됨 • 141
21. 성화 • 146
22. 성도의 견인과 구원의 확신 • 153

VI. 생활론 : 그리스도인은 어떻게 살아야 하는가?

23. 하나님의 율법 · 162
24. 제1계명 · 170
25. 제2계명 · 177
26. 제3계명 · 183
27. 제4계명 · 189
28. 제5계명 · 195
29. 제6계명 · 200
30. 제7계명 · 206
31. 제8계명 · 211
32. 제9계명 · 217
33. 제10계명 · 223
34. 그리스도인의 전신갑주 · 229
35. 마귀의 유혹에 대한 저항 · 236
36. 세상의 유혹에 대한 저항 · 244
37. 육신의 유혹에 대한 저항 · 250
38. 순종과 선행 · 256
39. 주기도문의 서문 · 262
40. 주기도문 전반부의 세 가지 간구 · 268
41. 주기도문 후반부의 세 가지 간구 · 274
42. 주기도문의 결론 · 280
43. 금식과 구제 · 286

VII. 교회론 : 참된 교회란 무엇인가?

44. 그리스도의 교회 • 294
45. 말씀 사역자 • 300
46. 예배 • 306
47. 세례 • 312
48. 주의 성찬 • 318
49. 교회의 권징 • 324
50. 적그리스도, 거짓 선지자 • 330

VIII. 종말론 : 마지막에는 어떻게 되는가?

51. 죽음 • 338
52. 그리스도의 재림과 최후 심판 • 344

서문   바른 신앙의 체계를 세우는 원리와 방법

"구원에 이르는 바른 신앙을 가지려면 기독교가 가르치는 믿음의 체계, 즉 하나님을 아는 지식의 내용을 어떻게 배워야 하는가?" 이 질문은 오늘날 이 시대의 바른 그리스도인이 되기 위해 가정과 교회가 어떻게 자녀와 성도들을 가르쳐야 하며, 더 나아가 말씀의 사역자가 되기 위해서 본인 자신이 어떻게 신학 훈련을 받아야 할 것인가에 대한 필수적인 질문입니다.

중세시대의 영적 암흑기에서 종교개혁의 여명기로 들어서면서, 종교개혁자들은 이 질문에 답하려고 부단히도 애를 썼습니다. 그래서 마르틴 루터는 『소교리문답서』와 『대교리문답서』를 작성했고, 존 칼빈은 『제네바 교리문답서』와 『기독교 강요』를 썼습니다. 또 청교도 시대에는 『웨스트민스터 신앙고백서』와 『소요리문답서』, 『대요리문답서』를 만들었습니다.

구원에 이르는 하나님을 아는 지식을 얻기 위해서 어린이들이나 구원 신앙을 추구하는 자들이 곧바로 신구약 성경 66권을 읽고 자신이 믿는 내용을 정리하는 것은 쉬운 일이 아닙니다. 더구나 거짓 가르침과 오류가 크게 유행하는 이 시대에 바른 신앙의 체계를 스스로 습득한다는 것은 시간적으로나 방법론적으로도 매우 어려운 일이라고 할 수 있습니다. 그래서 종교개혁자들은 먼저 구원 신앙의 체계, 혹은 그 믿는 바를 조직적으로 배우는 것이 우선이라고 생각하여 교리문답서와 신앙고백서를 작성했으며, 이는 성경 전체의 내용을 체계적으로 요약한 것이라고 할 수 있습니다. 이것을 17~18세기에는 '신학의 체계'(Body of Divinity)라고 불렀으며, 19세기부터 오늘날에 이르기까지는 '조직 신학'(Systematic Theology)이라고 부르고 있습니다.

바른 신앙을 위해서는 목회자든 평신도든 먼저 신앙 혹은 신학의 체계를 갖추어야 합니다. 그리고 여기서 '신학'이란 하나님 앞에 바른 신앙생활을 하기 위한 하나님을 아는 지식 체계의 학문을 말합니다. 이 체계를 가지고 있어야 성경을 올바르게 이해할 수 있으며 또한 동시에 성경을 올바르게 해석할 수 있습니다. 이 체계는 이미 종교개혁자들과 청교도들이 발견해서 정리해 놓았으며, 특별히 존 칼빈의 『기독교 강요』와 청교도들이 작성한 『웨스트민스터 신앙고백서』에 잘 나타나 있습니다.

이 책은 거짓과 오류가 가득한 이 시대에 성경을 통해 바른 신앙을 체계적으로 배우고자 하는 자들이 올바른 구원 신앙과 신학의 체계를 세우는 데 도움이 되고자 쓴 것입니다. 따라서 종교개혁자들과 청교도들이 세운 신학의 체계를 따라가되 오늘을 살아가는 그리스도인과 바른 신앙을 추구하는 자들의 질문에 구체적으로 대답하고 있습니다. 더 나아가 그들로 신학의 체계를 굳건히 세워서 구속주(救贖主) 하나님을 아는 지식(saving knowledge of God)을 얻게 하는 일에 그 목적을 두었습니다. 또한, 교회에서 52주간에 걸쳐서 가르치고 배울 수 있도록 구성하였으므로 목회자나 평신도를 불문하고 조국 교회의 진리를 추구하는 그리스도인들이 바른 신앙과 바른 신학의 체계를 세우는 데 편리하게 사용할 수 있을 것입니다. 아무쪼록 이 책을 통해 바른 구원 신앙과 바른 신학을 배우는 동안 주님께서 독자들에게 은혜를 베푸셔서 구속주 하나님을 아는 지식의 넓이와 깊이가 더하여지기를 간절히 기도합니다.

— 은혜의 수혜자 김창영, 김홍만 목사

52주
기독교 신앙의 체계

I. 성경론:
성경이란 무엇인가?

1

기독교 신앙의 근거

1. 기독교 신앙은 무엇입니까?

진정한 하나님은 오직 한 분이시며, 그분이 자신의 백성을 죄에서 구원하시기 위해 그리스도를 구원자로 보내신 것을 알고 믿는 것입니다(요 17:3).

2. 기독교 신앙은 무엇으로 증명할 수 있습니까?

이는 예수님께서 직접 말씀하셨습니다(요 17:3). 이 지식은 단지 개념적 지식이 아니라 성령에 의해서 얻는 영적 지식입니다. 기독교 신앙은 개념적 지식에서 시작해서 나아가 영적인 체험을 통해 얻게 되는 지식에 근거합니다(요일 5:9). 그래서 기독교 신앙은 믿음과 순종을 포함하고 있습니다. 하나님께서 우리의 구원을 위해 하신 일에 대한 믿음을 가지고 하나님의 백성으로서 순종을 통해 의무를 다하는 것이 기독교 신앙입니다.

3. 이러한 신앙은 모든 사람에게 있습니까?

모든 사람이 이러한 신앙을 가진 것은 아닙니다(고전 8:7). 사람들은 창조주 하나님에 대해서 일반적인 지식을 가지고 있지만, 그것도 변질되어 스스로 하나님을 만들어서 섬기거나 피조물을 자신을 위한 신으로 섬깁니다. 이로 인하여 여러 종교와 우상 숭배가 나왔습니다. 따라서 모든 사람이 하나님께서 자신의 백성을 죄에서 구원하시기 위해 그리스도를 보낸 것에 대한 지식을 가지고 있지는 않습니다.

4. 세상에 많은 종교가 있는 이유는 무엇입니까?

사람들이 하나님을 알 만한 것이 그 속에 있는데, 그 지식이 부패해서 자신이 신들을 만들고 그것을 섬기고 있습니다. 많은 사람이 이렇게 신들을 만들고 섬기는 이유는 희미하게 하나님을 아는 지식에서 나오는 하나님의 심판에 대한 두려움 때문입니다. 이러한 두려움 가운데는 자신의 죽음에 대한 두려움도 포함됩니다. 한편으로 그들은 이 세상에서 화를 피하고 오직 복을 얻고자 하는 마음으로 우상을 섬깁니다. 이러한 세상의 종교들은 인간의 죄에 대한 해결책을 제공하지 못하며, 다만 피상적인 도덕적 인간을 추구할 뿐입니다.

5. 하나님을 어떻게 알 수 있습니까?

인간이 하나님을 아는 지식을 얻기 위해 이성적이며 과학적인 연구를 한다 해도 그것을 통해서 얻을 수 있는 지식은 한계가 있습니다. 더욱이 인간은 피조물로서 한계성을 가지고 있기에 무한하신 하나님을 다 알 수는 없습니다. 이는 사람이 물리적인 눈을 가지고 하나님을 볼 수 없는 것과 같습니다(딤전 6:16). 따라서 하나님은 자기 자신을 계시(啓示, 열어 보여주시다)하기를 기뻐하셨습니다. 하나님은 자신이 행하신 것과 하신 말씀으로 자신을 계시하셨습니다. 그러므로 말씀을 따라 하나님을 아는 것은 마치 우리가 햇빛이 있다는 것을 확실히 아는 것과 같은 확실한 지식입니다.

6. 세상 사람들이 하나님이 계신 것을 인정하는 것도 하나님을 아는 지식에 해당합니까?

아닙니다. 세상 사람들이나 하나님과 그리스도를 예배하지 않는 자들 가운데도 하나님이 계신 것을 아는 자들이 있습니다. 세상의 철학자들과 과학자들도 하나님이 계시는 것을 인정하는 사람들이 있습니다. 이러한 지식은 하나님이 창조하신 세계와 그것이 보전되는 것을 통해 얻을 수 있습니다(롬 1:19-20). 이는 자연법칙에 따른 것입니다.

그러나 이들은 창조주 하나님께서 죄인들을 구속하기 위해 그리스도를 보내신 것을 이해하지 못하며, 나아가 어리석게 보기까지 합니다(고전 1:23). 따라서 단지 하나님이 계신 것을 믿는 것과, 하나님께서 우주 만물을 창조하시고 운행하신다는 것을 인정하는 것이 구원과 관련된 하나님을 아는 지식이라고 할 수 없습니다. 그것은 기독교 신앙이 아닙니다.

7. 그렇다면 구원과 기독교 신앙에 관련된 하나님을 아는 지식은 어디에서 얻을 수 있습니까?

하나님께서 자신의 백성을 구원하시기 위해 행하신 일들과 하신 말씀은 오직 성경에만 기록되어 있습니다. 하나님은 역사 속에서 자신의 백성들을 창조하셨으며, 그들에게 복을 주시고 보호하고 지키셨습니다. 이것을 자신의 종들(선지자들과 사도들)을 통하여 성경으로 기록하게 하셨습니다. 하나님은 역사 속에서 자신의 백성들에게 약속하시고, 그 약속을 성취하셨습니다. 또한, 이것도 성경에 기록하게 하셨습니다. 따라서 성경을 읽으면 하나님께서 자신의 백성을 어떻게 구원하시며, 그들에게 무엇을 요구하시고, 어떻게 축복하시는가에 대해 알게 됩니다. 또 하나님의 존재와 속성에 대해서 알게 됩니다.

하나님은 역사 속에서 다양한 방식으로 말씀하셨고, 그것을 선지자와 종들을 통해 백성에게 전하셨으며, 기록하게 하셨습니다. 그러므로 기독교 신앙과 구원에 대해 알려면 반드시 성경을 읽어야 합니다. 다만, 성경을 읽을 때는 일반적인 책을 읽는 것과 같은 방식으로 읽어서는 안 되며, 영적인 눈이 열려서 하나님의 말씀을 이해할 수 있게 해달라고 간구하는 마음으로 읽어야 합니다.

8. 성경을 통해서 구원에 이르는 믿음과 기독교 신앙을 얻는 것은 어떤 방식으로 이루어집니까?

성경은 하나님의 말씀입니다. 그 속에 하나님께서 말씀하신 내용과 하나님께서 행하신 일들과 때로는 그의 백성의 기도 내용이 들어있습니다. 이 모든 것을 성령께서 성경의 저자들에게 영감을 주셔서 기록하게 하셨습니다.

따라서 성경 속에 하나님께서 직접 말씀하신 것만 하나님의 말씀이 아니라 성경 전부가 하나님의 말씀입니다. 성경이 기록될 때 성령의 역사로 된 것이기 때문입니다. 그런데 바로 그 성령께서 우리가 성경을 읽을 때 영적인 이해력을 주시고, 그것을 하나님의 말씀으로 믿게 하십니다(고전 2:10, 14; 엡 1:13, 17).

이것을 성령의 증거, 또는 성령의 조명(照明), 성령의 역사라고 부릅니다. 이처럼 우리는 성령에 의하여 구원에 관련된 모든 것을 이해하며 믿게 됩니다

(요일 2:20, 27).

9. 그렇다면 성경만으로 기독교 신앙을 얻는 것이 충분합니까?

성경은 기독교 신앙에 대한 지식을 얻는 데 충분합니다. 성경은 구원에 필요한 모든 지식을 담고 있으며, 구원에 이르게 하는 지혜를 얻기에 충분합니다. 기독교 신앙을 얻기 위해 성경 외에 인간의 철학, 혹은 과학적 지식을 얻어야 하는 것은 아닙니다. 만약에 구원에 그러한 지식이 필요했다면 성경에 기록되었을 것입니다.

그러나 그러한 일반적 지식은 구원을 위한 필수적인 지식이 아닙니다. 하나님께서는 성경이 그리스도를 증거하도록 정해놓으셨고(요 5:39), 구원의(saving) 하나님을 아는 지식을 성경에서 직접적으로 얻을 수 있게 하셨기 때문에 성경으로 충분합니다(사 8:20; 눅 16:29, 31). 그래서 예수님께서도 시험을 당하실 때 자신에 대하여 성경 말씀을 가지고 호소하셨습니다(요 5:46).

더욱이 하나님께서 자신의 백성들에 대한 의무를 성경에 규정하셨기 때문에, 기독교 신앙이 있는 자들에게 성경은 삶의 규칙으로서도 필요하며 또한 충분합니다. 성경은 66권으로 종결되었는데, 이것은 살아계신 하나님께서 오늘날 우리에게 기록된 성경으로 말씀하시겠다는 것입니다(롬 15:4). 즉, 더 이상의 새로운 계시가 필요 없이 이미 기록된 성경으로 충분합니다.

10. 구원의 하나님을 아는 지식 이외에 성경으로 얻는 유익은 무엇이 있습니까?

성경을 통해서 우리는 우리에게 유익한 가르침과 교리들을 배우고 가르칠 수 있습니다(딤전 4:11, 13). 성경은 하나님의 사람들을 온전하게 하고, 선한 일을 하게 합니다(딤후 3:16-17). 또 잘못된 오류와 이단들을 논박할 수 있습니다(요일

4:1, 6). 물론 오류와 이단들도 성경을 가지고 자신들의 주장을 하지만, 그들은 성경의 역사적, 문법적 문맥을 무시하고 뒤틀어 해석하기 때문에 우리는 성경을 전체적으로 설명하여 그들의 거짓된 주장을 물리칠 수 있습니다.

II. 신론:
하나님은 어떤 분이신가?

2

하나님의 존재와 속성

1. 성경에서 가르치는 기독교 신앙의 첫 번째 요소는 무엇입니까?

오직 한 분 하나님이 계신다는 것입니다. 하나님께 나아가는 자는 하나님이 계신 것과 하나님께서 자신을 찾는 자들에게 상 주시는 분이신 것을 믿어야 합니다(히 11:6). 즉, 성경은 하나님이 계신 것을 증명하는 책이 아니라 하나님이 계신 것을 선언하는 책입니다. 또한 하나님이 계시다는 것과 함께 반드시 하나님을 찾아야 한다는 것을 증거합니다.

2. 그러나 많은 사람은 왜 하나님이 없다고 말합니까?

하나님이 없다고 말하는 것은 그들이 교만하기 때문입니다(시 10:4). 사람은 이 세상에서 일어나는 모든 일을 알 수 없습니다. 사람은 지극히 제한된 존재이기 때문입니다. 그런데도 많은 사람이 자신이 모든 것을 아는 것처럼 생각하고 하나님이 없다고 말합니다. 또 어떤 이들은 하나님을 볼 수 없기 때문에 하나님이 없다고 말하기도 합니다. 이들의 주장은 어리석은 것입니다. 사람에게는 영혼이 있는데, 그것은 사람의 눈에는 보이지 않습니다. 이는 바람이 부는 것은 사람의 눈에 보이지 않지만 바람이 있는 것과 같습니다.

또한, 하나님이 없다고 말하는 자들은 그 마음이 부패하고 악을 행하는 자들입니다(시 14:1). 이들은 사람의 행위를 판단해서 정의에 따라 심판하시는 하나님의 존재를 부정하고 싶어 합니다. 또 하나님의 존재를 부정하는 자들은 하나님을 인정하면 자신이 속박된다고 생각하기도 합니다. 그래서 자기 마음대로 살기 원하는 자들은 하나님의 존재를 부정합니다.

3. 그러면 우리는 어떻게 하나님이 계신 것을 인정할 수 있습니까?

성경에는 하나님이 계신다는 수많은 증거가 있습니다. 성경의 첫 번째 구절인 창세기 1장 1절은 "태초에 하나님이 천지를 창조하시니라"라고 말씀하고 있으며, 시편 19편 1절에서는 "하늘이 하나님의 영광을 선포하고"라고 말씀합니다. 우리의 이성은 하나님의 창조 사역과 섭리를 통해 하나님이 계신 것을 알고 있습니다. 하나님은 창조주로서 하늘과 땅과 모든 것을 만들어 보이셨고(롬 1:19-20; 행 14:17), 사람의 영혼을 만드시며 이성과 양심을 주시고(슥 12:1) 만드신 모든 것을 질서 있게 운행하십니다. 교회를 위해서 기적과 놀라운 일을 행하시고 악한 자들이 죽음의 심판을 받게 하셨으며(시 9:16; 58:10-11) 수십억 명의 다양한 인류에게 지속적인 질서가 있게 하십니다(시 104:24). 이러한 사실들은 그들을 다스리시는 하나님이 계신 것을 증거합니다.

4. 우리는 하나님의 본질을 이해할 수 있습니까?

사람은 하나님의 본성과 성품을 완전하게 이해할 수 없습니다(욥 36:26; 딤전 6:16). 왜냐하면 하나님은 창조주이시며 사람은 피조물에 불과하기 때문입니다. 하나님은 신으로서 자신의 특성들을 스스로 알려주셨습니다. 하나님은 자신의 이름을 밝히셨습니다. 그래서 우리는 그 이름이 가지는 의미로 하나님을 알 수 있습니다(출 33:19; 34:5-6; 시 145:1-2). 우리가 비록 하나님의 영광스러운 본성을 다 알 수는 없지만, 하나님께서 자신에 대해 알려주신 것으로 알 수 있습니다(삿 13:18). 하나님은 자신의 행위와 말씀으로 우리에게 자신을 계시해주셨는데, 우리가 하나님을 아는 데 필요한 만큼만 알려주셨습니다(신 29:29). 하나님께서는 모세에게 자신의 이름을 '스스로 있는 자'라고 알려주셨습니다(출 3:13-14). 이는 항상 살아계시고 계속해서 계신 하나님의 속성을 담고 있는 이름입니다.

5. 하나님의 이름에서 무엇을 알 수 있습니까?

'여호와'라는 하나님의 이름은 하나님 자신이 밝히신 것입니다. "나는 스스로 있는 자이니라"(출 3:14)는 의미의 이 이름은 하나님의 존재와 본성을 의미하는데, 이는 그가 영원하시고 전능하신 분임을 나타냅니다. 그리고 존재하는 모든 것의 근원이 하나님께 있음을 의미합니다. 또한, 이 이름은 그 어떤 존재도 하나님과 비교할 수 없음을 뜻합니다. 이사야 선지자는 하나님 앞에서는 모든 민족이 아무것도 아니라고 말했습니다(사 40:17). 따라서 하나님께 찬양하고 감사할 때 그 이름을 부르면서 찬양해야 합니다(시 145:1-3).

6. 하나님의 특성에는 어떤 것이 있습니까?

하나님은 절대적이신 분입니다. 그가 하시고자 하시는 일들을 그분의 기쁘신 뜻에 따라 행하시기 때문입니다(마 3:9). 하나님은 실제로 행동하는 분이신데, 이미 창조를 통해 보여주셨으며 세상의 모든 것을 다스리심을 통해 또한 보여주십니다(시 135:6-7). 하나님은 영원한 영이시며 무한하십니다(요 4:24; 8:58). 하나님은 살아계시며, 몸이 없이 존재하시고, 사람의 눈에 보이지 않으시며, 사람이 만질 수도 없고, 또한 결코 나뉠 수도 없습니다.

7. 하나님이 영이시라는 가르침은 우리에게 어떤 의미가 있습니까?

하나님은 영이시기 때문에 우리가 하나님을 예배할 때 우리의 영으로 진리 안에서 예배해야 합니다(요 4:23-24). 하나님께 예배할 때 우리의 상상력을 동원해서 하나님을 그림화하거나, 하나님을 눈에 보이는 어떤 것으로 만들어서는 안 됩니다. 이런 일들은 하나님을 우리의 상상력에 가두는 것입니다. 이는 하나님을 제한하는 것이며 또한 모욕하는 것입니다.

8. 하나님의 완전한 본질은 무엇을 의미합니까?

하나님은 스스로 완전하시기 때문에 외부의 어떠한 도움으로 존재하시는 분이 아닙니다. 하나님 스스로 충분하십니다. 모든 것은 하나님으로부터 말미암습니다. 따라서 하나님의 완전하심은 하나님의 주요한 특성입니다(창 17:1; 롬 11:35-36). 이로부터 하나님의 영광이 끝없이 나오는 것입니다. 하나님의 완전하심은 단순함(simpleness)과 무한하심(infiniteness)을 구성합니다. 하나님은 능력과 지혜에 있어서 무한하십니다. 이는 사람이 다 이해할 수 있는 것이 아닙니다

(시 139:7; 왕상 8:27; 롬 11:33). 이처럼 하나님은 지극히 위대하시고 영원하십니다.

9. 하나님의 불변성은 무엇을 의미합니까?

이 세상에 있는 모든 것들은 변합니다. 좋게 변하든지 혹은 나쁘게 변하든지 다 변하게 되어있습니다. 그러나 하나님은 변하실 수가 없습니다. 하나님께서 어떤 불완전한 상태에서 완전한 상태가 되시는 것이 아니기 때문입니다. 하나님이 절대 기준이시기 때문에 변하시지도 않습니다. 하나님의 이러한 속성은 신실한 자에게 위로를 줍니다. 하나님의 자비가 절대 변하지 않으시기 때문입니다. 물론 이것은 악한 자에게는 두려움을 줍니다. 자신들의 죄악에 대해서 하나님이 변하지 않는 기준으로 심판하실 것을 알기 때문입니다.

10. 하나님은 어디든지 계십니까?

하나님은 육체적인 몸을 가지고 계시지 않습니다. 그래서 하나님은 어느 곳에든지 계십니다. 하나님의 본질은 어떤 장소의 제한을 받지 않으십니다. 성경에서 하나님은 우리와 가까이 계시며, 하나님의 말씀과 그 외의 다른 수단으로 우리에게 은혜를 베푸시고 우리의 기도를 들으신다고 말씀합니다(신 4:7). 또 성경에서는 하나님이 하늘에 계신다고 말씀하고 있는데(시 2:4), 이것은 하나님의 영광과 위엄이 천국에서 가장 크게 비춘다는 뜻입니다.

11. 영원하신 하나님이란 무슨 의미입니까?

영원성은 하나님의 특성 가운데 하나입니다. 이로 인하여 하나님은 시간으로 측정되실 수 없습니다(딤전 1:17; 사 41:4; 44:6; 시 90:2; 계 1:8). 하나님은 시작이 없이 영원부터 계시며, 지금도 계시고, 장차 끝이 없는 영원까지 계실 것입니다. 그래서 하나님 이전에 그 어떤 것도 존재하지 않으며, 이후로도 하나님보다 더 오래 존재하는 것은 없습니다. 이러한 하나님의 영원성으로 인하여 하나님께서 자신의 자녀들에게 약속하신 것은 반드시 성취될 것입니다. 또한 자신의 백성을 영원한 나라에서 영원히 돌보실 것입니다(시 48:14; 103:17). 이 사실은 우리에게 영생, 즉 영원한 생명에 대한 소망을 갖게 합니다.

12. 왜 하나님을 살아계신 하나님이라고 부릅니까?

하나님께서 항상 살아계신 것도 하나님의 주요 특성 가운데 하나입니다. 성경은 하나님을 '살아계신 하나님'이라고 일컫습니다(시 42:2; 렘 10:10; 히 3:12; 10:31; 딤전 6:17). 이는 하나님 자신 안에 생명이 있기 때문입니다. 모든 피조물은 하나님으로부터 생명을 받습니다(시 36:9; 딤전 6:16-17; 요 5:26). 하나님은 사망에 생명을 주시는 분입니다(창 2:7; 행 17:28). 더욱이 하나님은 살아 있는 자의 하나님이십니다(마 22:32). 그리고 하나님은 죽어있으며 생명이 없는 모든 거짓 신들과 구별됩니다(시 115:5-6; 사 41:23; 행 14:15).

13. 하나님의 지식과 지혜는 어떤 것입니까?

하나님의 지식 또한 하나님의 주요한 특성입니다. 하나님은 자기 자신은 물론이거니와 모든 것을 알고 계십니다(마 11:27; 히 4:13; 시 139:1; 요 21:17; 딤전 1:17). 따라서 하나님은 그 어떤 것에도 속지 않으시며, 모든 것을 가장 지혜롭고 질서 있게 하시며, 자신의 피조물들을 보호하십니다. 하나님의 무한하신 속성으로 인하여 하나님의 지식은 무한합니다(사 40:28). 하나님은 절대적으로 모든 것을 아시고 그것에 따라 행하십니다. 특별히 자신이 선택한 백성들을 아시므로 그들을 다른 사람들보다 더 사랑하십니다(딤후 2:19). 하나님은 모든 사람의 생각과 뜻을 아시기 때문에(창 6:5; 시 94:11; 잠 21:1; 렘 17:9-10) 우리는 하나님과 사람들 앞에 정직해야 합니다. 이 때문에 하나님이 우리 마음의 증인이시라고 하는 것입니다.

14. 하나님의 거룩성은 무엇입니까?

거룩성은 하나님의 일반적인 속성입니다. 하나님의 거룩성 때문에 사람은 거룩함 가운데 하나님께 나아가야 합니다. 그런데 모든 사람은 죄인이기에 하나님께 나아가기 위해서는 반드시 죄를 용서받아야 하며 그 심령에 거룩한 성질이 심겨야 합니다. 그래서 하나님은 선택된 백성에게 그리스도를 주시고, 그리스도는 하나님 아버지와 함께 그들에게 성령을 주시는 것입니다. 하나님의 거룩성에서 하나님의 선하심과 의로우심이 나타납니다(출 20:5-6; 34:6-7; 렘 32:18-19). 하나님의 선하심은 자신의 모든 피조물에게 은덕을 베푸시며(시 145:7; 막 10:18; 약 1:17; 마 5:45; 시 34:8-10) 택하신 백성에게는 더욱 큰 은혜와 자비와 사랑을 베푸시는데, 그것을 구원의 은혜라고 합니다. 하나님의 의로우심은 하나님의 의지와 말씀과 행하심에서 나타납니다. 따라서 하나님의 행하심에 대해서 사람들은 판단하거나 불평할 수 없습니다. 더욱이 하나님의 의로우심은 사람의 행위에 따라 상을 주거나 혹은 심판하시는 것으로 나타납니다.

15. 하나님의 본성에 대한 잘못된 이해는 무엇입니까?

사람의 부패성에는 자신의 욕심대로 하려는 정욕이 자리 잡고 있습니다. 이러한 정욕으로 인하여 사람들은 하나님에 대해 세속적인 관념을 가지고 있습니다. 그래서 자신의 정욕을 만족시키기 위한 하나님을 만들며, 심지어는 하나님을 사람과 같은 존재로 생각하기도 합니다(시 50:21). 사람들은 자신의 부패한 관념을 가지고 자신들을 위한 하나님을 머릿속에서 만들어내곤 하는데, 예를 들면 자신이 건강하고 부자가 되기 위한 하나님을 만들어서 섬깁니다. 그리고 그에 관한 성경 구절을 문맥과 관계없이 찾아내어 정당화합니다. 이러한 행위는 설령 그들이 성경 말씀을 가지고 하나님을 섬긴다고 해도 우상 숭배에 불과합니다.

3

삼위일체

1. 하나님은 한 분이십니까?

우리가 전심으로 섬기고 예배할 하나님은 한 분뿐입니다(신 6:4-5; 막 12:29-30). 하나님은 최고의 선이시며(시 144:15) 첫 번째 원인(cause)이시며 모든 것을 다스리는 가장 높으신 통치자이십니다(행 17:28; 시 19:1). 이러한 하나님은 오직 한 분이십니다. 전능하시며, 무한하시며, 전지하신 하나님은 모든 것을 행하시는데, 그는 오직 한 분이십니다. 그래서 온 세상은 하나의 목적을 향하여 가고 있으며, 그것은 오직 한 분이신 하나님을 섬기는 것입니다. 그리고 한 분이신 하나님은 모든 것을 명령하십니다.

2. 세상 사람들이 여러 종류의 많은 신을 섬기는 이유는 무엇입니까?

우상 숭배자들은 자신들의 목적을 위해서 신들을 만들고 섬깁니다. 그 신들은 인간의 상상력과 어리석음에서 나온 거짓된 것으로서 죄로 인한 부패한 본성의 산물들입니다(롬 1:21-23). 하나님은 이스라엘 백성을 구별하시고, 그들에게 하나님을 형상화하는 것을 금하셨으며, 이방인들이 눈에 보이는 우상을 만들고 섬기는 것을 따라서는 안 된다고 명령하셨습니다.

한편 성경에서는 마귀를 '이 세상의 신'이라고 부릅니다. 마귀는 하나님을 반역하여 쫓겨난 악한 천사입니다. 마귀는 이 세상의 사람들이 거짓을 믿게 하고 죄를 행하게 하며, 또한 그들을 죄 가운데 가두어 둡니다. 그래서 거짓의 아비인 마귀를 이 세상의 신이라고 부릅니다(고후 4:4).

3. 한 분 하나님이신데 삼위(三位)로 계신다는 것은 무슨 뜻입니까?

하나님의 본질은 나뉠 수 없습니다. 그러나 하나님은 삼위, 즉 세 분의 인격으로 구별됩니다. 하나님은 여러 가지 성질에 따라 나눌 수 없으며, 여러 부분으로도 나눌 수 없습니다. 따라서 삼위는 한 본질 안에 있으며 다만 각 위로 구별되는 것입니다. 이를 용어상으로 삼위일체라고 부릅니다. 물론 이 용어는 성경에 없는 것이지만 하나님께서 자신을 이렇게 계시하셨기 때문에 사용합니다. 삼위일체 교리는 유일신을 믿는 유대교 및 회교도와 구별되는 것이며, 기독교 신앙에만 있는 것입니다.

4. 구약성경에서는 삼위일체 교리를 어떻게 증거합니까?

창세기 1장 2-3절에서는 성부 하나님께서 말씀으로 세상을 만드셨고, 성령은 수면 위에서 운행하시며 마치 암탉이 알을 품듯이 돌보셨다고 말씀합니다. 또 창세기 1장 26절에서는 삼위 하나님께서 사람을 하나님의 형상으로 만드셨다고 합니다. 이사야 42장 1절에서는 성부께서 그리스도 안에 성령을 부어주실 것을 약속하셨고, 학개서 2장 5절에서는 성부께서 말씀과 성령으로 언약을 맺으신다는 것을 말씀하셨습니다.

5. 신약성경에서는 삼위일체 교리를 어떻게 증거합니까?

신약에서의 삼위일체에 대한 교리는 구약보다 더욱 분명하고 구체적입니다. 마태복음 3장 16-17절에서 예수님이 세례를 받으실 때, 아버지의 음성이 하늘로부터 들려서 아들임을 증거하셨고, 성령은 비둘기같이 그리스도 위에 내려오셨습니다. 마태복음 17장 5절에서는 변화산에서 아버지가 아들에 대해 증거하셨으며, 마태복음 28장 19절에서는 우리가 세례를 받을 때 아버지와 아들과 성령의 이름으로 받게 하셨습니다. 요한복음 14장 16, 26절과 15장 26절, 그리고 16장 13-15절에서는 아버지와 아들이 성령을 보내실 것을 약속하셨습니다.

누가복음 1장 35절에서는 성령에 의하여 아들이 잉태되어 인간의 몸을 입고 태어나실 것을 천사를 통해 말씀하셨습니다. 사도행전 2장 33절에서는 하나님 우편에 앉으신 그리스도께서 아버지로부터 성령을 받아 부어주시는 것을 말씀하고 있으며, 고린도후서 13장 13절에서는 사도 바울이 성부와 성자와 성령의 이름으로 축복한 것을 말씀하고 있습니다. 디도서 3장 4-6절은 예수 그리스도를 통해 성령을 부어주심으로써 거듭나게 하는 것을 말하고 있으며, 히브리서 9장 14절에서는 성령께서 죄로 인하여 고통받는 영혼의 양심에 그리스도의 보혈을 뿌려서 거듭나게 하시는 것을 설명하고 있습니다.

6. 삼위일체 교리는 인간이 이성으로 이해할 수 있는 것입니까?

이 교리는 인간의 이성으로 이해할 수 있는 것이 아닙니다. 물론 하나님과 관련된 많은 것들이 이성을 가지고 측량할 수 없습니다. 삼위일체 교리는 신비스러운 것들 가운데서도 신비한 것입니다. 따라서 삼위일체 교리를 인간의 이해나 이성을 가지고 풀이할 때 오류에 빠질 수 있습니다. 예를 들어, 세 분의 하나님이 계신다는 삼신론에 빠질 수 있으며, 하나님은 한 분이신데 모양을 바꾸어서 나타나신다는 양태론에 빠질 수도 있습니다. 또한, 아들의 신성을 부정하여 아들은 첫 번째 피조물이라고 말하는 오류도 있으며, 아들이 십자가에 죽을 때 아버지가 고통을 받은 것이라고 말하는 오류도 있습니다. 한편 아들이 원래 인간이었는데 하나님께 충성해서 하나님의 아들로 입양되었다는 오류도 있습니다. 이러한 오류와 이단들은 초대교회뿐만 아니라 종교개혁 시대와 근대교회에 있었으며, 현대교회에도 계속 있습니다.

7. 성부 하나님을 아버지라고 부르는 이유는 무엇입니까?

그리스도는 성부 하나님으로부터 영원히 나셨습니다. 그래서 하나님을 우리 주 예수 그리스도의 아버지라고 부릅니다(엡 1:3). 아들의 중보 사역을 통해서 하나님의 선택된 자들이 하늘의 유업을 얻게 되었고(엡 3:14-15) 또한 그들이 하나님의 자녀로 입양되었습니다. 그래서 그들이 하나님을 향하여 '우리 아버지'라고 부르는 것입니다(마 6:9; 롬 8:15). 따라서 참된 성도는 하나님을 영화롭게 하며, 아버지이신 하나님께 순종합니다(벧전 1:14). 성경에서 일반적으로 '하나님', '여호와'라고 할 때는 성부 하나님을 가리키는 것입니다.

8. 성자 하나님을 아들이라고 부르는 이유는 무엇입니까?

성자 하나님은 아버지에게서 영원히 나셨습니다(요 5:26). 그래서 아들이라고 불립니다. 그러나 이것을 아들로 만들어진 것으로 이해해서는 안 됩니다. 이 아들은 하나님의 형상이십니다. 아버지는 자신의 영광을 아들 안에서 나타내셨습니다(히 1:3). 아들은 말씀이라고 불리는데, 아버지가 아들을 통해 자신의 뜻을 계시하시기 때문입니다(요 1:18). 아버지는 성경에서 아들에 대해서 자주, 그리고 계속해서 약속하셨습니다. 따라서 아들은 성경의 전체 주제입니다(요 1:45). 이는 하나님께서 아들을 통해서 자신을 나타내시기 때문입니다(요 17:3).

9. 아들이 하나님이신 증거는 무엇입니까?

아들이 하신 일들은 그분이 하나님이심을 증거합니다. 아들은 세상을 만드셨으며(히 1:2), 그는 죄를 용서하십니다(마 9:2). 또한 아들은 성령을 주시며(요 15:26) 그의 교회를 통치하시고 유지하십니다. 이러한 일들은 아들이 하나님이시기 때문에 하실 수 있는 것들입니다.

10. 성령이 하나님이신 증거는 무엇입니까?

성령은 삼위 가운데 한 위격이시며, 단지 어떤 능력이나 힘을 나타내는 것이 아닙니다. 성령은 아버지와 아들로부터 영원히 나셨고 또한 보냄을 받으셨기 때문에 하나님이십니다. 하나님의 신적 본질에 있어서 성부와 성자와 같습니다. 창조의 사역에서 성령이 사역하셨으며(창 1:2) 아나니아는 사람에게 거짓말한 것이 아니라 성령께 거짓말하여 심판을 받았습니다(행 5:3-4). 성령은 사람들에게 다양한 은사들을 주십니다. 하나님 이외에는 어느 누구도 이와 같은 일을 할 수 없습니다(고전 12:6, 11).

11. 성령이 아버지와 아들로부터 오시는 이유는 무엇입니까?

아들은 아버지께서 성령을 보내주실 것을 약속하셨으며, 그 약속대로 아들이 승천하셔서 아버지로부터 성령을 받아 교회에 부어주셨습니다(행 2:33). 이렇게 성령이 아버지와 아들로부터 오시는 이유는 아버지와 아들이 시키시는 일을 하기 위해서입니다. 성령은 진리의 영으로 오셔서 아버지가 보내신 아들을 증거하십니다(요 15:26). 또한 성령은 하나님의 영으로 불리기도 하고 아들의 영으로 불리기도 합니다(롬 8:9). 아버지와 아들의 뜻이 하나이기 때문입니다.

12. 삼위일체 교리가 우리에게 어떻게 중요합니까?

삼위는 성질에서 구별되는 것이 아니라 삼위 하나님의 관계와 질서, 그리고 하시는 일로 구별됩니다. 질서에서는 하나님 아버지, 아들, 성령의 순서를 가지고 있습니다. 이것은 아버지가 아들보다 우등하고 아들이 성령보다 우등하다는 것이 아닙니다. 이는 삼위 하나님의 질서로서 아들은 아버지로부터 영원히 나셨으며, 성령은 아버지와 아들로부터 영원히 나셨고 또한 보냄을 받으셨다는 것입니다. 아버지는 계획하시고, 아들은 그 계획을 실행하시며, 성령은 아버지의 계획과 아들의 실행을 적용하십니다. 이것은 특별히 우리의 구원을 이루시는 데 있어서 삼위 하나님이 일하시는 방식입니다. 따라서 삼위일체 교리는 직접적으로 우리의 구원을 이해하는 데 중요합니다. 진정한 하나님의 백성은 삼위일체의 하나님을 고백합니다.

4

만물 창조

1. 하나님의 작정이 실행된 결과는 무엇입니까?

하나님께서 작정(뜻)하여 실제로 행동하신 것의 결과는(행 4:28) 창조와 섭리입니다(시 33:6-7, 9-11; 146:6-7; 렘 10:2). 창조는 하나님께서 아무것도 없는 데서 모든 것을 만드신 것입니다(창 1:1; 히 11:3). 하나님께서는 이 모든 것을 만드실 때 도구를 사용하거나 수단을 쓰지 않으셨습니다. 오직 자신의 능력 있는 말씀으로, 자신의 기쁘신 작정(뜻)에 따라 만드셨습니다(시 148:5).

2. 창조는 오직 성부에 의해서만 이루어진 것입니까?

아닙니다. 성부께서 성자(아들)와 성령과 함께 모든 만물을 만드셨습니다. 성자이신 그리스도는 영원한 말씀이며, 하나님의 지혜입니다. 아들 없이 만들어진 것은 아무것도 없습니다(요 1:3). 그리스도에 의하여, 그리고 그리스도를 위하여 모든 것들이 만들어졌습니다(골 1:16). 성령은 수면 위에 운행하듯이 모든 것을 붙잡으셨으며, 형태가 있게 하셨습니다(창 1:2). 따라서 창조는 성부와 성자와 성령, 즉 삼위 하나님의 사역입니다.

3. 창조에서 하나님의 영광은 어떻게 나타났습니까?

하나님께서 모든 것을 만드신 이유는 자신의 영광을 위해서입니다(잠 16:4). 하나님은 아무것도 없는 데서 자신의 말씀으로만 모든 것을 만드심으로써 자신의 영원한 능력과 영광을 나타내셨습니다(사 40:11; 렘 51:15). 이로써 하나님의 무한하신 지혜가 알려졌습니다(시 104:24). 그가 창조하신 모든 피조물 위에 하나님의 선하심이 나타났습니다. 하나님의 선하심은 그가 모든 것을 완전하게 만드시고 질서 있게 하신 것에서 알 수 있습니다. 또한 하나님의 무한하신 권위가 드러났습니다.

4. 창조의 교리는 어떤 용도가 있습니까?

창조의 교리는 참 신이신 하나님과 이 세상에 있는 거짓 신들 혹은 우상들을 구별할 수 있게 합니다(사 45:7). 이 세상의 모든 것을 존재하게 하시는 분은 하나님밖에 없습니다. 따라서 창조의 교리는 하나님께 영광을 돌리게 합니다(시 92:5). 더욱이 하나님께서 안식일을 제정하신 목적 가운데 하나는 피조물이 창조주 하나님을 예배하게 하려는 것입니다. 창조의 교리는 신실하신 창조주 하나님을 의지하게 하고, 우리에게 도움을 주시는 하나님을 소망하게 합니다(벧전 4:19).

5. 하나님께서 6일 동안 창조하신 이유는 무엇입니까?

하나님께서는 모든 것을 한순간에, 그리고 완전하게 창조하실 수 있습니다. 그런데도 6일에 걸쳐서 창조하셨습니다. 이것은 피조물들의 다양성과 구분, 그리고 탁월성을 보여주기 위한 것입니다. 모든 것을 창조하시는 하나님의 솜씨와 그 안에 담긴 하나님의 지혜를 우리가 자세히 알고 하나님을 찬양하게 하기 위한 것입니다. 또한 6일간의 창조는 우리도 이를 본받아서 6일간 노동하고, 제7일(안식일, 주일)에는 쉬게 하려는 것입니다. 이것은 피조물들이 하나님 외에 그 어떤 원인이나 수단에 의해 만들어지지 않는다는 것을 보여주고 알게 합니다. 예를 들어, 나무와 식물들은 제3일에 만들어졌고, 제4일에는 태양과 달이 만들어졌습니다. 즉, 태양에 의해서 나무와 식물들이 나오지 않는 것을 보여줍니다. 따라서 과학은 하나님의 창조와, 창조하신 것을 다스리시는 하나님의 무한하신 지혜와 섭리를 보여주는 것입니다.

6. 피조물들은 어떻게 구별됩니까?

보이는 것과 보이지 않는 것으로 구별됩니다(골 1:16). 보이는 것들은 우리가 눈으로 볼 수 있는 것이며 보이지 않는 것들은 바울이 올라갔던 셋째 하늘이나 천사들과 같은 것입니다. 비록 창세기 1장에는 보이는 것들의 창조에 대해 언급되어 있고 보이지 않는 것들의 언급은 나중에 나타납니다. 그러나 창조의 6일 가운데 모두 만들어진 것이 분명합니다(시 103:20; 148:2, 5). 하나님은 보이는 세계와 보이지 않는 세계를 모두 만드셨습니다. 보이지 않는 것이라고 해서 실체가 없는 것이 아니며, 보이고 나타나는 것만 만드신 것이 아닙니다.

7. 천사들의 성질은 무엇입니까?

천사들은 이성적 피조물로서 완전히 영적인 존재입니다. 그래서 성경에서는 '영들'(spirits)이라고 부릅니다. 천사를 사람과 비교한다면 둘 다 이성적 피조물이지만 사람은 영적이면서 몸을 가지고 있습니다. 반면, 천사는 살아 있는 존재이면서 썩지 않고 사람의 눈에 통상적으로 보이지 않습니다. 하나님께서는 천사들을 만드실 때 사람보다 능력과 지혜와 민첩함이 있게 하셨으며 부지런한 존재로 지으셨습니다. 보이지 않으며 영적이고 이성적인 존재인 천사들이 사람에게 나타날 때는 어떤 형체를 가지고 나타난다는 것을 성경을 통해서 알 수 있습니다.

8. 보이는 것들의 창조에서 우리는 무엇을 배울 수 있습니까?

창세기 1장과 2장은 하나님께서 이 세상을 어떻게 만드셨으며 그 안에 무엇으로 채우셨는지를 선언하고 있습니다. 하나님은 모든 것을 각기 종류대로 만드셨습니다. 모든 것이 하나님이 보시기에 좋았습니다. 하나님은 그것에 대해 이름을 부여하셨고 그들의 목적과 용도에 대해서 언급하셨습니다. 하나님께서는 그것들을 창조하실 때 순서대로 하셨습니다. 먼저 피조물들이 거주할 장소를 형성하시고 피조물들이 그 안에 거주하게 하셨습니다. 풀은 짐승들을 위해서, 빛은 살아 움직이는 피조물들을 위해서 만드셨습니다. 그리고 모든 것을 사람을 위해 만드셨습니다. 이러한 목적에 따라 피조물들이 만들어지는 순서가 정해진 것입니다. 나무와 풀이 자라고 증가함으로써 짐승들도 증가하게 하셨습니다. 여기서 우리는 질서의 하나님과 모든 피조물을 돌보시는 하나님을 알게 됩니다. 그러므로 우리는 모든 염려를 하나님께 맡기고 세상의 염려로 인하여 우리의 심령 가운데 하나님의 말씀이 질식되지 않게 해야 합니다(마 13:22).

9. 창조의 첫째 날부터 여섯째 날까지의 특징은 무엇입니까?

첫째 날에 하나님께서는 빛을 창조하셨습니다. 어두움에서 빛을 창조하신 것은 놀라운 하나님의 사역입니다(고후 4:6). 이때는 하나님께서 태양 혹은 달을 만드시기 전입니다. 즉, 태양이 있어서 빛이 있는 것이 아님을 알 수 있습니다. 둘째 날에는 궁창을 만드셔서 위에 있는 물과 아래에 있는 물을 나누셨습니다. 셋째 날에는 물을 한데로 모으시고 뭍이 드러나게 하셨습니다. 그리고 땅에 풀과 씨 맺는 채소가 나게 하셨습니다. 이는 태양과 달을 만드시기 전의 일입니다. 그러므로 농부가 수고해서 땅에 열매가 가득한 것이 아닙니다. 하나님의 능력으로 땅이 열매 맺게 하신 것입니다. 넷째 날에는 큰 발광체로서 해와 달을 만드시고, 작은 것으로는 별들을 만드셨습니다. 이것은 낮과 밤을 구별하게 하며, 계절과 날들과 연수를 표시하게 합니다. 다섯째 날에는 물고기들과 새들을 만드셨습니다. 여섯째 날에는 땅의 짐승과 육축과 땅에 기는 모든 것과 사람을 만드셨습니다.

10. 창조 교리와 진화론은 어떻게 다릅니까?

하나님께 나아가는 자는 하나님께서 모든 만물을 지으신 것을 믿어야 합니다. 이는 과학적 증거를 가지고 창조를 믿는 것이 아니라, 성령의 감동으로 기록된 창조의 역사와 내용을 믿는 것입니다. 우리는 자연의 놀라운 질서와 엄청난 규모를 보면서 창조주 하나님을 찬양하게 됩니다. 이는 믿음으로 아는 것입니다. 믿음이 전제입니다.

진화론도 마찬가지입니다. 과학적 증거를 가지고는 모든 만물이 진화되었다는 것을 밝힐 수 없습니다. 특히 진화론에서 말하는 진화의 중간단계는 실제적인 증거가 없습니다. 왜냐하면 창조 때 하나님께서 모든 것을 각각 그 종류대로 만드셨기 때문입니다. 따라서 진화론은 과학적이지 않습니다. 이는 하나님이 계시지 않는다는 전제에서 나온 것입니다. 이것은 불신앙입니다.

인간 창조

1. 하나님은 창조의 6일 중 언제 사람을 만드셨습니까?

제6일에 사람을 만드시되, 남자와 여자로 만드셨습니다. 사람을 창조의 마지막 날에 만드신 이유는 사람이 가장 탁월한 피조물이기 때문입니다. 모든 것을 만드신 후에 사람을 만드신 까닭은 그 모든 것을 사람에게 주시기 위함이었습니다. 이는 하나님께서 사람을 특별히 돌보신다는 것을 증거합니다. 또한, 마지막에 만들어진 사람이 창조의 과정에서 어떤 일도 하지 않았음을 확실히 하시고, 사람이 스스로 자랑할 수 없게 하셨습니다.

2. 사람은 무엇으로 구성되었습니까?

사람은 몸과 영혼(또는 영과 혼)으로 구성되었습니다(창 2:7; 욥 10:11-12). 하나님은 사람의 몸을 만드실 때 흙을 사용하셨습니다. 그래서 성경에서는 하나님을 토기장이로 말합니다(사 64:8). 아담이라는 이름은 바로 흙에서 왔다는 의미입니다. 사람의 몸은 자랑할 것이 없는 재료로 만들어졌습니다. 그러므로 사람 스스로 잘난 척을 해서는 안 되며, 하나님과 같이 되고자 하는 교만을 품어서도 안 됩니다. 항상 하나님 앞에서 자신을 낮추어야 하며 겸손해야 합니다. 아브라함은 자신을 티끌과 재 같다고 했습니다(창 18:27). 이것은 또한 하나님께서 사람에 대한 절대적 주권을 가지고 계신다는 것을 의미합니다(롬 9:21).

사람의 영혼은 영적인 본질로 만들어졌습니다. 하나님은 흙으로 사람을 지으신 다음 생기를 그 코에 불어 넣으셨고, 이로써 사람은 살아 있는 영혼을 갖게 되었습니다(창 2:7; 말 2:16). 이 영혼은 영적인 본질을 가지고 있지만, 하나님의 신적 성질과는 다른 것입니다. 사람의 영혼은 피조된 것이며, 부패하거나 썩지 않으며, 죽지 않습니다. 그러므로 사람이 살아 있을 때는 몸과 영혼이 결합해 있지만, 죽으면 분리되어 몸은 썩되 영혼은 절대 죽지 않습니다. 사람의 영혼은 마음에 자리 잡은 것으로 여겨집니다. 그래서 사람 몸의 모든 부분에 영향을 줍니다. 영혼에는 여러 기능이 있는데, 이해력, 기억, 양심, 정서, 의지 등입니다.

3. 영혼이 죽거나 썩지 않는 것에 대해서 성경은 어떻게 증거합니까?

전도서 12장 7절에서는 사람이 죽을 때 몸은 흙으로 돌아가지만, 영혼은 그것을 주신 하나님께로 돌아간다고 말씀합니다. 누가복음 23장 46절에서는 예수님께서 믿음이 있었던 십자가상의 강도에게 죽음 이후에 낙원에 함께 있을 것을 말씀하셨습니다. 또 사도행전 7장 59절에서 스데반 집사는 자신의 영혼을 받아달라고 하늘에 계신 그리스도께 청원했습니다. 마태복음 10장 28절에서 예수님은 사람들이 몸을 죽일 수는 있지만, 영혼을 죽일 수는 없다고 하셨습니다.

한편 죄에 대해 양심에 가책이 일어나고 심판의 두려움이 일어나는 것은 우리에게 영혼이 있음을 증거하는 것입니다. 더구나 죽은 후에 우리 몸이 썩어 흙으로 돌아가고 그 이후에는 어떤 일도 일어나지 않는 것이 아닙니다(고전 15:19). 우리 몸이 죽은 후엔 그 영혼이 심판을 받습니다(히 9:27).

4. 사람이 하나님의 형상으로 지음을 받았다는 것은 무슨 의미입니까?

성부, 성자, 성령 하나님은 사람을 만드시는 일에 모두 관여하셨습니다. 하나님께서는 사람을 하나님의 형상으로 만드셨습니다. 이는 다른 피조물을 만드실 때와 구별된 방법입니다. 즉, 사람을 만드실 때 하나님의 능력과 지혜는 더욱 크셨으며, 사람을 탁월한 피조물로 만드셨습니다. 하나님의 형상으로 지음을 받았다는 것은 사람의 육체적 모양이 하나님을 닮았다는 것이 아닙니다. 사람이 의롭고 거룩하게 지음을 받았으며, 지혜와 지식을 가진 존재로 지음을 받았다는 것입니다(골 3:9-10; 엡 4:24). 이로 인하여 사람은 하나님과 교통할 수 있습니다. 하나님은 사람과 언약의 관계를 맺으시고, 사람을 축복하셨습니다. 하나님은 사람이 하나님의 명령과 율법을 지킴으로써 하나님의 백성임을 나타내게 하시려고 자신의 형상으로 만드셨습니다. 따라서 하나님을 모르고 하나님을 예배하지 않는 영혼은 짐승과 다를 바가 없습니다.

5. 사람이 하나님의 형상으로 지음을 받은 탁월한 성질은 무엇입니까?

사람은 하나님의 형상으로 지음을 받았으므로 영적인 이해력을 가지고 있습니다. 이것은 하나님의 뜻과 행하시는 것에 대한 천상의 지식과 지혜를 가지고 있다는 것입니다(시 51:6). 사람은 하나님의 거룩한 모든 명령을 기억할 수 있으며, 또한 반드시 기억하도록 만들어졌습니다. 사람은 자신의 의지로 기꺼이,

즐겁게 하나님의 명령에 순종하도록 만들어졌습니다. 자유의지 안에는 의로움과 거룩함이 있습니다(벧전 1:15-16). 그래서 거룩한 것과 의로운 것을 이해하고 기꺼이 행할 수 있습니다. 사람은 정서적으로 질서 있고 거룩한 것을 즐거워하도록 지음을 받았습니다. 사람은 양심의 진실성을 가진 상태로 만들어졌으며, 이 양심은 옳지 않은 것에 대해서 고소합니다. 이러한 특질로 인하여 사람은 영적인 면에서 하나님을 닮았습니다.

6. 하나님의 형상으로 지음을 받았다는 것은 그 심령에 무엇이 새겨져 있다는 뜻이며, 그것의 목적은 무엇입니까?

사람이 하나님의 형상으로 지음을 받았다는 것은 하나님의 뜻을 전부 아는 존재로, 그리고 하나님의 뜻을 기꺼이 이행하는 존재로 만들어졌다는 것입니다. 이것은 하나님께서 사람의 마음에 율법을 새겨 넣으셨다는 의미입니다. 그래서 사람은 하나님을 어떻게 예배해야 하는지 알며, 다른 사람에게 어떻게 행동해야 의로운 삶인지 분명히 알 수 있습니다. 더욱이 하나님께서는 사람의 자유의지 속에 거룩함과 의로움을 주셔서 하나님의 뜻인 율법을 기꺼이 수행할 수 있게 하셨습니다. 그래서 하나님은 아담과 언약을 맺으시고, 그 심령에 새겨진 율법을 지켜야 한다는 명령과 함께 선악을 알게 하는 나무의 열매를 먹지 말라고 명령하셨던 것입니다. 아담은 이것을 지킬 수 있는 능력이 있었습니다. 그래서 아담의 순종은 하나님을 드러내며, 자신이 하나님의 백성임을 증거하게 됩니다. 이것이 하나님께서 사람을 하나님의 형상으로 만드신 목적입니다.

7. 하나님께서 사람을 창조하시고 외적으로 주신 선물은 무엇입니까?

하나님은 사람의 영혼에 책임이 있는 몸을 주셨습니다. 사람의 몸은 아름다움과 힘을 가지고 있습니다. 하나님은 사람에게 세상의 모든 피조물을 다스리는 권세를 주셨으며, 그 피조물들에게 이름을 지어줄 수 있는 권세도 주셨습니다(창 2:19-20).

8. 하나님은 남자와 여자를 어떻게 만드셨습니까?

하나님은 먼저 남자(아담)를 만드셨습니다(창 2:7). 그리고 남자로부터 여자(하와)를 만드셨습니다. 하나님께서는 여자를 만드실 때 아담을 깊이 잠들게 하시고 그의 갈빗대로 여자를 만드셨습니다. 여자를 흙에서 취하지 않으시고 아담에게서 만드신 이유는 하나님의 질서로서 여자를 겸손하게 하시려는 목적이 있습니다(고전 11:8). 그래서 여자의 이름도 아담이 짓게 하셨습니다(창 2:23). 하나님은 남자를 돕도록 여자를 만드셨습니다. 결혼 제도를 제정하셔서 남자와 여자가 서로 동반자가 되게 하셨으며, 가정으로부터 유익을 얻게 하셨습니다. 또 이로 인하여 하나님께 더욱 감사하게 하셨으며, 인류의 사회가 계속되게 하셨습니다(벧전 3:7).

6

하나님의 섭리

1. 하나님의 작정이 실행된 첫 번째 결과는 창조였습니다. 그다음은 무엇입니까?

하나님의 작정(뜻)이 실행된 그다음 결과는 하나님의 섭리입니다. 하나님은 자신이 만드신 피조물을 계속해서 돌보시고, 유지하시고, 다스리십니다. 이는 하나님의 선하신 목적을 유효하게 하는 것입니다(엡 1:11; 롬 11:36; 시 119:91). 또한 하나님께서 계속 일하신다는 증거입니다. 하나님께서 모든 것을 아시며 전능하시기에 일어나는 일입니다. 따라서 하나님의 섭리가 없이는 아무 일도 일어나지 않습니다.

2. 하나님의 작정과 섭리의 관계는 어떻습니까?

하나님은 자신의 뜻에 따라 행하십니다. 누구의 조언도 필요 없습니다. 하나님은 모든 것을 완전하게 알고 계시며, 그의 지혜에 따라 행하시기 때문입니다. 더욱이 하나님은 그 행하시는 모든 일을 어떤 강요에 따라 하시지 않습니다. 하나님이 하시고자 하는 일을 자발적으로 행하십니다. 하나님께서 모든 것을 다스리심은 오직 자신의 기쁘신 뜻에 따라 하시는 것입니다. 하나님은 일반적으로 다스리실 뿐만 아니라 모든 것을 특별하게 통치하십니다.

3. 하나님의 섭리는 모든 피조물에 확대됩니까?

하나님의 섭리는 모든 사람과 물건, 행위와 상황에 확대됩니다. 우리가 통상적이며 일반적인 것으로 여기는 일에도 확대됩니다. 하나님은 자신의 섭리를 모든 일에 일반적으로, 그리고 특별하게 실행하십니다. 참새 한 마리도 하늘 아버지의 허락 없이는 땅에 떨어지지 않습니다(마 10:29).

4. 사람들이 하나님의 섭리를 인정하지 않고 사용하는 개념들은 무엇입니까?

사람들은 어떤 일에 대해 말할 때 자연적으로 일어난 일이라고 하기도 하고, 운이나 재수가 좋았다고 말하기도 합니다. 어떤 사람은 일어날 일이 일어난 것이라고도 하고, 우연히 일어난 일이라고도 합니다. 또 다른 사람들은 운명이라는 단어를 사용하기도 합니다. 그리고 사람에게 자유의지가 있는데 어떻게 하나님께서 모든 것을 통치한다고 할 수 있느냐고 반문합니다. 이러한 말들은 모두 하나님을 인정하고 싶지 않을 때 사용하는 말입니다.

그러나 사람의 눈에 자연적인 것으로 보이고 우연히 일어난 것처럼 보일지라도 모든 것에는 원인이 있습니다. 사람이 미래에 대해서 알지 못하고, 그 일들이 갑자기 일어난 것처럼 보이는 것도 모두 사람이 제한된 지식을 가지고 있기 때문입니다. 그래서 우연이라는 말을 사용하는 것입니다. 더욱이 사람이 자유의지를 가지고 있다는 것은 사람이 모든 일을 다 할 수 있다는 의미가 아닙니다. 하나님께서 사람들의 마음과 의지를 움직여서 행하시기 때문에 자유의지는 하나님의 섭리와 충돌되는 개념이 아닙니다.

5. 하나님께서 창조하신 후에 피조물 자체가 스스로 계속된다는 주장은 어떤 것입니까?

이는 하나님의 섭리를 반대하는 주장입니다. 하나님께서 창조하신 후에 피조물 스스로가 계속된다는 것은 잘못된 주장입니다. 하나님은 단지 건축자로서의 일을 마치신 분이 아닙니다. 모든 것을 만드시고 그 만드신 것의 원인으로 계시는 분입니다. 모든 것을 만드신 후에 같은 능력으로 그것들을 붙잡고 계십니다. 예수님은 아버지가 일하시니 나도 일한다고 말씀하셨습니다(요 5:17). 하나님께서 일하신다는 말씀은 하나님이 모든 피조물을 보전하시고 붙잡고 계신다는 의미입니다. 사도 바울은 우리가 살고 움직이는 것도 하나님 때문이라고 말했습니다(행 17:28). 모든 만물이 오늘날까지 세워진 것은 하나님의 섭리로 인한 것입니다(시 119:91; 시 104편).

6. 하나님은 어떻게 모든 피조물을 붙잡고 다스리십니까?

하나님의 섭리는 만물을 붙잡으시고 다스리시는 것에 있습니다. 하나님은 하늘과 땅과 그 외의 요소들이 계속 있게 하심으로써(벧후 3:4) 붙잡고 계시며, 살아 있는 피조물의 수명을 정하시고(시 36:6; 104:27) 각종 생물들을 이 세상 끝날까지 지속하게 하심으로써(창 7:3; 8:21-22) 붙잡고 계십니다. 하나님은 모든 피조물을 자신의 즐거움에 따라 인도하시고 하나님 자신의 영광을 위해서 그것들을 사용하십니다. 하나님께서 일반적으로 다스리시는 방법은 피조물들이 일하게 하시고, 그것이 선하게 사용되도록 도우시며, 그것이 존재하게 하시는 것입니다.

7. 하나님은 이성적 피조물을 어떻게 다스리십니까?

이성적 피조물은 천사들과 사람들입니다. 하나님은 이들을 이성적 피조물로서 이해력이 있게 하셨습니다. 따라서 하나님은 그들을 가르치시고 그들이 가르침 받은 대로 수행하게 하심으로써 다스리십니다. 하나님의 가르침 가운데는 명령하시고, 약속하시고, 경고하시는 것이 포함됩니다.

8. 하나님의 섭리 방식과 그것의 남용은 무엇입니까?

통상적 방식과 비상한(혹은 예외적인) 방식이 있습니다. 통상적인 방식은 유용한 수단들로 어떤 일이 일어나게 하실 때, 그 과정을 자연에 두신 것입니다(사 55:10). 비상한 방식은 수단 없이, 혹은 수단이 거의 없는 정도로 어떤 일이 일어나게 하시는 것입니다. 이것을 우리는 보통 기적이라고 부릅니다. 우리는 통상적인 섭리를 무시한 채 비상한 섭리만을 바라보아서는 안 됩니다. 또한, 필요한 일을 하지 않고서 즉각적인 비상한 섭리를 구해서도 안 됩니다. 이는 하나님을 시험하는 것입니다. 이는 불신앙이며, 뻔뻔한 것입니다.

사람이 물건을 낭비하고 잘못 사용하면서 하나님께 계속 공급해달라고 하는 것은 섭리를 남용하는 것입니다. 하나님의 부르심에 부지런하지 않고 게으름 가운데 사는 것도 하나님을 시험하는 것입니다. 자신을 위험 가운데 넣어두고 하나님께 구해달라고 하는 것도 불신앙입니다. 자신의 몸의 유지를 위해서는 어떤 수고라도 하면서 영혼의 구원과 관련하여 자신의 영혼은 돌아보지 않는 것도 하나님을 시험하는 것입니다. 이러한 것은 하나님의 섭리에 반하는 불신앙입니다.

9. 하나님의 섭리를 실행하는 데 사용되는 수단들은 무엇입니까?

여기에는 수동적 수단과 능동적 수단이 있습니다. 수동적 수단은 오직 하나님에 의해 움직이거나 지도를 받는 것입니다. 능동적 수단은 피조물이 이성과 지식을 가지고 스스로 행동하고 움직이는 것입니다. 그런데 하나님은 경건한 이성적 피조물이 실행한 것은 받으시지만, 악한 자가 행한 것은 받지 않으십니다. 때로 하나님은 악한 자들이 하나님의 뜻에 거스른 것을 사용하셔서 자신의 뜻을 이루시기도 합니다. 사람들은 그리스도를 죽음으로 내몰았지만, 하나님은 그것을 사용하셔서 구속의 목적을 이루셨습니다(행 2:23).

이때 하나님은 단순히 악을 허용하시는 것이 아니라, 자신의 능력으로 자신의 영광을 위해 그 일을 다스리시는 것입니다. 물론 이때 사람은 하나님의 섭리 측면에서 자신들의 악한 행위를 정당화할 수 없습니다. 죄에 대해 하나님은 공의로 심판하시며, 자기 백성의 죄에 대해서는 징계하십니다.

10. 하나님의 섭리에 대한 교리는 우리에게 어떤 유용성이 있습니까?

하나님의 섭리는 하나님께서 자신이 만드신 모든 것을 지속하시고, 보전하시며, 다스리시는 것을 의미합니다. 여기에는 하나님의 능력, 지혜, 선하심이 나타나 있습니다. 따라서 모든 것이 다 하나님께 영광을 돌리게 됩니다(롬 11:36). 하나님의 섭리가 없이는 어떤 것도 일어날 수 없습니다. 이는 우리로 하나님을 경외하게 하며, 죄를 짓지 않게 하며, 하나님의 지극한 돌보심으로 인하여 걱정하거나 염려하지 않게 합니다.

우리가 번성할 때 우리는 이 모든 것이 하나님에게서 왔다는 것을 인정할 뿐만 아니라 하나님께 반드시 감사해야 하며, 하나님을 찬양하고 하나님께 영광을 돌려야 합니다. 이 모든 축복의 원인을 자신에게 돌리거나 엉뚱한 것에 돌리지 않도록 주의해야 합니다(합 1:16). 또한, 고난과 역경 가운데 있을 때는 이것이 우리의 유익을 위한 것임을 생각하고 인내해야 합니다.

7

선한 천사와 악한 천사

1. 하나님은 창조 때에 천사들도 만드셨습니까?

하나님은 이성적 피조물 가운데 천사들을 만드셨습니다. 천사들은 하나님의 능력으로 유지되는데, 그들은 결코 죽지 않으며 무로 돌아가지 않습니다(눅 20:36). 하나님은 모든 천사를 선하게 만드셨습니다. 그런데 이 천사들 가운데 하나님이 만드신 목적에 따라 계속 겸손하게 순종하고 있는 천사들도 있지만, 어떤 다른 천사들은 진리 가운데서 떠나 하나님께서 처음 만드실 때의 탁월함을 지키지 못했습니다(유 1:6). 그들은 악한 천사가 되었는데, 이 악한 천사들은 진리를 어기고 진리에서 떠났으며, 죄를 짓고 악함 가운데 있습니다. 따라서 천사들은 선한 천사와 악한 천사로 구분됩니다.

2. 선한 천사의 능력과 지식은 어느 정도입니까?

하나님께서 천사들을 만드셨을 때 그들에게 지혜와 거룩함을 주셨으며, 하나님의 뜻을 수행할 수 있도록 능력과 민첩함과 부지런함과 영광을 부여하셨습니다. 천사는 사람보다 더 큰 지식을 가지고 있는데, 그래서 때로는 하나님께서 천사를 통해서 사람에게 말씀하곤 하셨습니다. 천사가 다니엘에게 그리스도의 죽음의 때를 말하기도 했으며(단 9장), 천사가 요셉의 생각을 알고 말하기도 했습니다. 하나님은 모든 만물을 주장하실 때 천사들을 그들의 성질상, 또 그들이 일하는 직무상 사람보다 뛰어나게 하셨습니다(엡 3:10; 눅 15:10). 물론 천사가 스스로 사람의 생각을 아는 것은 아니며, 이 땅의 모든 것을 아는 것도 아닙니다. 하나님께서 천사들에게 알려주셔야 그들도 아는 것입니다. 모든 것을 아시는 분은 하나님 한 분밖에 없습니다(히 4:13).

3. 선한 천사들은 어떻게 나타납니까?

선한 천사들은 하나님께서 보내실 때 환상 가운데 나타나기도 하고, 실제 몸을 가지고 있는 존재로도 나타납니다. 그리고 어떤 사람의 꿈에 나타나서 그가 마음과 내적 감각으로 비상하게 인지할 수 있게 합니다(마 2:13). 아브라함에게는 천사가 실제로 사람의 몸을 가지고 나타났으며(창 19:1) 사도들에게도 그렇게 나타났습니다(행 1:10). 물론 이것은 하나님의 예외적인 역사에 의한 것입니다. 이렇게 나타난 천사들은 말을 하기도 하고, 먹고 마시기도 합니다(악한 천사인 사탄도 뱀의 몸을 통해 하와에게 말을 했습니다). 선한 천사들이 나타날 때 경건한 자들은 큰 두려움을 느끼기도 했는데, 이는 자신의 비참함과 부패성으로 인한 것입니다.

4. 선한 천사들의 직무에는 어떤 것이 있습니까?

천사의 직무는 두 종류로 구분할 수 있습니다. 하나님에 대한 것과 피조물들에 대한 것입니다. 하나님에 대한 직무는 하늘에서 하나님을 계속 찬양하고 영광 돌리는 것입니다. 그리고 항상 주를 섬기며 하나님의 뜻을 실행하는 것입니다. 한편으로 피조물에 대한 직무 가운데 사람에 관한 직무는, 하나님의 사자로서(도구로서) 경건한 자들을 섬기고(히 1:14; 시 104:4) 그들에게 선한 것을 부여하며, 그들을 악으로부터 지키는 것입니다. 선한 천사들은 경건한 자들을 위하여 그들의 몸이 어려움을 당할 때 도와주며, 지키고 위로합니다(시 34:7; 91:11). 선한 천사들은 경건한 자들의 하는 일이 성공할 수 있도록 돕습니다(창 24:7, 40). 그리고 그들의 몸을 순결하게 지킵니다(고전 11:10).

한편으로 선한 천사들은 경건한 자들의 영혼에 하나님의 뜻을 알려주며(행 10:4-5), 그들의 마음을 움직여서 선한 일을 하게 합니다. 또 슬픔을 당하고 있을 때는 위로해주며, 택한 자의 회심을 기뻐하게 합니다(눅 15:10). 신자의 삶 가운데 질병, 기근, 죽음의 위협과 위험들이 있을 때 선한 천사들이 계속해서 함께하며, 그들의 능력으로 우리의 영혼을 이러한 위험과 죄로부터 보호합니다. 더욱이 선한 천사들은 신자가 죽음을 맞이할 때 그 영혼을 하늘로 데리고 가며, 모든 신실한 자들을 그리스도께로 인도합니다(반면 불신자들은 지옥으로 밀어넣습니다)(마 13:41; 24:31).

5. 악한 천사들은 어떻게 타락했습니까?

모든 천사가 선하게 창조되었지만, 가변성이 있었습니다. 천사 중 일부가 하나님을 버리고 떠났습니다. 그들은 하나님을 떠난 상태에서 탐욕을 품고 죄를 지었습니다. 악한 천사들은 교만했고, 자신들의 위치를 남용했습니다(사 14:13-

14). 그들은 사람들을 시기했고 거짓말했습니다(요 8:44). 결국 그들은 하나님으로부터 완전히 떠난 상태에 있습니다. 마귀는 성령께 대항하여 죄를 지었고(마 12:31; 요일 5:16), 의도적으로 악의를 가지고 죄를 지었습니다. 악한 천사들은 계속해서 하나님을 대적했습니다. 악한 천사들의 우두머리를 사탄이라고 부르는데, 그가 사람들을 미워하기 때문입니다. 또 마귀라고도 부르는데, 그가 늘 하나님께 고소하는 자이기 때문입니다(욥 1:11). 또한 옛 뱀이라고 부르는데, 에덴동산에서 아담과 하와에게 행한 죄악과 같이 사람을 간교하게 유혹하기 때문입니다. 그리고 큰 용이라고 부르는데, 사람들을 파괴하는 일을 하기 때문입니다(계 12:9). 한편 사탄을 따르는 악한 천사들의 무리를 악한 영들이라고 부릅니다.

6. 타락한 천사들에 대한 하나님의 심판은 무엇입니까?

그들은 타락함으로써 끔찍한 부패의 성질로 떨어지고 말았습니다. 그들은 회개할 수 없게 되었고 하늘의 영광으로부터 내쫓김을 당했습니다. 하나님의 어떤 위로도 받을 수 없는 처지가 되었습니다(벧후 2:4). 성도들의 번영에 대해서 슬픔과 혼동을 가지게 되었으며, 그들의 능력은 제한되어 자신들이 원하는 대로 해를 입힐 수 없게 되었습니다. 영원한 어두움 속에 결박되어 던져질 하나님의 마지막 심판의 두려움 속에 있게 되었습니다(유 1:6). 그들은 무한하신 하나님의 진노를 받을 심판의 날에 대한 두려움뿐만 아니라, 심판 후 끝이 없는 지옥의 불에 던져질 두려움 속에 있습니다(마 8:29).

7. 악한 천사들은 사람들에게 어떤 일을 합니까?

어떤 경우에는 악한 자들을 사용하여 경건한 자를 공격합니다. 이때 하나님께서는 이러한 일들을 허용하셔서 경건한 자들을 연단하십니다(삼하 24:1). 사탄은 욥에게 외적으로 심각한 고통의 질병에 시달리게 했고, 바울에게는 내적으로 꿈이나 환상을 통해서 괴롭혔으며(고후 12:7) 때로는 바울의 선교 여행을 방해하기도 했습니다(살전 2:18). 그러나 하나님은 그들을 제한하시고, 그들의 악행에도 불구하고 오히려 자신의 자녀들이 선을 이루게 하십니다(눅 22:31-32).

8. 악한 천사들은 사람의 몸에 어떤 상처를 줍니까?

악한 천사들은 사람들이 그들의 몸을 남용하게 함으로써 자신의 악한 목적이 효과를 얻게 합니다. 악한 천사들은 사람들의 감각을 무디게 해서 거짓을 믿게 하고, 우상 숭배에 빠지게 합니다. 또한, 욥에게 했던 것과 같이 질병으로 몸을 고통스럽게 합니다. 악한 천사들은 강한 유혹으로 사람들이 죄를 짓게 만들고 하나님 앞에 그들을 고소합니다. 악한 천사들은 사람들이 선행하는 것을 방해합니다.

9. 악한 천사들은 사람의 영혼에 어떤 상처를 줍니까?

악한 천사들은 사람들이 이성을 사용하지 못하게 함으로써 비이성적으로, 혹은 미친 사람같이 행동하게 합니다. 악한 천사들은 사람의 영혼을 후회와 혼돈에 빠뜨리고 고통스럽게 합니다. 또한, 사울에게 했던 것처럼 영혼을 우울하게 만들고(삼상 16:14), 다른 사람들의 영혼을 유혹하게 합니다(고후 4:4). 악한 천사들은 다양한 유혹을 일으키고 유혹이 그 영혼을 지배하여 죄를 짓게 합니다.

10. 악한 천사들은 악인들에게 어떻게 행합니까?

악한 천사들은 악인을 지배하고 그들을 다스리는 것에는 아무런 어려움이 없습니다. 그들은 자신들의 일을 완성하기까지 악인들을 쉽게 이용합니다. 그래서 이 세상에서 악인들이 살인하게 하고, 사람들을 파괴하는 일을 하게 만듭니다.

11. 악한 천사들에 대한 교리는 우리에게 어떤 유용성이 있습니까?

신자들은 악한 천사들, 특히 마귀가 일하는 방식과 계략에 대해서 알아야 합니다. 그래서 마귀를 대적하고 유혹에 빠지지 않아야 하며, 죄를 극복해야 합니다. 신자가 마귀를 대적하며 악한 천사들의 유혹을 극복하기 위해서는 주의 전신갑주를 입어야 합니다. 신자들은 믿음의 방패를 가지고 있어야 하며, 구원의 투구와 복음의 신발, 성령의 검을 가지고 있어야 합니다. 또 항상 기도하고 깨어 있어야 합니다(엡 6:10-18). 물론 마귀가 신자들을 악의를 가지고 공격하더라도 이미 그리스도가 그의 머리를 부수어 놓으셨기 때문에 두려워해서는 안 됩니다. 그의 힘은 하나님에 의해 제한되어 있음을 기억하고 소심해지지 말고 도리어 담대해야 합니다. 마지막에는 마귀가 우리의 발아래 짓밟힐 것이기 때문에 승리의 확신을 가져야 합니다(롬 16:20).

III. 인간론:
사람은 어떤 존재인가?

8

행위 언약

1. 하나님은 사람을 창조하시고 사람과 어떠한 관계를 가지셨습니까?

하나님은 어떤 피조물보다 사람에게 자신의 지혜와 능력과 의로움과 자비를 베푸셨습니다(잠 8:31; 시 8:3-5). 그리고 하나님은 첫 번째 사람인 아담과 언약을 맺으셨습니다. 하나님은 아담이 무죄 상태였을 때 그와 그의 후손을 포함한 언약을 맺으셨습니다. 즉, 하나님께서 아담의 하나님이 되시고 아담은 그의 백성이 된다는 것입니다. 아담은 하나님의 백성으로서 하나님의 율법을 지켜야 하고, 특별히 선악을 알게 하는 나무의 열매를 먹어서는 안 된다는 명령을 받았습니다. 그 명령을 어길 경우, 그가 반드시 죽게 될 것이라는 형벌 규정도 언약 속에 있었습니다. 그러나 그가 하나님의 계명을 지키고 순종한다면 그는 에덴동산에서 생명나무의 과실을 먹으면서 영생할 수 있었습니다. 따라서 본래 하나님과 사람 사이의 언약은 행위 언약입니다.

2. 하나님께서 사람과 언약의 관계를 맺는 이유와 목적은 무엇입니까?

성경의 처음부터 마지막까지 하나님은 사람들을 다루실 때 언약의 관계를 맺습니다. 언약의 주도권은 하나님께 있습니다. 하나님께서 사람들에게 오셔서 언약을 맺으신 것이기 때문에 사람은 수동적인 위치에 있습니다. 하나님께서 그의 백성을 언약으로 다루시는 것은 타락 이전이나 타락 이후나 모두 그가 절대적인 주권자이심을 나타내시려는 것입니다. 하나님은 토기장이로서 피조물에 의무를 부과하여 자신의 주권을 드러내십니다. 하나님께서 이렇게 언약의 관계로 사람들을 다루시는 이유는 피조물들이 하나님의 선하심과 자비로우심이 얼마나 큰지를 알게 하시려는 것입니다.

하나님은 사람들을 축복하시기 위해 언약 관계를 맺습니다(렘 32:40). 그러나 사람들과 언약을 맺을 때 언약의 대상인 사람은 하나님께 대한 의무 조항을 받습니다. 이는 하나님께서 무언가 부족해서 사람들의 순종을 요구하시는 것이 아닙니다. 하나님 자신이 그들의 하나님이신 것과 언약의 대상인 사람들이 하나님의 백성인 것을 증거하기 위한 것입니다(렘 31:33). 따라서 성경에서 언약의 개념은 그것이 구약에 있든 혹은 신약에 있든 간에(행위 언약이든 혹은 은혜 언약이든 간에) 하나님이 그들의 하나님이 되시고 그들은 하나님의 백성이 된다는 것입니다(히 8:10).

3. 하나님께서 아담과 언약을 맺으면서 요구하신 것은 무엇입니까?

하나님은 사람을 창조하실 때 자신의 형상을 따라 만드셨습니다. 그리고 이렇게 만드실 때 사람의 마음에 자신의 율법을 새겨 넣으셨습니다. 하나님은 사람에게 거룩함과 의로움과 자유의지와 능력을 주셨기 때문에 사람은 하나님의 율법을 능히 행할 수 있었습니다. 그리고 하나님은 아담과 언약을 맺으면서 그와 그의 아내가 하나님의 율법에 순종하여 자신들이 하나님의 백성인 것과 그들의 주인이 하나님이신 것을 드러내기 원하셨습니다. 더욱이 아담과 하와가 무죄 상태에서 하나님께서 안식일을 제정하셨기 때문에, 그들은 안식일을 거룩하게 지킴으로써 외적으로도 하나님에 대한 의무를 충분히 알 수 있었습니다. 이것을 우리는 행위 언약이라고 부릅니다.

4. 하나님께서 아담과 맺은 행위 언약에서 율법과 함께 요구하신 것은 무엇입니까?

행위 언약이란, 여호와 하나님께서 아담을 에덴동산에 두시고 그곳을 다스리며 지키게 하시고, 아담에게 명하시기를 "동산 각종 나무의 열매는 네가 임의로 먹되 선악을 알게 하는 나무의 열매는 먹지 말라 네가 먹는 날에는 반드시 죽으리라"고 하신 것을 말합니다(창 2:15-17). 이는 하나님께서 언약의 주로서 사람에게 율법을 지키라는 명령과 함께 선악을 알게 하는 나무의 열매를 먹지 말라는 규례를 주신 것입니다. 그래서 순종하는 경우에는 영원한 생명을 약속하시고 율법과 명령을 어길 경우에는 하나님의 저주와 육신의 죽음 그리고 영혼의 영원한 죽음을 당하게 됨을 경고하셨습니다. 선악을 알게 하는 나무의 열매를 먹지 말라는 명령은 아담이 율법을 외적으로 지키고 있는지 그 여부를 확인할 수 있는 명령입니다. 따라서 이 명령은 율법과 함께 부과된 규례입니다.

5. 아담과 하와에게 하나님의 율법이 새겨진 증거는 무엇입니까?

아담과 하와가 타락했을 때, 그 심령에 새겨진 율법이 그들의 양심을 책망했습니다. 그래서 그들은 죄책을 느꼈으며, 하나님의 음성을 들었을 때 자신들을 숨겼습니다(창 3:8). 아담이 타락한 이후에도 인류에게 율법이 자연법으로 남아 있기 때문에 율법을 모른다고 해도 누구나 자연의 빛에 의해 양심의 죄책을 느끼게 됩니다(롬 2:14-15). 모세를 통해 율법이 주어지기 전에도 아비멜렉의 경우에는 이미 간음죄를 알고 있었습니다(창 20:3-7).

6. 하나님께서 아담과 언약을 맺으면서 율법과 명령을 지키라고 하신 이유와 목적은 무엇입니까?

아담과 하와는 무죄 상태에서 하나님께 해야 할 의무가 있었습니다. 하나님께서 이렇게 하신 이유는 하나님이 명령하실 수 있는 주권자이신 것과, 또한 약속하시고 그것을 이행하시며 축복하시는, 그들의 하나님이신 것을 증거하기 위함입니다. 하나님께서는 아담의 심령에 율법을 새기시고 선악을 알게 하는 열매의 나무를 먹지 말라고 명령하시면서, 아담이 이를 지킴으로써 하나님의 의로우심과 완전함을 드러내기 원하셨습니다.

7. 하나님은 아담과 언약을 맺으면서 이 언약에 대한 외적 표호(票號)를 주셨습니까?

하나님은 에덴동산에 두 개의 나무를 두셨습니다. 아담은 매일 이 나무들을 보면서 자신이 하나님과 언약을 맺은 상태임을 기억하고, 하나님의 백성으로서 하나님에 대한 의무를 다하는 것에 도전을 받았습니다. 이것을 언약의 외적 표호라고 부릅니다.

생명나무는 순종하는 아담에게 하나님께서 행복, 생명, 영광을 주시는 것을 확신하게 했으며, 이것은 그에게 위로를 주었습니다. 그는 하나님의 계명에 순종하는 한 영원토록 낙원에 살 것을 확신했고, 그것은 그에게 말할 수 없는 행복을 주었습니다. 또 하나의 나무는 선과 악에 대한 지식을 주는 열매의 나무였습니다. 이것은 그가 하나님의 계명을 지키는가에 대한 시험이기도 하며, 경고이기도 했습니다. 불순종할 경우에는 죽음과 정죄에 이른다는 것을 기억하게 했습니다.

8. 행위 언약 아래에서 아담과 하와는 어떤 상태에 있었습니까?

하나님은 아담과 행위 언약으로 관계를 맺으셨는데, 아담에게 언약의 하나님으로 오신 것은 전적으로 하나님의 은혜의 행위입니다. 또한 아담에게 언약의 조항을 지킬 수 있는 능력을 주셨기 때문에 행위 언약 자체가 하나님의 은혜입니다. 하나님은 피조물인 아담에게 이러한 은혜를 베푸실 의무가 없으셨기 때문입니다. 따라서 아담은 무죄 상태에서 하나님의 선하심과 은혜를 누리면서 하나님을 찬양했습니다. 그는 율법을 왜 지켜야 하는지, 선악을 알게 하는 나무의 열매는 왜 먹지 말라고 명령하셨는지 이해할 수 없다는 식으로 하나님께 불평할 이유가 없었습니다. 오직 아담과 하와는 하나님을 예배하면서 창조주 하나님을 찬양했습니다. 더욱이 자유의지를 주셔서 강제적인 순종이 아니라 자발적으로 자유롭게 완전한 순종을 하게 하신 하나님께 감사했습니다. 따라서 아담과 하와는 몸과 영혼이 지극히 행복하고 영광스러운 상태에 있었습니다.

9. 아담의 타락 이전에 에덴동산에서 그의 내적인 상태와 외적인 상태는 어땠습니까?

아담이 타락하기 이전에 그는 내적으로 놀라운 지식을 가지고 있는 상태였습니다. 그는 하나님이 만드신 모든 피조물을 사용할 수 있었습니다. 하나님의 거룩한 형상을 지니고 있었습니다. 이는 죄 없는 상태의 순수한 것이었습니다. 그리고 그는 하나님의 현현을 누리고 있었습니다(마 5:8; 시 17:15). 아담은 두려움 없이 하나님과 가장 완벽하게 교통했으며, 그는 하나님을 즐겁게 예배하면서 절대적인 만족을 누리고 있었습니다(창 2:25). 아담의 타락 이전에 에덴동산에서 그의 외적인 상태는 아름답고 완전했으며, 영광스러운 몸을 가지고 있었습니다. 그의 몸에는 연약함이 없었으며 고통도 없었습니다. 비록 몸에 아무것도 걸치지 않았어도 부끄럽지 않았습니다. 그는 모든 피조물을 다스렸고, 모든 피조물은 그에게 굴복했습니다. 그의 몸은 외적으로 극한 상태에 처하거나 어려움을 겪는 것에서 완전히 자유로운 상태였습니다.

10. 아담의 후손과 행위 언약과의 관계는 무엇입니까?

하나님께서 아담과 언약을 맺을 때 아담을 인류의 머리(대표자)로 맺었기 때문에 그의 모든 후손이 이 언약 속에 포함됩니다. 따라서 아담이 죄를 지으면 그의 모든 후손이 죄 가운데 태어나며, 그가 죽으면 또한 그의 모든 후손이 죽습니다(롬 5:12). 사도 바울은 한 범죄로 인하여 많은 사람이 정죄에 이르게 되었다고 말합니다(롬 5:18). 아담은 머리이며, 우리는 그의 후손입니다. 아담은 뿌리이며 우리는 그 뿌리에서 나온 줄기에 해당합니다. 따라서 모든 인류는 태어나면서 행위 언약 아래에 있습니다.

인류는 아담 이후로 죄 가운데 태어나며, 행위로 자신을 구원하려고 합니다. 그러나 결국 자신의 행위로 구원할 수 없음을 깨닫고 하나님께서 죄인을 받아 주시기 위해 약속하신 그리스도를 붙잡을 때 구원받습니다. 이것을 은혜 언약이라고 부릅니다. 이 세상의 모든 사람은 행위 언약 아래에 있든지 아니면 은혜 언약 아래에 있든지 둘 중 하나입니다.

9

원죄와 자범죄

1. 아담과 하와는 어떻게 타락했습니까?

아담과 하와는 마귀의 유혹을 받아 죄를 지었고 그로 인하여 타락했습니다. 마귀는 뱀을 도구로 먼저 하와를 유혹했습니다. 그리고 하와를 도구로 아담을 유혹했습니다(딤전 2:14). 마귀가 하와를 유혹한 방법은 먼저 그녀와 이야기를 나누는 것이었습니다. 이렇게 시작해서 그녀가 하나님의 말씀에 대해 의심을 품게 했습니다. 마귀는 하와가 하나님을 잊어버리고 자신에게 굴복하게 하려고 모든 수단을 사용했습니다. 자신이 하나님보다 더 사람을 사랑하는 것처럼 말했습니다. 그리고 금지된 열매를 먹으면 하나님과 같이 될 수 있다는 거짓말로 하와를 부추겨 교만하게 했습니다. 마귀는 악의를 가지고 거짓말을 해서 하와를 죄짓게 한 것입니다. 결국 하와는 마귀의 유혹을 받아 하나님께서 금지한 열매를 먹음으로써 죄를 지었고, 아내의 말을 들은 아담도 금지된 열매를 먹고 죄를 범했습니다.

2. 아담의 첫 번째 주된 죄는 무엇입니까?

아담의 전체적인 죄는 불순종이었습니다. 아담의 죄는 점점 더 정도가 깊어졌는데, 처음에는 불충성, 그다음에는 교만, 마지막에는 금지된 열매를 먹음으로써 하나님께 불순종한 것입니다. 이것이 인류가 지은 첫 번째 죄이고, 이 죄의 결과로 모든 인류가 태어날 때부터 원죄를 가진 상태, 즉 타락한 상태가 된 것입니다.

3. 아담이 지은 죄와 그의 심령에 새겨진 도덕법은 어떤 관계가 있습니까?

아담이 금지된 열매를 먹은 것은 단지 그 규례를 어긴 것뿐만 아니라 그의 심령에 새겨진 도덕법을 어긴 것입니다. 그는 하나님께 불순종하고 하나님의 사랑에 대해 의심했으며, 하나님의 경고를 무시했습니다. 마귀의 말을 더 신뢰하고 하나님 말씀대로 행하지 않았으며, 하나님의 원수와 교통하면서 선악을 더욱 알고자 했습니다. 이것은 십계명의 첫 번째 계명을 어긴 것입니다. 한편 그가 모든 사람에게 죽음을 가져다준 것은 십계명의 살인죄에 해당합니다.

4. 아담과 하와가 죄를 지은 결과는 무엇이었습니까?

아담과 하와가 죄를 지은 즉시 죽음이 그들에게 임한 것은 아닙니다. 그러나 그들은 죄 가운데 죽은 상태가 되었습니다. 즉, 하나님의 은혜에서 분리되었습니다. 하나님의 형상으로 지음을 받은 영광스러운 영혼의 기능들은 어그러졌습니다. 그들의 몸을 부패의 세력이 장악하게 되었습니다. 이렇게 아담의 타락으로 인하여 모든 사람의 삶 속에 죄가 흘러나오게 되었습니다. 이것을 자범죄(actual sin)라고 부릅니다. 아담은 하나님께서 나타나셨을 때 숨었습니다. 또한 자신의 죄에 대해 핑계를 대고 그 모든 책임을 하와에게, 그리고 하나님께 돌렸습니다. 죄가 인류에게 들어오자 영적인 죽음이 들어온 것입니다(엡 2:1).

5. 아담과 하와가 무화과 잎으로 자신들의 옷을 만든 이유는 무엇입니까?

선악을 알게 하는 열매를 먹었을 때 그들의 눈은 밝아졌습니다. 그리고 그들 자신이 벌거벗은 것을 알게 되었습니다. 그들이 타락하기 전에는 벌거벗었어도 그것에 대해서 부끄럽게 여기거나 수치스럽게 생각하지 않았습니다. 타락 이전에는 무죄의 옷을 입었기 때문에 수치스럽지 않았습니다. 그러나 죄가 들어온 후에 부끄러움과 수치스러움을 느끼게 되었습니다. 죄의 역겨움이 자신들의 눈에 들어와 양심에 가책이 일어난 것입니다.

죄가 들어온 이후에는 우리의 영혼과 몸 모두가 벌거벗은 상태로 부끄러운 모습을 가지고 있습니다(계 3:17-18). 그런데 아담과 하와는 어리석게도 자신들의 내면의 수치를 고치려고 애쓰기보다는 외면의 수치를 가리기 위해서 무화과 잎으로 옷을 해 입었습니다. 이렇게 아담과 하와가 무화과나무 잎으로 치마를 만들어 입은 행동은, 모든 인간이 자신들의 죄를 스스로 가리려고 하는 행위와 같습니다.

6. 우리의 첫 번째 조상인 아담과 하와가 죄를 지은 이후 그의 후손인 우리는 어떤 상태에 있습니까?

금지된 열매를 먹었던 그들의 죄는 모든 사람의 죄입니다. 그들은 인류의 머리(대표)로서 죄를 지었고 그 죄가 그의 후손들에게 전가되어 모든 사람은 죄인이 되었습니다. 모든 사람에게 죽음이 임하게 되었으며(롬 5:12), 정죄의 상태에 있습니다. 하나님의 영광에 이르지 못하게 되었습니다(롬 3:23). 따라서 모든 사람은 본성상 죄 가운데 죽은 상태입니다. 그래서 온갖 죄를 짓고 또 짓습니다(딤전 5:6). 사람이 죄를 지어서 죄인이기도 하지만, 죄를 가지고 태어나서 죄를 짓고 죄인이 되는 것입니다.

7. 죄의 상태에 있다는 것은 무엇을 의미합니까?

아담은 선악을 알게 하는 열매를 먹지 말라는 규례를 하나님으로부터 받았으며, 그 심령에 율법(도덕법)이 새겨져 있었습니다. 그러나 모든 사람을 오염시킨 아담의 첫 번째 죄는 그 규례와 계명을 어긴 것이었습니다. 따라서 죄라는 것은 하나님의 계명, 혹은 율법을 어기는 것입니다(요일 3:4). 하나님의 율법을 어기는 자는 죄인으로서 하나님 앞에 유죄 판결을 받습니다. 율법의 저주 아래에 있게 되는 것입니다. 하나님은 모든 사람에게 자신의 율법을 지키라고 명령하셨는데, 사람들은 지킬 수도 없으며, 또한 지키려는 마음도 없습니다. 그래서 계명을 계속 어기면서 죄의 상태에 있는 것입니다(롬 8:7).

8. 아담의 죄가 어떻게 모든 사람을 오염시켰습니까?

하나님은 인류의 머리인 아담과 언약을 맺으셨습니다. 그런데 아담이 그 언약을 깼습니다. 아담이 언약을 깼을 때 그의 후손인 모든 사람이 그 첫 번째 죄를 지은 것입니다. 이것이 모든 다른 죄의 원인이 되어서 모든 사람이 죄를 짓게 되었습니다(롬 5:12, 18-19; 고전 15:22). 그래서 사람들은 본성상 죄인이며, 행위로도 죄를 짓습니다(골 3:5). 모든 죄가 자연적으로 아담으로부터 내려오는 것입니다. 그리고 아담으로부터 부패성을 물려받았습니다(시 51:5). 그래서 이 세상에서 사는 한 모든 사람은 실제적으로 죄를 짓고 있습니다(사 48:8; 렘 13:23). 하나님으로부터 구속의 은총을 받지 않은 죄책과 부패한 본성으로 인해 더러운 마음과 양심을 가지고 살아갑니다(딛 1:15).

9. 아담의 죄로 인하여 부패된 사람들의 특징은 무엇입니까?

아담의 죄로 인하여 부패성을 물려받은 인류는 하나님의 계명을 무시하고, 지키지 않습니다. 하나님의 공의를 무시하고 불의를 행합니다. 그리고 자신들의 악한 본성에 따라서 죄를 짓습니다. 그들의 자연적 성향은 불의에 기울어져 있으며, 죄를 짓기에 익숙해 있습니다(약 1:14; 롬 7:21, 23). 그들은 하나님의 거룩함에 반대하면서 더러운 행위를 합니다. 정욕 가운데 자신들의 모든 욕심을 추구합니다. 선한 것을 미워하고 모든 악의 방식들을 사용하며, 마귀에게 자신을 도구로 내어주고 있습니다. 이것은 죄를 흉내 내거나 모방하는 것이 아니라, 본성상 악에 기울어져 죄를 짓는 것입니다.

10. 아담의 죄로 인하여 사람들의 영혼은 어떻게 부패했습니까?

아담의 죄는 모든 사람의 영혼을 부패하게 했습니다. 사람의 영혼에는 여러 기능이 있습니다. 죄는 사람의 마음을 어둡게 해서 하늘에 관한 일들과 하나님의 뜻에 대해 무지한 상태로 만들었습니다(고전 2:14; 엡 4:17-19). 따라서 사람들은 하나님의 뜻을 알려고 하지 않으며, 배우지도 않습니다. 하나님의 진리에 대해서 의심하고, 거짓된 것과 헛된 것을 붙잡습니다. 많은 사람이 거짓 종교와 오류와 이단의 가르침을 따르는 이유가 여기에 있습니다. 사람들의 의지가 선을 행함과 하나님의 뜻을 실행하는 것에 무능하게 되었습니다(빌 2:13). 또한, 사람들의 의지가 죄와 마귀의 종이 되어 강퍅해지고 정욕을 추구하게 되었습니다. 하나님께 의도적으로 대적하게 되었습니다(롬 8:7). 따라서 사람은 자신의 무능한 의지로 스스로 하나님께 돌아갈 수가 없습니다. 사람들의 정서 역시 부패했습니다. 미움과 분노와 복수심과 두려움이 정서를 장악했고, 죄악을 더욱 사랑하게 되었습니다. 사람의 양심도 부패하여 더러워졌습니다(딛 1:15). 양심이 해야 할 일을 판단하고 지시하는 기능을 하지 못하고, 하나님이 미워하는 일을 하게 되었습니다(고전 8:7; 골 2:21-22). 따라서 감각 없는 자와 같이 행동합니다(엡 4:18-19).

11. 죄에 대한 하나님의 처벌은 무엇입니까?

하나님은 죄의 삯으로 죄책이 일어나게 하시고(롬 6:23) 하나님의 진노와 저주를 선언하십니다. 몸은 죽음의 힘 아래에 있다가 죽으며, 영적으로 죽는 처벌을 받습니다. 이 처벌은 이 땅에서 시작되며, 영원한 심판에서 완전히 성취됩니다(요 3:18-19; 5:24, 28-29). 하나님의 심판은 죄인 당사자에게 내려지지만, 죄인에게 속한 모든 것에까지 확장됩니다. 여기에는 평판을 잃어버리는 것과 재물, 친구, 자녀를 잃어버리는 것까지 포함됩니다(시 109:12). 하나님의 심판은 부분적으로는 내적으로나 외적으로 임하는데, 외적인 것들로는 재앙과 수치스러움을 당하는 것과 극한 가난, 몸의 질병이 있습니다. 내적인 심판으로는 재앙으로 인한 슬픔과 번뇌, 어리석음, 영적 무지, 심령의 강퍅함, 지옥으로 떨어지는 것에 대한 두려움과 양심의 고통, 하나님의 저주에 대한 두려움이 포함됩니다.

IV. 기독론:
예수 그리스도는 어떤 분이신가?

은혜 언약

1. 아담이 타락하여 하나님의 심판 아래에 있는 상태에서 더 이상 소망이 없었습니까?

아담이 죄를 지음으로써 인류는 죄와 부패로 오염되었으며, 죄에 대한 하나님의 심판 아래에 처하게 되었습니다. 이 상태의 사람은 비참한 처지입니다. 스스로 비참함에서 벗어나 자신을 회복할 수 있는 능력 자체가 없습니다. 그런데 이때 하나님께서는 자신의 무한한 지혜와 자비하심 가운데 인류를 죄에서 구원하실 구원자를 주시겠다고 약속하셨습니다. 이 언약을 은혜 언약이라고 부릅니다. 이 언약은 하나님과 죄인을 화목하게 하는 그리스도에 대한 약속입니다. 그리스도를 믿음으로 죄와 죽음에서 건짐을 받을 뿐만 아니라, 죄를 용서받고 하나님의 자녀가 되는 것입니다.

2. 은혜 언약이란 무엇입니까?

아담이 타락한 후 하나님은 즉각적으로 아담에게 심판을 내리시지 않고 그에게 찾아가서 두 번째 언약을 맺으셨습니다. 여자의 후손을 통해 죄인들이 하나님의 은혜에 들어올 수 있으며, 회복될 수 있다는 약속이었습니다(갈 3:21-22). 이것은 그리스도에 대한 약속입니다. 하나님께서 아담과 두 번째로 언약을 맺은 이유는 하나님의 계획과 목적 속에서 자신의 백성을 창조하시고, 언약 백성을 통해서 자신의 영광을 드러내시기 위한 것입니다. 하나님께서는 중보자를 약속하심으로 죄인들을 위한 치료책을 주셨습니다. 이는 말할 수 없는 하나님의 자비입니다.

3. 은혜 언약의 근거는 무엇입니까?

하나님께서는 그리스도 안에 자비를 마련해놓으셨습니다. 하나님 아버지께서 그의 아들 그리스도를 보내셔서 구속 사역의 근거를 마련하신 것입니다. 그리고 하나님 아버지와 아들이 성령을 보내셔서 아들이 이루어 놓은 구속의 사역을 선택된 개개인에게 적용하게 하셨습니다. 그리스도의 사역이 택한 자의 심령에 적용되어 거룩하게 되는 것입니다. 하나님 아버지는 아담이 타락하기 전에, 즉 영원 전부터 아들을 구주로 정하셨습니다. 아들이 이것을 받아들임으로써 아버지와 아들 사이에 약속이 이루어졌습니다. 이것을 구속 언약이라고 부릅니다. 하나님께서 이 언약을 마련하신 이유는, 아담과 하와가 하나님으로부터 자유의지를 부여받았는데 여기에는 가변성이 있어서 그들이 타락할 수도 있었기 때문입니다. 그래서 하나님은 아담이 타락하자마자 그와 은혜 언약을 맺으셨습니다.

4. 하나님께서 아담과 맺은 은혜 언약은 구속의 역사 속에서 어떻게 분명해졌습니까?

하나님께서 아담에게 약속하신 여자의 후손은, 하나님이 아브라함과 맺은 언약 속에서는 그를 통하여 모든 민족이 복을 받을 것으로 계시되었습니다(창 12:1-2). 모세와 맺은 언약에서는 율법을 돌판에 새겨주심으로써 하나님이 왕, 심판자, 구속자로 계시되었고, 의식법을 통해서는 그리스도의 필요성이 계시되었습니다. 다윗과 맺은 언약 속에서는 그의 나라를 세우실 왕으로 계시되었으며(삼하 7:13), 포로기 시대의 선지자들에게는 모든 민족을 부르시고 시온을 세우시는 구주로 계시되었습니다(사 40:12-18). 이처럼 구속사에서 그리스도가 점진적으로 더욱 분명하게 계시되었습니다. 따라서 구약의 성도들은 약속을 통해서 그리스도를 알았으며, 그리스도를 바라보았고, 그리스도가 오시리라는 기대를 품고 살았습니다. 결국, 하나님의 정하신 때가 되어 그리스도가 이 땅에 오신 것입니다(갈 4:4).

5. 은혜 언약에서 사람 편에서의 조건은 무엇입니까?

은혜 언약에서 사람 편에서의 조건은 하나님께서 은혜로 제공하시는 것을 받는 것입니다. 즉, 그리스도를 믿는 것입니다(요 1:12; 14:1; 행 16:31). 물론 그리스도를 믿는 믿음도 하나님께서는 성령의 사역을 통해서 제공해주십니다. 따라서 우리는 그리스도를 믿음으로 그리스도에게 연합되어 죄 용서함을 받으며, 의롭다 함을 받습니다. 그리고 하나님의 자녀가 되어 하나님이 우리의 하나님이 되시며, 우리는 그의 백성으로서 그리스도 안에서 제공되는 모든 은덕을 누립니다. 이때 성령께서는 하나님의 율법을 신자의 심령에 새겨 넣으셔서, 신자들로 계명을 지키게 하십니다. 따라서 하나님의 백성 된 신자들의 증거는 하나님의 율법을 지키는 것으로 나타납니다(렘 31:33).

6. 은혜 언약에서 제공되는 중재자는 어떤 분이어야 합니까?

은혜 언약에서 제공되는 중재자는 하나님과 사람 사이의 중재자이신 그리스도입니다. 그리스도는 택하신 백성들의 죄를 짊어져야 하며, 그들의 속죄를 위해서 구속의 사역을 행해야 하는 분입니다(살전 1:10). 그분은 선택한 자들을 구속하기 위해 죄가 없어야 하며, 선택한 백성들의 죄에 대한 무한한 하나님의 진노와 고통을 육신적으로 감당할 수 있어야 합니다. 또한, 선택된 백성에게 의를 부여하기 위해서는 자신이 율법을 온전히 지켜서 죄가 없을 뿐만 아니라 의를 이루어야 합니다. 즉, 중재자인 그리스도는 우리 구원의 원수인 마귀, 죽음, 지옥, 정죄를 극복하셔야 합니다. 이것은 피조물이 할 수 있는 것이 아닙니다(히 2:14).

더욱이 그리스도는 우리를 죄의 죽음에서 건질 수 있어야 하며, 우리에게 영생을 주실 수 있어야 합니다. 또한 반드시 우리에게 성령을 주셔서 우리의 부패한 본성을 갱신하고, 그의 백성으로서 하나님의 율법을 지킬 수 있게 하셔야 합니다. 즉, 은혜 언약의 실행은 그리스도에게 달려 있습니다(행 10:43; 롬 1:3-4). 따라서 은혜 언약에서 약속된 중재자는 반드시 사람인 동시에 하나님이어야 합니다. 하나님의 선택된 자들의 죄를 짊어지기 위해서는 사람이어야 하며, 죄가 없이 율법을 온전히 이루기 위해서는 하나님이어야 합니다(갈 4:4-5; 롬 1:3-4; 딤전 3:16).

7. 중재자를 하나님의 아들로 부르는 이유는 무엇입니까?

중재자는 본성상 유일하신 하나님의 아들입니다. 하나님 아버지로부터 영원히 나셨기 때문입니다(요 1:14; 3:18). 천사를 하나님의 아들들이라고 부르기도 하고(욥 1:6) 중생과 양자 됨으로 인하여 성도를 하나님의 아들들로도 부르지만, 중재자는 본성상 하나님의 아들입니다. 신성에 있어서 아들은 하나님이십니다. 그리스도는 아버지도 없고 어머니도 없는 신성을 가지신 하나님이십니다(히 7:3). 또한 하나님의 아들은 오직 한 분이십니다.

8. 그리스도가 하나님이신 성경의 증거는 무엇이며 그 유익은 무엇입니까?

그리스도가 하나님이신 것을 증거하는 성경 구절은 수없이 많습니다(사 7:14; 9:6; 25:9; 요 1:1; 20:28; 롬 9:5; 요일 5:20). 또한 그리스도는 수많은 기적을 행하셨으며, 특별히 죽음에서 자신을 일으키셨습니다(롬 1:4). 그리스도는 성령으로 자신의 백성을 다스리시고 계십니다(슥 4:6). 그리스도가 하나님이시기 때문에 신자에게 주어지는 직접적인 유익은, 하나님의 택하신 자를 구원하실 수 있으며 하나님 아버지와 우리 사이를 화목케 하실 수 있다는 것입니다. 더욱이 그리스도는 우리를 자신에게 연합시켜서 우리를 하나님 아버지의 자녀로 만드실 수 있습니다(히 2:10).

9. 그리스도는 실제로 사람이었습니까?

그리스도는 여자의 몸에서 태어나 실제로 육신을 가지고 인성을 취하셨습니다. 다만 원죄의 부패성에 오염되지 않도록 동정녀 마리아의 자궁을 빌리셨으며, 생육법이 아닌 성령에 의해서 잉태되어 나셨습니다. 그리스도는 실제로 유아기를 거치셨습니다(눅 2:7). 그리고 실제 사람의 몸을 입고 가난하게 사셨습니다(고후 8:9). 그리스도는 몸과 영혼을 가지고 계신 완전한 사람이셨습니다. 만약에 그렇지 않다면 우리의 영혼은 영원히 멸망할 수밖에 없습니다. 그러므로 그는 육신의 몸을 입고 하나님이 택한 자들의 죄를 속하기 위해서 속건 제물로 자신의 영혼을 드리셨습니다(사 53:10; 마 27:50).

10. 그리스도에게 신성과 인성은 어떻게 결합되어 있었습니까?

그리스도에게 신성과 인성이 꿀과 기름이 서로 섞인 것처럼 혼합된 것은 아닙니다. 그리스도의 한 인격 안에서 결합된 것입니다. 그래서 그리스도는 목이 마르기도 하셨으며, 눈물을 흘리기도 하셨습니다. 또 신성을 가지고 계시므로 기적을 행하셨습니다. 이것은 신성이 그의 몸에서 인성으로 변화된 것이 아닙니다. 신성의 성질이 그리스도의 인격에서 유지되었으며, 그의 행위와 특성 속에서 인성이 유지되었습니다. 이것을 우리는 한 인격 안에 두 본성이 결합되어 있다고 말합니다.

11. 하나님이신 중재자가 사람이어야 하는 이유는 무엇입니까?

중재자가 반드시 사람이어야 하는 이유는 하나님의 택하신 백성의 죄를 감당하고 죽어야 하기 때문입니다. 이는 신성만으로는 안 됩니다. 중재자는 사람으로서 율법을 완전하게 수행하여 하나님의 공의를 만족시켜야 합니다(롬 8:3; 고전 15:21; 히 2:14-16). 중재자는 우리의 연약함을 익히 체험하고 모든 것에 시험을 받아서 우리를 충분히 도울 수 있어야 하기 때문입니다(히 4:15-16; 5:2). 첫째 아담은 사람의 부패한 성질의 원천이었던 반면에, 둘째 아담은 회복된 본성의 원천이어야 했습니다. 이는 영적 중생으로서 우리로 그 성질을 갖게 하는 것입니다. 하나님이신 그리스도가 사람이 되셨다는 것은 그리스도가 나의 죄를 심판받아 고통을 받으신 것을 확신하게 합니다.

11

예수님의 호칭들

1. 성경에서 예수님의 호칭에는 어떠한 것들이 있습니까?

성경에는 예수님의 사역과 관련해서 여러 호칭이 있으며 그 호칭들은 예수님이 어떤 분이신가를 나타내고 있습니다. 여기에는 구주(savior, 딤전 2:3), 구속자(redeemer, 사 49:7), 중보자(mediator, 딤전 2:5), 보증자(surety, 히 7:22), 그리스도(Christ, 딤후 1:1) 등이 있습니다.

2. '구주'라는 호칭은 예수님의 어떤 사역을 의미하는 것입니까?

'구주'라는 호칭은 악으로 인해 어려움을 겪고 비참한 상태에 놓여 있는 자들을 자유롭게 해주는 분을 의미합니다. 따라서 예수님을 구주라고 부르는 것은, 아담이 자신을 비참한 상태로 던져넣은 이후로 고통과 어려움 가운데 있는 하나님의 백성을 예수님께서 건져내시고, 그들에게 있는 악을 제거하시며, 그들을 복된 상태에 갖다 놓으신다는 것을 의미합니다. 애굽의 폭정으로 자유를 빼앗기고 억압 가운데 종의 상태로 있는 이스라엘을 그들의 비참한 처지와 억압에서 자유하게 하는 것처럼, 그리스도는 자신의 백성을 죄와 마귀의 종 된 상태에서 건져내는 일을 하십니다.

3. 예수님은 구주로서 자신의 백성을 어디에서 건져내십니까?

예수님은 구주가 되셔서 자기 백성의 모든 죄의 멍에를 벗겨내시고, 죄의 종 된 상태에서 건져내십니다(롬 7:14, 17; 8:2). 죄인들은 심판에 넘겨지게 되어있는데, 구주께서 죄에 대한 빚을 갚아주심으로써 죄책으로부터 건지시며(갈 3:13), 죄의 더러움으로부터 건져내십니다(고전 6:11). 또한, 그 속에 죄로 인하여 어그러진 하나님의 형상을 그리스도께서 의를 전가하심으로 회복시켜 주시고, 그리스도의 아름다움으로 택하신 백성이 하나님 앞에 설 수 있게 하십니다(계 1:5). 특히 성령으로 거듭나게 하사 그 영혼을 거룩하게 하시며, 죄의 지배에서 벗어나게 하십니다(딛 2:14). 구주이신 예수님은 자신의 백성을 율법의 저주에서 건져내시며, 더 나아가서 죽음과 지옥의 굴레로부터 자신의 종들을 벗어나게 하십니다(고전 15:25-26, 54; 요 11:26).

4. '구속자'라는 예수님의 호칭은 무엇을 의미합니까?

'구속자'라는 호칭은 예수님께서 택하신 백성을 구원하신 방법을 나타내는 것으로서, 원수의 손에서 값을 지불하고 우리를 사신(구매, buying) 것을 의미합니다. 죽음에 처할 상태에 있는 선택된 자들을 자유의 상태로 회복하시기 위해 값을 지불하셨다는 것입니다. 이것은 아주 공정한 구원의 방법입니다. 죄인들은 자신들의 잘못으로 스스로 비참한 상태에 놓였습니다. 율법을 어기고 하나님을 대적하여 하나님의 진노와 정죄 아래에 있게 되었습니다. 또 스스로 원수의 손에 자신을 맡겼으며, 자신의 힘과 능력으로 빠져나올 수도 없었습니다. 그래서 예수님께서 자신의 백성을 위해 자신의 목숨으로 충분히 속전을 치르시고 하나님의 진노와 원수의 손에서 그들을 건져내신 것입니다.

5. 구속자로서 예수님이 속전을 지불하신 방법은 무엇입니까?

구속자이신 그리스도가 속전을 지불하신 방법은 자신의 가장 고귀한 피를 주는 것이었습니다. 이로써 그리스도는 하나님의 공의를 만족시키셨고, 하나님께서는 죄에 대한 저주와 진노와 심판으로부터 그의 백성을 풀어주셨습니다. 죄는 하나님께 불순종하고 대적하는 것으로서, 마땅히 하나님의 공의에 의해서 심판을 받을 수밖에 없습니다. 하나님은 거룩하셔서 죄를 극도로 혐오하시기 때문에 죄에는 심판이 반드시 있습니다. 더욱이 사람은 죄의 종이 되었으며, 마귀의 권세 아래에 있기 때문에 정죄 아래에 있습니다. 따라서 구속자이신 예수님이 죽으심으로 정죄와 죄의 권세를 제거하고 하나님의 공의를 만족시켜야 했습니다. 구속자이신 그리스도는 속전을 하나님 아버지께 드리고(딤전 2:6) 원수들, 즉 죄와 마귀의 손에서 자신의 백성을 건져내셨습니다. 그리스도의 죽음의 효력은 죄의 능력을 제거한 것입니다.

6. 예수님을 '중보자'라고 부르는 이유는 무엇입니까?

'중보자'라는 단어는 두 당사자 사이에 불화가 있을 때 그 사이에 개입해서 화해를 주선하고 협약을 맺는 사람을 가리킵니다. 예수님은 중보자로서 하나님과 사람 사이에 화평을 이루는 일을 위해 수고하십니다. 즉, 하나님과 사람 사이를 화목하게 하는 일을 하십니다.

원래 행위 언약에는 중보자가 필요 없었습니다. 아담은 무죄 상태에서 하나님께 직접 나아갈 수 있었습니다. 그리고 하나님께서 명령하신 것을 하나님이 주신 능력으로 충분히 이행할 수 있었습니다. 그래서 중보자의 도움이 필요하지 않았습니다. 그러나 아담이 타락한 이후에 하나님과 맺은 은혜 언약에는 중보자가 필요했습니다. 사람은 하나님께 죄를 지음으로써 하나님과 원수지간이 되었고, 무거운 심판 아래에 놓였기 때문입니다. 은혜 언약에는 중보자가 약속되었으며, 중보자가 하나님과 사람 사이의 적대감을 없애고 화평하게 합니다. 이 중보자를 통해서 하나님께서 죄인인 사람을 받아들일 수 있게 되었습니다.

7. 하나님께서 중보자를 세우신 이유는 무엇입니까?

아담이 타락한 이후 사람은 모든 선한 것을 하나님으로부터 직접 받을 수 없게 되었습니다. 사람에게는 거룩함도 없으며 의로움도 없습니다. 따라서 하나님께서 직접 상대하실 수가 없습니다. 그래서 하나님은 타락한 사람을 대하기 위해 중보자를 세우셨습니다. 하나님은 그리스도 안에 은혜의 모든 부요함을 두시고 택하신 백성들에게 그리스도를 통해서 그 은혜를 부여하십니다(요일 5:11; 엡 1:22). 하나님은 자신의 선하심을 그가 선택한 자들에게 주시기 위해서 예수님을 통로로 삼으셨습니다. 자신이 택한 백성과 화목하시고, 교제하시기 위해서 예수님을 중보자로 삼으신 것입니다. 하나님은 신실한 중보자이신 그리스도를 통해서 자신의 백성에게 자비와 은혜를 베푸십니다.

8. 예수님을 '보증자'라고 부르는 이유는 무엇입니까?

예수님을 새 언약의 보증자라고 부릅니다(히 7:22). 보증자는 어떤 사람이 채무를 잘 이행하는가에 관해 책임지는 역할을 하는 자입니다. 유아들이 세례를 받을 때, 그들이 회개와 믿음에 이르기까지 책임을 지고 돌보는 자도 보증자라고 부릅니다. 그러나 예수님을 보증자라고 부를 때 이 보증은 부채에 대한 이행에 책임을 지는 것을 말합니다. 어떤 사람이 채무 이행에 불확실하다면 돈을 빌려주는 사람은 그에게 보증인을 요구합니다. 그래서 그 사람이 채무를 이행하지 못하게 되면 보증인이 그 사람을 대신하여 채무를 이행해야 합니다.

예수님은 하나님의 선택된 백성을 위해서 하나님 아버지께 보증자 역할을 하십니다. 그의 백성이 못 갚은 빚을 대신하여 채무를 이행하는 보증자가 되십니다. 예수님이 자신의 선택된 백성의 보증자가 되어 속죄를 이루시고, 이로써 하나님께서 그들을 용서하며 받아주시는 것입니다. 보증자이신 예수님은 우리가 회개하며 하나님께 돌아가게 하시고, 하나님은 보증자를 통해서 우리를 받아주십니다. 하나님은 우리를 신뢰하는 것이 아니라 보증자를 신뢰해서 받아주시는 것입니다. 왜냐하면 하나님은 우리가 하나님의 공의를 만족시킬 수 없다는 것을 아시기 때문입니다. 그래서 예수님을 새 언약의 보증자라고 부릅니다.

9. 예수님을 '그리스도'라고 부르는 이유는 무엇입니까?

'그리스도'라는 이름은 기름 부음 받았음(anointed)을 강조하는 호칭입니다(요 1:41; 4:25). 성경에서는 왕이나 제사장을 세울 때 그들에게 기름을 붓습니다. 그리고 때때로 선지자들에게 기름을 붓습니다. 이렇게 기름을 붓는 이유는 하나님께 거룩한 자로 구별되었다는 것을 나타내기 위해서입니다. 기름 부음을 통해서 하나님께서 자신의 목적과 용도에 따라 그를 사용하신다는 것을 나타내고, 또 하나님께서 그의 직무를 도와주신다는 것을 확신하게 합니다. 예수님은 성령에 의해 기름 부음을 받으셨습니다. 따라서 그리스도라는 칭호는 예수님의 특별한 사역을 나타내는 것으로서, 선지자, 제사장, 왕의 직무를 행하시는 것을 나타냅니다. 그리스도라는 칭호는 예수님이 지혜의 선지자로 사역하시며, 거룩한 제사장과 왕의 권세를 가지고 사역하신다는 것입니다.

12

그리스도의 선지자 직무

1. 그리스도의 선지자 직무는 무엇입니까?

구약에서 선지자들은 모든 진리를 그의 백성에게 가르치고 하나님의 말씀과 뜻을 대언하는 자들이었습니다. 그리스도는 하나님 아버지에 의해서 선지자의 직무를 수행하도록 부름을 받았습니다. 그리스도는 교회의 교사로서 우리의 구원에 관련된 하나님의 뜻과 계획을 가르치십니다. 그리스도는 구원의 방법과 수단들을 드러내시고, 우리를 향한 하나님 아버지의 뜻 전체를 선언하십니다. 이런 면에서 그리스도는 우리의 선지자가 되십니다(사 61:1-4; 눅 4:18; 히 3:1-2).

2. 그리스도의 선지자 직무와 관련된 호칭에는 어떤 것이 있습니까?

그리스도는 비밀한 것을 드러내시는 분이며(단 8:13), 기묘자이시며(사 9:6), 선지자로 불렸습니다(신 18:15; 행 3:22). 또 그는 우리가 믿는 사도시며(히 3:1), 만민의 증거자(사 55:4), 이방을 비추는 빛(눅 2:32), 믿음의 주이시며 온전케 하시는 분(히 12:2)으로 언급되었습니다. 그리스도는 모세와 같은 선지자이지만 모세보다 훨씬 뛰어나시며, 하나님께서 자신의 교회를 위해 모든 진리를 가르치도록 세운 분이십니다. 그리스도의 선지자 직무는 하나님의 백성에게 그들의 의무와 관련된 모든 것을 가르치며, 그들이 하나님의 약속을 붙잡고 하나님을 기쁘시게 하도록 돕는 것이었습니다.

3. 그리스도는 선지자로서 어떻게 사역하셨습니까?

그리스도는 선지자로서 하나님의 백성에게 하나님의 뜻을 드러내고 전달하십니다. 특별한 하나님의 뜻은 우리의 구원에 관련된 것들입니다. 그래서 그리스도는 구원과 하나님 나라에 관하여 전달하실 뿐만 아니라 설명하셨습니다. 그리스도는 자신이 가르치는 것을 하나님의 백성들이 이해할 수 있게 하셨으며, 믿게 하셨습니다. 더욱이 그리스도는 교회에서 잘못된 가르침을 물리치셨는데, 사두개파의 가르침이 잘못되었음을 직접 지적하셨습니다. 한편으로 그리스도는 선지자로서 자신의 교회에 사역자들을 세워서 그들에게 자신의 백성을 가르치게 하셨습니다.

4. 그리스도가 교회의 유일한 선생이라는 것은 무슨 의미입니까?

그리스도는 교회의 유일한 선생, 즉 교사입니다. 왜냐하면, 하나님 아버지를 아시고 하나님 아버지를 우리에게 드러내시는 유일한 분이시기 때문입니다. 아들이 아버지를 계시하시지 않으면 아무도 하나님 아버지를 알 수 없습니다(마 11:27). 또 그리스도가 가르치신 것을 우리의 마음으로 이해하고 믿게 하실 수 있는 유일한 분도 그리스도입니다.

5. 그리스도가 세우신 '가르치는 자들'은 누구입니까?

그리스도는 사도들, 복음 전하는 자들, 선지자들을 일으키셨고, 복사와 교사들을 세우셨습니다(엡 4:11). 사도들에게는 비상한 은사를 주셔서 가르치셨고, 가르침을 확증하기 위해 기적들도 행하게 하셨습니다. 모든 시대에 사역하는 목사와 교사들에게 은사와 능력을 주셔서 어느 곳에든지 가서 복음을 전하게 하셨습니다. 또 성경을 사용해서 믿음과 순종의 완전한 규칙을 가르치게 하셨고, 그들의 가르침 가운데 하나님과 그리스도의 구원 지식을 얻게 하셔서 구원을 받게 하셨습니다. 이들의 가르침에 성령이 역사하셔서 영적으로 깨어나며, 그 가르침들을 이해하고 회개하며 믿게 하셨습니다.

6. 그리스도와 선지자들과 사도들의 가르침에는 어떤 차이가 있었습니까?

선지자와 사도들은 그리스도의 제자이며, 종들입니다. 그들은 성령으로 말하고 가르칩니다(엡 2:17, 20; 벧전 1:10-11; 3:19; 느 9:30). 그리스도와 선지자들과 사도들의 차이점은 그 권위에서 다릅니다. 그리스도는 가르침에 있어서나 그 권위에 있어서 어느 사역자나 선지자들과 달랐습니다(마 5:22, 28, 32, 34, 44; 7:28-29).

7. 그리스도는 선지자의 직무를 어떻게 수행하셨습니까?

그리스도의 선지자 직무는 두 가지 방식으로 수행되었습니다. 내적으로는 성령의 사역으로(요 6:45; 행 16:14), 외적으로는 가르침과 함께 수많은 표적과 기사를 통해 확증하셨습니다. 그리스도는 지상에 계실 때 율법을 수여하는 권위를 가지고 가르치셨으며(마 7:29), 자신의 종들을 통해서 가르치셨습니다(마 10:40; 눅 10:16). 성육신하시기 전에는 구약의 선지자와 제사장과 서기관을 통해서 가르치셨습니다(히 1:1; 벧전 1:11-12; 벧후 1:19-21; 호 4:6-7). 그리고 세상 끝날까지는 자신이 종으로서 가르치십니다(고후 4:6; 5:19-20; 엡 4:8, 11-13). 그리스도께서 사도들의 가르침과 복음 사역자들의 가르침에 권위를 부여하신 이유도 여기에 있습니다(마 10:14; 행 10:33).

8. 그리스도는 하나님 아버지의 전체적인 뜻을 어떻게 드러내십니까?

그리스도는 그의 직무에 신실하셔서 하나님 아버지께서 그에게 맡긴 모든 진리를 나타내셨습니다. 그래서 그리스도는 우리에게 필요한 아버지의 뜻과 그 행하시는 모든 것을 충분하게 드러내십니다(요 17:6, 8). 따라서 우리는 하나님 아버지의 뜻을 알기 위해서 인간의 전통이나 성경 외에 어떤 특별한 계시를 받을 필요는 없습니다. 성경으로 완전하고 충분합니다.

예수님께서 이렇게 하나님 아버지의 전체적인 뜻을 드러내셨기 때문에, 말씀 사역자들은 조용히 있어서는 안 됩니다. 하나님의 구속의 경륜과 그리스도가 하신 말씀을 두려움 없이 외쳐야 합니다. 사도 바울이 에베소 장로들에게 말하기를, "유익한 것은 무엇이든지 공중 앞에서나 각 집에서나 거리낌이 없이 여러분에게 전하여 가르치고 … 이는 내가 꺼리지 않고 하나님의 뜻을 다 여러분에게 전하였음이라"(행 20:20, 27)고 한 것처럼, 온전하고 충분하게 가르쳐야 합니다. 피상적인 가르침으로 만족해서는 안 됩니다.

9. 그리스도가 선지자로서 이 땅에서 외치신 핵심 메시지는 무엇입니까?

그리스도는 이 땅에 오셔서 선지자로서 우리가 반드시 알아야 할 하나님의 뜻에 대해서 드러내셨습니다. 그리스도의 이러한 가르침 가운데 가장 핵심적인 내용은 자신에 대한 가르침과 하나님 나라의 교리에 대한 가르침입니다. 그리스도는 회개하라고 하시며, 그리스도를 믿어야 함을 말씀하셨습니다. 이 가르침은 기적과 표적으로 확증되었습니다. 이것을 우리는 복음이라고 부릅니다.

10. 그리스도만이 가지고 있는 선지자 직무의 특성은 무엇입니까?

그리스도는 어떤 선지자와도 비교할 수 없는 분이셨습니다(눅 7:16, 26). 모든 선지자보다 위대한 선지자로서 하나님께서 계시하라고 하신 것을 모두 나타내셨습니다. 사마리아 여인이 메시아가 오시면 모든 것을 우리에게 보이실 것이라고 말한 것과 같이(요 4:25) 모든 것을 계시하셨습니다. 모세보다 탁월하며 충성스러운 선지자이셨습니다. 모세는 장래에 말할 것을 증거하기 위해 하나님의 온 집에서 사환으로 충성했지만, 그리스도는 그의 집 맡은 아들로 충성하셨습니다. 하나님의 뜻 전체를 알고 계셨기 때문입니다. 그리스도의 선지자 직무가 없었다면 교회는 설 수 없었습니다.

11. 그리스도의 선지자 직무는 우리에게 어떤 유익을 줍니까?

그리스도는 이미 기록된 자신의 말씀으로 우리를 모든 진리로 인도하시며, 우리의 구원과 하나님의 영광을 위해서 우리를 가르치고 계십니다. 자신의 양들을 향하여 자신의 음성을 들려주시는 것입니다(요 10:16). 이로써 오늘날 우리가 구원을 받습니다. 그리스도께서 선지자 직무를 지금도 이행하고 계시기 때문에 우리가 하나님의 뜻에 대한 지식을 얻습니다. 그리고 이것은 우리를 위로하고 조언하며, 선한 일을 하는 데 도전을 줍니다. 또 죄악을 버리게 합니다.

13

그리스도의 제사장 직무

1. 그리스도를 제사장으로 말씀하는 성경 구절들은 무엇입니까?

성경은 그리스도를 영원한 제사장이라고 말씀하고 있으며(시 110:4) 하나님의 일에 충성된 대제사장이자(히 2:17; 3:1) 장차 올 좋은 일의 대제사장이시라(히 9:11)고 말씀합니다. 또 그는 하나님 앞에서 우리의 대언자이시며(요일 2:1), 자기를 속전으로 드리셨으며(딤전 2:6), 하나님의 어린 양이십니다(요 1:29). 이 구절들은 어떤 일의 그림자가 아니라 실제로 성취된 것들입니다.

2. 그리스도가 영원하고 거룩한 제사장이신 것은 무엇을 의미합니까?

그리스도가 영원한 제사장이신 것은(히 7:24; 8:6) 죄인이 오직 그리스도에 의해서만 용서받을 수 있으며, 받아들여진다는 의미입니다. 하나님 아버지는 그리스도에게 피를 흘릴 것을 요구하셨습니다. 그의 희생의 효력은 끝이 없습니다. 그리스도를 거룩한 제사장이라고 말하는 것은(히 7:26; 9:14) 자기 자신이 죄와 상관이 없는 제사장이라는 의미입니다. 대제사장은 자기 자신과 백성의 죄를 위해 희생의 제사를 드리지만, 그리스도는 오직 우리의 연약함을 위해 매를 맞으셨습니다.

율법에서 희생제물은 흠이 없어야 하며 제사장들도 흠이 없어야 하는데, 이것은 그리스도를 예표하는 것이었습니다. 그리스도는 속성상 거룩하실 뿐 아니라 그의 생애도 거룩하셨습니다. 그리스도의 제사장 직무 이행은 레위기의 제사장과 달리 그의 백성을 위해 자기 자신을 드렸으며, 그 제사는 한 번이지만 영원한 효력을 가진 것이었습니다. 따라서 그의 제사장 직무는 절대적이며, 완전하고, 탁월한 것으로서, 하나님이 선택한 자를 하나님과 화해시키기 위한 구원의 수단이 되었습니다.

3. 그리스도의 제사장 직무를 멜기세덱으로 예표하는 이유가 무엇입니까?

레위기에서 제사장들은 그들이 죽으면 그 아들이 제사장 직무를 물려받았습니다. 제사장 직무는 이렇게 지속되지만, 제사장 본인이 계속 직무를 수행하는 것은 아닙니다. 그러나 그리스도의 제사장 직무는 레위기의 법 규정에 따라 된 것이거나 혹은 누구에 의해 물려받아서 시작된 것이 아닙니다. 이처럼 그리스도는 한번 제사장으로서 영원한 제사장이시기 때문에 멜기세덱의 반차를 따른 것이라고 말합니다(히 5:6).

4. 그리스도가 제사장으로서 수행하는 주된 직무는 무엇입니까?

제사장으로서 그리스도의 직무는 죄를 속하는 일입니다. 그리스도는 자기 자신을 단번에 하나님 아버지께 드렸습니다. 우리의 죄를 짊어지시고, 우리를 위해 저주를 받으셨습니다. 그리스도는 자기 자신을 어린 양처럼 희생의 제물로 하나님께 드렸습니다. 하나님은 이를 기쁘게 받으셨습니다. 그리스도의 가장 끔찍한 고통은 선택된 자들의 모든 죄를 대신 지는 것이었습니다(사 53:5; 벧전 2:24; 요일 2:2). 이처럼 그리스도가 자신을 드린 것은 하나님의 공의를 만족시켰습니다. 이로써 하나님의 진노가 가라앉고 우리가 속죄를 받았으며, 하나님과 화목하게 되었습니다. 우리의 죄는 거두어졌습니다. 우리는 죄에 대한 심판으로부터 자유하게 되었습니다(히 9:26-28).

5. 그리스도는 어떻게 우리의 죄에 대한 부채를 갚으셨습니까?

하나님에 대한 우리의 부채는 우리가 마땅히 순종해야 할 것을 순종하지 않은 것과 우리의 죄에 대한 하나님의 심판입니다. 이는 하나님의 율법을 어긴 것이며 우리를 영원한 죽음에 처하게 하는 것입니다. 그러나 우리가 마땅히 갚아야 할 부채인 우리 죄에 대한 하나님의 심판을 그리스도가 고난받고 죽으심으로써 완전한 순종으로 갚으시고, 이로써 하나님의 공의를 만족시키셨습니다. 하나님에 대한 그리스도의 완전하고 절대적인 순종은(롬 5:19) 우리로 하나님의 은혜를 입게 했습니다(엡 1:6). 그의 고난으로 우리가 용서받을 수 있었으며, 그의 율법에 대한 완전한 순종으로 우리가 의를 얻었습니다(고후 5:21). 또한 그리스도는 다가올 세상에서 우리에게 영원한 행복을 주십니다.

6. 그리스도의 제사장 직무는 어떻게 구성됩니까?

그리스도의 제사장 직무는 두 가지로 분류할 수 있습니다. 첫 번째는 앞에서 살펴본 것과 같이 죄와 심판으로부터 건지시는 구속(redemption)입니다(눅 1:68-

69; 히 9:24-26). 그리고 두 번째는 하나님 아버지 앞에서 우리를 위하여 간구하시는(intercession) 것입니다. 그리스도는 지상에 계실 때도 우리를 위해 간구하셨습니다. 그리고 하늘에 올라가 하나님 우편에서 우리를 위하여 영원토록 간구하시며, 자신의 공로에 근거해서 간구하십니다.

7. 하늘에서 그리스도의 제사장 직무는 어떤 것입니까?

그리스도는 승천하셔서 하늘 보좌 우편에 좌정하셨습니다. 그는 하늘에서 하나님 아버지께 선택된 자들을 위해 나타나시고, 간구하심으로써 제사장 직무를 수행하십니다. 즉, 하늘에서 자신의 백성들을 위해 계속해서 중보하고 계십니다. 마치 변호사와 같이 중재자의 일을 하십니다(계 3장). 이처럼 그리스도는 우리를 위한 자신의 소망을 간절하게 아버지께 아뢰고 계십니다(요 17:24).

사실 이러한 그리스도의 간구는 사람이 타락한 직후부터 시작되었으며, 하늘에 올라가신 이래로 지속되고 있습니다. 그리스도의 제사장 직무로 인한 효과는 우리를 하나님과 화목하게 하며, 죄 용서를 얻고, 성령의 교통과 은혜 가운데 있게 하며, 신실한 자들의 기도가 하나님께 받아들여질 수 있게 합니다. 또한 신자들에게 선한 행위를 하게 하고, 고난 속에 있는 신자들에게 위로를 얻게 합니다. 그리스도의 제사장 직무는 고통 받는 영혼에 대한 사랑으로 실행되기 때문입니다.

8. 그리스도의 간구는 어떤 것들로 구성됩니까?

그리스도는 자기 자신의 공로를 근거로 계속해서 하나님 아버지께 우리의 이름으로 청원하십니다. 그리스도는 대적자들의 고소로부터 우리를 자유롭게 하시며, 우리가 올바르게 기도할 수 있도록 성령으로 우리를 가르치십니다. 이로써 우리의 간구가 하나님께 받아들여질 수 있게 하십니다. 그리스도는 자신의 중재의 은덕을 우리에게 적용하셔서 하나님의 눈에 우리의 죄가 덮어지게 하십니다. 그리스도의 간구로 인하여 우리는 하나님께 담대히 기도할 수 있으며, 하나님을 아버지라고 부를 수 있습니다. 그리스도의 간구로 인해 우리의 부족하고 결함 있는 행위들이 하나님 앞에서 선행으로 여겨질 수 있습니다.

9. 그리스도의 간구의 효력은 어떤 것입니까?

그리스도의 간구의 효력은 모든 세대에 미치며(히 7:25; 계 8:3-4) 또한 하나님의 모든 약속에 영향을 미칩니다(요 16:24). 그래서 우리가 하나님의 약속에 근거하여 기도할 때, 그 기도가 그리스도의 간구 때문에 더욱 유효하게 됩니다. 더욱이 그리스도가 교회에 대한 약속의 성취를 위해 간구하시기 때문에 하나님이 들으시고 약속을 이행하십니다. 그리스도와 아버지는 뜻이 하나이며 같기 때문입니다(요 10:30).

그리스도의 왕의 직무

1. 그리스도의 왕으로서의 직무는 선지자 및 제사장의 직무와 어떤 관련을 갖습니까?

그리스도의 선지자 직무는 가장 우선적인 것으로서 그리스도 자신에 대해서 가르치신 것이며, 그리스도의 제사장 직무는 자신이 가르친 것이 실제로 적용될 수 있도록 이행하신 것입니다. 그리스도의 왕의 직무는 자신의 가르침대로 하나님 나라가 임하고, 그의 구속 행위로 하나님 나라의 왕권을 부여받아 수행하는 것이기 때문에 서로 관련성을 지니고 있습니다. 그리스도의 왕권은 하나님으로부터 받은 것인데, 그리스도가 하나님께 순종함으로 아버지를 영화롭게 하셨기 때문에, 아버지도 아들을 영화롭게 한 것입니다.

2. 그리스도는 어떻게 왕이 되셨습니까?

하나님 아버지께서 중재자이신 그리스도에게 왕권을 주셨습니다. 하나님 나라의 통치를 그리스도에게 맡기셨습니다. 그리스도는 능력과 탁월함에 있어서 모든 것의 주가 되십니다. 그는 모든 선택한 자들의 심령을 다스리시며 은혜의 왕국을 영적으로 통치하십니다(슥 9:9; 겔 37:27; 눅 11:20). 또 하나님이 택하신 자의 구원을 위해서 모든 피조물 위에 자신의 주권적 권위를 행사하십니다. 즉, 그리스도의 왕으로서의 직무는 택하신 백성들의 구원에 속한 모든 일을 능력과 권위로 집행하는 데 필요한 것입니다.

3. 그리스도의 왕권은 어떤 것입니까?

그리스도는 외적으로는 그의 말씀과 사역으로, 내적으로는 말씀 위에 역사하시는 성령으로 그의 왕권을 실행하십니다. 그리스도는 자신의 종들을 자신의 뜻에 굴복하게 하시고, 그리스도가 정하신 길로 걷게 하시며, 사탄이 주는 세상의 유혹과 육신의 정욕을 억제하게 하십니다. 그리고 결국에는 그들에게 영원한 영광과 상을 주십니다. 그리스도는 자신의 모든 원수를 무너뜨리실 것입니다.

4. 그리스도의 왕권의 특성은 무엇입니까?

그리스도가 다스리시는 하나님 나라는 지상의 나라나 시민 정부가 아닙니다. 육신적인 나라가 아니라 영적인 왕국입니다(요 18:36; 고전 15:47; 롬 14:17). 주께서 하나님의 선택된 자들을 거듭나게 하시고, 신자들의 영혼에 주권을 행사하시며, 하늘로부터 영적으로 자신의 백성을 다스리시는 영적인 나라입니다. 그리스도는 교회에 성령의 은혜를 부어주셔서 회개가 일어나게 하시고, 죄를 사하시며 모든 선한 것들을 부여하십니다. 이러한 방식 모두가 영적입니다. 또한 그리스도의 왕권은 우주적입니다. 그리스도는 모든 시대의 사람들을 다스리시고(마 22:43-45), 모든 장소와 모든 피조물을 다스리시는데, 이는 선택된 백성의 구원을 증진하기 위한 것입니다(엡 1:21-22). 그리스도의 왕권은 지상에서는 그의 은혜로 나타났으며, 하늘에서는 그의 영광으로 나타납니다.

5. 그리스도의 왕권을 나타내는 이름은 무엇입니까?

그리스도에게 주(Lord)라는 칭호가 주어졌습니다(시 110:1; 마 22:44; 요 13:13; 행 2:36; 고전 1:30-31). 그래서 사도들은 그리스도에 대해서 이 칭호를 주로 사용했습니다(골 1:3; 고전 10:21; 유 1:4). 더욱이 신약성경에서는 하나님 아버지와 그리스도(주)를 구분하는 칭호가 되었습니다. 이 칭호는 아버지에게서 오는 모든 좋은 것이 그리스도를 통해서 우리에게 부여되며, 우리의 모든 봉사가 그리스도를 통해서 하나님께 드려지는 것을 강조합니다(고전 8:6; 엡 4:5-6; 빌 2:11). 그리스도가 주가 되시는 것은 그가 하나님이시기 때문이며(요 20:28), 그리스도가 택하신 자를 구속하셔서 그들을 주관하시기 때문이고(눅 2:11), 하나님 아버지가 그것을 정하셨기 때문입니다(행 2:36; 빌 2:9-11). 그리스도는 주로서 일반적으로 모든 피조물을 다스리시며(렘 10:7) 특별히 교회의 머리로서 다스리십니다(계 15:3).

6. 교회와 관련된 그리스도의 왕권은 무엇입니까?

그리스도는 교회의 머리이십니다(고전 11:32; 엡 1:22; 4:15; 5:23; 골 1:18). 그리스도는 교회의 머리로서 교회와 연합되어 있으며, 머리로서 인도자이시고, 머리로서 영향력을 행사하십니다. 그리스도는 그의 왕권으로 교회를 향해 왕의 직무를 실행하고 계십니다. 그리스도는 자신의 지혜와 계획을 가지고(사 11:2) 온유함과 성실함으로 교회를 다스리시며(사 9:6-7), 자신의 능력을 교회의 직무자들에게 부여하여 봉사하게 하십니다(엡 4:11-12).

7. 개인 신자들과 관련된 그리스도의 왕권은 무엇입니까?

그리스도는 개인의 영혼 안에 자신의 보좌를 세우셔서 신자가 그리스도를 왕으로 바라보게 하시며(계 4:2), 영적인 왕으로서 신자의 영혼에 율법을 주셔서 그 법에 따라 행하게 하십니다(롬 13:5). 그리스도는 왕으로서 신자의 원수들을 심판하시며(요일 3:8), 신자들에게 은혜와 은사를 주십니다. 또 왕으로서 신자의 마음과 행위 속에 규칙을 세워 다스리십니다. 그리스도는 왕으로서 천국의 열쇠를 가지고 계시며, 자신의 신자들에게 그 문을 열어주십니다(계 1:18). 더욱이 하나님 아버지가 그리스도를 왕으로 세우시고 섭리의 사역을 맡기셨으므로 모든 좋은 것들이 그리스도의 왕권으로부터 옵니다(시 8:4-5).

8. 그리스도의 왕권에 반대하는 세력은 누구입니까?

예수님이 이 땅에 오셨을 때, 하나님 나라를 이 땅의 물리적인 나라로 오해했던 이들은 십자가에 돌아가신 그리스도를 왕으로 인정하지 않았습니다. 영적으로 그리스도의 왕권에 반대하는 세력은 사탄과 죄입니다. 사탄은 거짓 선지자들을 일으키고 오해를 만들어서 교회를 부패하게 하는 전략을 사용합니다. 교회를 유혹하고 세속화함으로써 그리스도의 왕권에 도전하고 있습니다. 세상 사람들 대부분은 그리스도의 왕의 직무와 그의 법을 반대합니다. 그러나 결국에 그리스도는 그들을 무릎 꿇게 하실 것입니다(빌 2:10).

9. 주의 나라가 임하시기를 기도해야 하는 이유는 무엇입니까?

우리는 그리스도의 통치를 위해 기도해야 합니다. 이는 그리스도가 우리 영혼의 주가 되시기 때문에 우리가 그의 주권적 통치를 기꺼이 받는 것을 기뻐해야 한다는 의미입니다. 한편으로는 그리스도의 통치가 우리의 가족과 사회 기관과 시민 공동체 위에 있어서, 그들이 기꺼이 그리스도의 통치에 굴복하게 되기를 기도해야 한다는 것입니다. 따라서 이것은 선교적인 기도가 됩니다. 우리의 심령으로 그리스도를 받아들인다는 것은, 구주로서 필요해서 받아들이는 것뿐만 아니라 우리의 심령을 다스리시고 통치하시는 주를 받아들이는 것이기 때문입니다. 이와 같은 영적 현상이 일어나는 것은 우리가 그리스도를 받아들일 때 우리의 심령이 이미 그리스도에게 굴복된 상태가 되기 때문입니다.

10. 하나님 나라와 관련된 그리스도의 왕권은 언제까지 행사됩니까?

하나님 아버지께서는 부활하신 그리스도에게 '하늘과 땅의 모든 권세'를 주셨습니다(마 28:18). 그리스도는 승천하셔서 하늘 보좌 우편에 앉으시고, 주로서 아버지로부터 성령을 받아 교회에 부어주셨습니다(행 2:33-36). 그리스도는 성도들을 위해 주권을 행사하시면서, 하나님이 선택하신 백성을 구원하시는 일과 교회를 다스리는 일을 하고 계십니다(요 17:2). 하나님 나라의 완성을 위해 주로서 왕권을 행사하고 계십니다. 그리스도의 왕권이 시행되어 하나님 나라가 완성되면, 그리스도는 심판하시기 위해 다시 오실 것이며, 이때 그의 백성을 모아서 그의 나라를 하나님께 바칠 것입니다. 그리고 하나님 아버지께서 그리스도에게 주신 왕권도 하나님께 돌려 드릴 것입니다(고전 15:34).

15

그리스도의 상태

1. 그리스도의 이중적 상태라는 것은 무엇을 의미합니까?

그리스도의 이중적 상태는 그리스도가 하나님이 선택하신 백성들의 죄를 짊어지고 심판을 받기 위해서 스스로 낮추시며, 죽음의 고통을 받으시기까지 낮아지신 겸비(humiliation)의 상태와(빌 2:7-8), 구속의 사역을 행하신 그리스도를 하나님 아버지께서 높이신 승귀(exaltation)의 상태를 의미합니다(빌 2:9; 골 2:15; 엡 1:20-21).

2. 그리스도의 낮아지심은 무엇입니까?

그리스도는 다윗의 가문에서 나셨지만, 가난하고 비천한 가정에서 태어나 세상의 영광과는 아무런 관계없이 이 땅에 오셨습니다. 그리스도는 태어나 구유에 누이셨으며, 헤롯왕은 유아 상태에 있는 그리스도를 죽이려고 했습니다. 그리스도는 유아기 시절부터 고난을 받으셨습니다. 그리스도의 공생애는 마귀에게 시험받는 것으로 시작되었으며, 가난, 모욕, 위험, 슬픔으로 가득 차 있었습니다. 또한, 그리스도는 도보로 여행하셨는데, 그리스도를 고소하고 죽이려는 자들이 계속 일어났고, 그들로부터 공격을 받으셨습니다. 결국, 그리스도는 십자가에서 죽으셨습니다. 이러한 모든 것은 그리스도가 자신을 낮추어 하나님의 뜻에 순종한 것이었습니다.

3. 십자가의 죽음에 이르기까지 그리스도는 어떻게 자신을 낮추셨습니까?

그리스도는 죽음을 앞둔 마지막 주간에 자신의 제자가 배반하는 것을 경험하셨습니다. 그리스도는 십자가의 죽음을 앞두고 하나님께 기도하셨습니다. 그 기도의 결론은 하나님 아버지의 뜻에 자신을 굴복시키시는 것이었습니다. 그리스도는 하나님의 진노가 매우 쓰다는 것을 인식하고 계셨습니다(시 90:11).

바리새인들과 제사장들은 군중을 선동해서 그리스도를 십자가 죽음으로 몰아갔습니다. 그리스도는 사람들에게 채찍을 맞으시고 심한 모욕과 조롱을 당하셨습니다. 그리고 십자가에 못 박히셨으며, 그 고통은 최고조에 달했습니다. 그리스도는 심한 갈증 가운데 계셨으며, 그의 영혼은 하나님의 저주를 감당해야 하는 말할 수 없는 슬픔 가운데 있었습니다. 그리스도는 수치스럽고 비열한 죽음을 당하셨습니다(히 12:2; 13:13; 사 53:12). 이것을 사도 바울은 "자기를 비워 종의 형체를 가지사"(빌 2:7)라고 말했습니다. 이러한 그의 순종은 하나님의 공의를 만족시키기 위한 것이었습니다.

4. 그리스도의 낮아지심은 그리스도의 직무와 어떤 관계가 있습니까?

그리스도가 인간의 몸을 입고 이 땅에 오셔서 자신을 낮추신 것은 그의 선지자 직무와 제사장 직무의 수행을 위한 것입니다. 그는 인간으로 오셔서 가르치셨고, 하나님과 자신과 하나님 나라에 대해서 계시하셨습니다. 그리스도를 본 자는 하나님을 본 것이라는 말씀과 같이 하나님을 나타내셨습니다. 그리스도는 자신을 희생 제물로 드림으로써 제사장의 직무를 행하셨는데, 이는 우리의 죄를 속하기 위한 것이었습니다. 따라서 그리스도의 직무를 수행하기 위해서는 낮아지심이 반드시 필요했습니다.

5. 그리스도의 죽음에 대한 진정한 믿음과 거짓 믿음에는 어떤 차이가 있습니까?

그리스도의 죽음에 대한 믿음이란 그리스도의 죽음이 나를 위한 죽음이라는 사실을 믿는 것입니다(롬 8:33; 갈 2:20). 이 믿음은 말씀에 근거하며, 확신은 회심의 체험에 근거합니다(롬 8:15; 살전 1:5). 그리스도가 나를 위해 죽으셨다는 사실을 지식으로 받아들이는 것과, 그리스도의 죽음이 나의 죄를 속하기 위한 죽음이라는 사실을 영적으로 체험하는 것은 구분됩니다. 후자가 진정한 구원에 이르는 믿음이며, 이는 오직 성령의 역사로 이루어집니다.

반면 그리스도의 죽음에 대한 진정한 믿음이 아닌 경우는, 아직 자신의 죄를 깨닫지 못한 상태이거나, 그리스도로 말미암은 의의 필요를 모르는 상태입니다. 혹은 자신의 영적 무능을 전혀 모르는 상태에서 그리스도의 일반적인 은덕(건강과 재물 등)을 얻기 위해 스스로 결심하고 믿는 경우입니다. 이것들은 진정한 믿음이 아니기에 구원에 이를 수가 없습니다.

6. 그리스도의 승귀는 어떤 것을 포함하고 있습니까?

고난받은 그리스도께서 영광의 상태로 들어가는 것은 하나님이 정하신 것이었습니다(눅 24:26). 그리스도는 하나님의 영광을 위하여 자신을 낮추셨으며, 이에 대해 하나님은 그를 영화롭게 하시기로 약속하셨습니다(요 17:4-5). 그리스도의 승귀는 4단계로 구분할 수 있는데, 부활, 승천, 하나님 아버지 우편으로의 등극, 그리고 다시 오셔서 세상을 심판하시는 것입니다. 현재 그리스도의 상태는 세 번째 단계에 해당합니다.

7. 그리스도의 부활은 왜 필요합니까?

그리스도의 부활은 아버지의 능력과 그리스도의 신성에 의한 것입니다(요 10:18). 그리스도의 영혼과 몸은 그의 신성으로 연합되었습니다. 그리스도의 부활은 예언에 대한 성취이며, 그리스도가 하신 모든 구속의 사역이 옳았다는 것을 증거합니다. 이는 그리스도의 의로우심을 확증하며, 그를 믿는 자에게 의를 전가하는 데 필요한 것입니다(롬 4:25).

그리스도의 부활은 그리스도의 영광을 나타내는 것이며, 주되신 그리스도가 교회와 만물을 다스리시기 위해 필요한 것입니다. 또 그리스도의 부활은 우리의 믿음의 확증을 위해 필요한 것입니다. 이로써 그리스도가 하나님의 아들이시며, 그리스도가 완전하게 구속 사역을 성취하셨다는 것을 확신할 수 있습니다. 또 그리스도가 우리 죄를 속하시고 하나님의 공의를 만족시키기 위해 십자가에 죽으셨다는 것을 확신하게 하여 그리스도를 완전한 구주로 의지하게 합니다.

8. 그리스도의 부활이 그리스도인의 삶에 어떤 효과를 줍니까?

그리스도의 부활은 우리로 그리스도를 위해 살게 합니다(고후 5:15; 엡 1:19-20). 또한 그리스도가 고난 가운데 있는 교회를 일으키시는 것과(히 6:2-3) 우리의 영혼을 영적인 삶으로 일으키시는 것(롬 6:4-5), 마지막 날에 우리의 몸을 일으키실 것과(롬 8:11) 영광스러운 유업을 주실 것을(벧전 1:3-4) 확신하게 합니다.

9. 그리스도의 승천은 무엇입니까?

그리스도는 부활하신 후 40일 동안 지상에 계시다가 하늘로 올라가셨습니다(행 1:9). 아버지로부터 명령받은 모든 일을 마치고 올라가신 것입니다(요 17:3-5). 그리스도는 우리의 처소를 예비하기 위해 올라가셨으며(요 14:2-3), 이때 그리스도의 몸은 영광스러운 몸이었습니다(행 1:9-11). 이것은 다윗에게 준 예언의 성취였습니다(시 68:18). 그리스도의 승천은 그리스도의 고난에 대한 하나님의 상이었습니다. 또한, 그리스도의 승천은 우리로 그리스도가 영광 가운데 다시 오실 것을 확신하게 합니다.

10. 그리스도가 하늘 보좌 우편에 등극하신 것은 어떤 상태를 의미합니까?

그리스도가 하늘 보좌 우편에 등극하셨다는 것은 지극한 영광의 상태를 의미합니다. 이는 그리스도가 하늘과 땅의 모든 것을 다스리는 권세를 갖게 되신 것을 나타냅니다. 따라서 그리스도의 이름은 모든 이름과 권세와 주관자보다 뛰어납니다. 하늘 보좌 우편에 계신 그리스도는 지혜와 능력과 선하심과 사랑과 자비와 거룩함이 풍성하십니다. 그리고 이 모든 것을 하나님으로부터 받으셨습니다. 그리스도는 기꺼이 하나님의 영광을 위해 자신을 낮추셨기 때문입니다

다. 하늘 보좌 우편에 계신 그리스도는 왕으로서 교회를 다스리고 인도하시며, 원수들을 굴복시키십니다(엡 1:21-22).

11. 하늘 보좌 우편에 계신 그리스도의 직무는 무엇입니까?

하늘 보좌 우편에서 그리스도는 선지자 직무를 수행하고 계십니다. 그는 성령을 통해서 말씀으로 교회를 가르치고 계시며, 자신의 사역자들을 일으켜 교회에 보내시고(고후 5:12) 그들에게 은사들을 주셔서 가르치게 하십니다(엡 4:11-12). 또 하늘 보좌 우편에서 그리스도는 제사장 직무를 수행하고 계십니다. 그는 신자를 위해 간구하시며, 신자들의 봉사를 거룩하게 하여 하나님께서 받으실만하게 하십니다(계 8:3-4). 또한 하늘 보좌 우편에서 그리스도는 왕의 직무를 수행하고 계십니다. 자신의 신자들을 위험에서 보호하시고 진리를 보전하시며(계 14:1-2) 그의 백성들에게 은혜를 주시며(골 3:3) 원수들을 물리치십니다. 따라서 하나님의 백성들은 이러한 그리스도의 직무를 바라보고, 그리스도에 대한 믿음을 가져야 합니다.

12. 그리스도의 승귀 마지막 단계는 무엇입니까?

그리스도가 다시 오셔서 모든 산 자가 변화되며, 죽은 자들이 일어나 심판받는 가운데 나타나는 영광입니다. 진정한 신자들은 육신을 다시 입고 그리스도의 이 영광에 참여할 것입니다. 그리스도의 승귀 마지막 단계에 대한 가르침은 우리로 이 땅에서 경건하게 살도록 합니다. 경건치 못한 자에게는 이 가르침이 두려움을 주기 때문입니다(행 24:25).
따라서 우리는 이 땅에서 죄의 더러움을 피하고 하나님 앞에 경건한 두려움을 가지고 살아야 하며, 사람들 가운데서도 의로운 삶을 추구해야 합니다(고후

7:1; 행 24:15-16). 또한 전도할 때도 그리스도가 다시 오신다는 가르침을 증거해야 합니다(행 10:42).

V. 구원론:
구원이란 무엇인가?

16

성령의 유효한 부르심과 중생

1. 은혜 언약은 어떻게 적용됩니까?

하나님 아버지께서는 타락한 인간에게 그리스도를 통한 구원을 약속하셨습니다(창 3:15). 이것을 은혜 언약이라고 부릅니다. 이 그리스도의 은혜와 복음의 은덕들에 참여하는 것, 즉 은혜 언약의 적용은 하나님이 정하신 방법을 사용해서 그것을 유효하게 하는 것입니다. 그리고 하나님이 정하신 방법은, 하나님의 말씀을 수단으로 해서 성령이 그 위에 역사하시는 것입니다.

2. 은혜 언약은 모든 사람에게 적용됩니까?

모든 사람에게는 일반적으로 하나님의 은혜가 선포됩니다(딤전 2:4). 그러나 많은 사람이 하나님의 말씀과 복음을 듣지만 이해하지 못합니다. 그들은 행위 언약 아래에 있기 때문에 자신의 행위를 의지해서 도덕적으로 살아가는 것으로 충분하다고 생각합니다. 또한 많은 사람이 자신이 죄인이라는 사실을 인정하지 않기 때문에 구주를 필요로 하지 않습니다. 어떤 이들은 십자가에 죽으신 그리스도를 믿는 것이 자신의 이성적 판단으로 어리석어 보이기 때문에 은혜 언약을 자신에게 적용할 마음조차 없습니다.

세상의 많은 사람은 이 세상의 즐거움과 부와 명예를 추구하는 것을 인생의 목적으로 삼기 때문에 자신의 영적 상태에 전혀 관심이 없습니다. 이들은 은혜 언약에 대해 마음을 두지 않습니다. 은혜 언약은 오직 하나님의 선택된 백성에게 적용되는 것입니다. 선택된 자들에게 하나님의 때에 은혜 언약이 적용될 때, 그들은 기꺼이 하나님의 자비를 받아들이게 됩니다(요 6:44).

3. 은혜 언약의 적용에서 삼위 하나님의 각 위는 어떠한 역할을 하십니까?

은혜 언약은 하나님께서 자신의 선택된 백성에게 구원을 주시기 위해서 그들로 예수 그리스도에 대한 믿음을 갖게 하셔서 맺는 언약입니다. 하나님 아버지께서는 구원하실 백성을 선택하셨고, 그리스도는 선택한 백성에게 구원이 일어나도록 구속의 사역을 실행하셨습니다. 그리고 아버지와 아들이 성령을 보내셔서 그리스도의 구속 사역이 선택된 백성에게 유효하게(또는 효력 있게) 하시는 것입니다. 이것을 '성령의 유효한(효력 있는) 부르심'이라고 부르는데, 이는 아버지의 사역입니다(요 6:44-45; 고후 4:6; 엡 1:17, 19). 하나님께서 거룩하신 부름으로 우리를 부르시는 것입니다. 따라서 이를 성령의 내적 부르심, 또는 영적 부르심이라고 합니다. 이것은 하나님이 거저 주시는 은혜이며, 전능하신 능력의 행위입니다. 이로써 영혼은 세상으로부터 건짐을 받고 그리스도의 나라로 들어갑니다(요 14:22; 17:9; 마 11:25; 고전 11:28).

4. 성령의 유효한 부르심 속에서 죄의 각성은 무엇입니까?

성령의 유효한 부르심은 하나님의 목적에 따라서 성령께서 은혜롭게 부르시는 것입니다(롬 8:28). 이는 그의 능력으로 부르시는 것이며, 도덕적으로 설득하는 것이 아닙니다(요 6:44). 하나님의 전능하신 능력으로 은밀하게 부르셔서 그 영혼으로 하여금 그리스도께로 가게 하는 것입니다. 성령의 능력은 영적으로 각성하게 하고(렘 37:33; 요 6:45) 자신의 죄를 깨닫게 하며, 하나님의 진노에 대한 두려움을 갖게 합니다.

성령은 죄와 허물로 죽은 영혼에게 자신이 죄인이라는 것을 깨닫게 하심으로 각성의 역사를 시작하십니다. 그 영혼에게 자신이 불의한 자라는 것을 알게 하십니다(요 16:8). 즉, 죄를 깨닫게 하시고 그 죄가 더러운 것임을 알게 하십니다. 그래서 죄인은 자신의 죄에 대해 괴로워하면서 근심하고 슬퍼합니다(렘 31:19).

또한 성령은 그 영혼 위에 죄를 미워하는 성향을 심어주고 죄에서 떠나게 하십니다(겔 36:25). 이것을 우리는 '통회'라고 부릅니다(시 34:18). 죄에서 떠나기 시작할 때 우리는 외적으로 죄를 짓게 하는 친구들로부터 떠나며, 죄를 짓게 하는 환경들을 피하고자 애쓰게 됩니다. 세상적인 즐거움을 추구하는 것에서 떠나 영적인 것에 더욱 관심을 갖게 됩니다.

5. 성령의 유효한 부르심 가운데 그 영혼을 겸비하게 하는 역사는 무엇입니까?

성령의 각성하게 하시는 역사로 죄인임을 깨달은 영혼은, 죄에서 돌아서고 하나님 앞에서 죄를 짓지 않기 위해 노력합니다. 이제 자신을 개혁해서 하나님의 계명을 지키려고 애씁니다. 그러나 아직 의지가 갱신되지 않았고 영적이지 않기 때문에, 그러한 노력은 실패합니다. 자신의 노력으로 의롭게 되려는 시도가 실패함으로써, 그 영혼은 더욱 낮아집니다. 자신의 노력과 행위로 의로워질 수 없다는 사실을 깨닫기 때문입니다. 이러한 상태에 있는 영혼은 오직 하나님의 은혜로만 용서받을 수 있다는 것과, 하나님의 은혜로만 자신의 불의를 덮을 수 있다는 사실을 알고 오직 하나님께 은혜를 구합니다. 이러한 과정을 통해 하나님은 그 영혼을 낮추어 겸비하게 하시고, 오직 하나님의 은혜만을 구하게 하십니다.

6. 성령은 그의 유효한 부르심 가운데 사람의 자유의지를 어떻게 갱신하십니까?

사람의 자유의지는 아담의 타락으로 인하여 영적인 것에 완전히 무능합니다. 따라서 사람 스스로는 영적인 것을 추구하지 않으며, 할 수도 없습니다. 갱신되지 않는 자유의지를 가지고는 그리스도를 믿을 수도 없습니다. 그래서 성령께서는 영적 이해력을 주시고, 그것을 의지에 적용하여 갱신하게 하십니다. 의지를 갱신해서(렘 31:33; 시 110:3) 영적인 것에 기울어지게 하고, 그것을 붙잡게 합니다. 이로써 그 영혼은 세상으로부터 하나님 나라로 들어가게 됩니다(요 15:19). 선택된 자라고 할지라도 이러한 성령의 유효한 부르심이 없다면 그는 아직 자연적인 상태에 있는 것이며, 아직 세상 사람에 불과합니다(엡 3:5).

7. 죄의 용서를 구하는 영혼에게 성령은 어떻게 그리스도를 나타내십니까?

성령은 죄의 용서와 자신의 불의를 덮을 수 있는 은혜를 찾는 영혼에게 복음을 통하여 그리스도 안에 죄 용서의 은혜와 의롭게 되는 은혜가 있다는 것을 깨닫게 하십니다. 또한 성령께서 그 영혼에 믿음을 주셔서, 은혜를 얻기 위해 그리스도에게로 달려가도록 만듭니다. 그리스도 안에 마련된 구원의 은덕들이 절실히 필요했던 각성된 죄인은 그리스도의 소중함을 알기 때문에 달려가서 그리스도를 붙잡게 되어있습니다. 이때 그 영혼은 그리스도를 붙잡는 데 어려움이 있어도 개의치 않고 그리스도에게로 달려갑니다. 이는 그 영혼에 믿음이 생긴 증거입니다.

8. 성령의 유효한 부르심의 목적과 원인은 무엇입니까?

성령의 유효한 부르심의 목적은 우리를 그리스도께 가게 하며, 그리스도와 연합시킴으로써 그리스도와 함께 있게 하려는 것입니다(요 16:4). 즉, 우리를 하나님의 아들들이 되게 하며, 하나님의 아들로서 유업을 얻게 하려는 것입니다. 성령의 유효한 부르심의 원인은 성령이십니다. 사람은 자신을 스스로 회심시킬 수 없습니다. 한편, 유효한 부르심의 도구적 원인은 말씀의 사역입니다.

9. 성령께서 유효한 부르심을 일으키시는 방식은 무엇입니까?

사람이 저항할 수 없도록(불가항력) 성령께서 부르시는 것입니다. 이는 사람들의 의지를 거슬러 폭력적으로 부르시는 것이 아니라, 그들의 완고한 고집을 제거해서 부르시는 것을 말합니다. 성령은 온유한 영으로서 폭력적이지 않으며, 무력으로 강제하지 않으십니다. 이 부르심은 도덕적 부르심을 훨씬 능가하는 것이며, 실제적인 효과가 나타나게 하는 것입니다. 하나님께서 우리의 심령에 할례를 행하시는 것이며, 죽은 영혼을 깨우쳐서 일으키시는 것이며, 새 마음을 주시는 것입니다.

10. 성령의 유효한 부르심이 필요한 이유는 무엇입니까?

교만하고 고집이 세며 굳어져 있는 심령의 죄인들은 자기 스스로 그리스도께 절대 나아가지 않을 뿐 아니라 갈 수도 없습니다. 따라서 성령은 선택된 죄인들을 부를 때, 그들 심령의 죄를 질책하여 하나님의 은혜를 받아들이기에 적합하게 만드십니다(살전 2:14). 이때 성령은 율법을 사용하셔서 죄인들로 자신들의 죄를 보게 하시고, 죄의 용서를 절실히 필요로 하게 하십니다.

성령은 죄의 각성이 일어난 죄인들이 하나님의 말씀을 더욱 주의 깊게 듣게 하십니다. 또 성령은 죄인들이 그리스도를 더욱 붙잡게 하시려고 죄인들의 심령을 부수어서 가난하고 통회하는 심령으로 만드십니다. 낮아지고 통회하는 심령을 가진 자들에게 성령은 그들의 영적인 눈에 그리스도를 밝히 보이게 하셔서 그들이 기꺼이 전심으로 그리스도께 나아가게 하십니다. 성령의 이러한 부르심 속에서 죄인의 심령이 변화되어, 죄를 멀리하고 미워하게 됩니다(엡 4:12). 오직 하나님의 은혜만으로 영적 만족을 추구하게 됩니다.

11. 중생은 무엇입니까?

중생(重生)은 거듭나는 것입니다. 즉 '위로부터 태어나는 것'으로서, 새로운 탄생, 새로운 시작, 새로운 삶의 기원을 의미합니다. 중생하지 않으면 하나님 나라를 볼 수 없을 뿐 아니라(요 3:3) 들어갈 수도 없습니다(요 3:5). 중생은 태어날 때부터 영적으로 완전히 죽어있는 사람들에 대한 성령의 사역(엡 2:1–10)으로, 사람의 마음을 재창조하여 영적 죽음에서 살려 새생명을 주시는 것입니다. 그러므로 중생한 사람은 새로운 피조물이 됩니다(고후 5:17).

12. 중생은 믿음보다 영적으로 먼저 발생합니까?

중생은 믿음에 선행합니다. 죄책과 부패한 본성을 가지고 태어난 모든 사람은 중생하기 위해 스스로 자신을 중생으로 향하게 하거나, 성령님과 함께 일하지 않습니다. 따라서 중생을 결심하거나 중생을 선택하지도 않습니다. 자연인이 그 어떤 인간의 의지로 하나님을 선택하고 붙잡기 전에 하나님께서 우리를 창세 전에 선택하시고 물과 성령으로 거듭나게 하십니다(요 3:5). 따라서 구속주 하나님의 절대 주권적인 은혜로 중생한 후에, 즉 거듭난 후에 우리의 의지가 행동하고 그리스도를 믿는 것입니다.

또한, 믿음도 우리에게서 오는 것이 아닙니다. 구원에 이르는 믿음 그 자체도 하나님의 선물입니다(엡 2:8). 성령의 유효한 부르심을 받은 사람은 반드시 하나님의 말씀과 성령으로 거듭나게 되고(벧전 1:23), 구원에 이르는 믿음을 선물로 받습니다.

17

생명에 이르는 회개

1. 회개와 믿음 가운데 무엇이 먼저입니까?

그리스도인의 삶에 있어서 믿음보다 회개가 먼저인 것처럼 보입니다. 그러나 심령에 믿음의 씨앗이 심겼기 때문에 회개가 일어나는 것입니다. 믿음이 발생하면서 그 첫 번째 열매로 회개가 나옵니다. 그러나 다른 한편으로 회개는 죄에 대해 깊이 깨닫고 용서를 구하는 것이기 때문에 믿음과 동시성을 가지고 있습니다. 따라서 회개와 믿음의 순서를 시간상의 차이로 볼 수는 없습니다.

2. 회개를 '복음적인 은혜'라고 부르는 이유는 무엇입니까?

회개는 우리에게 명령으로 주어졌지만, 하나님의 은혜가 있어야 할 수 있습니다. 회개는 은혜가 기초가 되어야 합니다(히 6:1). 회개는 순수한 복음의 은혜입니다. 하지만 행위 언약에서는 회개가 허락되지 않았습니다. 아담이 죄를 지었을 때는 용서의 은혜가 주어지지 않았습니다. 아담이 지은 죄의 결과는 죽음이었습니다. 그런데 은혜 언약을 통해서 용서의 은혜가 주어졌으며, 회개가 들어온 것입니다. 즉, 복음으로 회개가 주어졌습니다. 그리스도는 회개하는 자를 자신의 피로 구원하십니다. 그래서 회개를 복음적인 은혜라고 부릅니다.

3. 회개는 어떻게 일어납니까?

부분적으로는 하나님의 말씀을 통해서 일어납니다(행 2:37). 하나님은 설교된 말씀을 사용해서 회개가 일어나게 하십니다. 예레미야는 회개의 기능을 가진 말씀에 대해, 심령을 쳐서 부서뜨리는 '방망이'라고 했습니다(렘 23:29). 다른 한편으로 회개는 성령에 의해서 일어납니다. 이때 말씀 사역자는 단지 도구일 뿐입니다. 즉, 설교된 말씀을 성령께서 유효하게 하실 때 회개하게 됩니다(행 10:44). 성령께서 그 심령을 책망하실 때 회개가 일어나는 것입니다(슥 12:1). 하나님의 말씀이 외쳐진다고 해도 그 사람의 양심에 성령의 역사가 있어야만 회개가 일어납니다.

4. 거짓 회개에는 어떠한 것들이 있습니까?

거짓 회개에는 여러 가지가 있습니다. 첫 번째 거짓 회개는 율법적 두려움 가운데 있는 것입니다. 가룟 유다는 자신의 죄를 깨닫고 양심에서 고통이 일어났습니다. 죄에 대한 후회도 있었습니다(마 27:3). 그러나 그는 죄의 용서를 위해 하나님께 나아오지 않았습니다. 단지 죄에 대한 두려움 가운데 있었습니다. 이것을 율법적 두려움이라고 하며, 이것 자체가 회개는 아닙니다.

두 번째 거짓 회개는 죄를 짓지 않으려는 결심만 하는 것입니다(렘 2:20). 이것은 진정으로 통회하는 것이 아닙니다. 죄로 인한 어려움을 피하기 위해 결심만 하는 것입니다. 하나님의 심판과 지옥에 대한 두려움 때문에 죄를 짓지 않으려고 결심할 수 있습니다. 그러나 이러한 결심은 의지가 갱신되지 않은 상태의 것으로서, 그 두려움이 사그라지면 다시 죄 가운데 있게 됩니다. 이는 순전히 자기를 사랑하는 마음에서 나온 것입니다.

세 번째 거짓 회개는 죄에 대해 눈물을 흘리지만, 죄에서 떠나지 않고 계속해서 죄를 짓는 것입니다. 바로는 모세에게 자신과 백성들의 죄를 인정하고 고백했습니다(출 9:27). 그러나 그는 재앙이 물러가자 다시 죄를 지었습니다(출 9:34). 이러한 회개를 일시적인 회개라고 부릅니다. 이는 진정한 회개가 아닙니다.

네 번째 거짓 회개는 부분적으로 개혁하는 회개입니다. 과거의 죄에서는 떠났지만, 새로운 죄에 탐닉해서 죄를 짓는 것입니다. 이것은 진정한 회개가 아닙니다. 죄를 바꾼 것에 불과한 거짓 회개입니다. 진정한 회개는 실제적인 죄를 멈추고 떠나는 것입니다. 이는 은혜의 원리가 그 심령에 주입되어야만 가능합니다.

5. 진정한 회개에서 우선되는 요소는 무엇입니까?

진정한 회개에는 자신의 죄에 대한 깨달음과 인식이 있어야 합니다. 특히 율법을 통해서 자신이 하나님의 거룩한 뜻과 하나님의 의로우심에 대항했음을 깨달아야 합니다. 그래서 자신의 죄가 얼마나 더러우며 가증한 것인가를 인식해야 합니다. 물론 이러한 영적인 깨달음으로 인하여 자신의 가장 작은 죄라도 하나님을 대적한 것이며, 하나님께서 자신을 심판하여 지옥에 보내셔도 마땅하고 의로우신 판단이라는 것을 인정해야 합니다. 많은 사람이 회개하지 못하는 이유는 영적 무지와 자기 사랑으로 자신의 죄를 보지 못하기 때문입니다. 사람들은 세상적인 것에 대해서는 통찰력을 가지고 있지만, 그들의 영적인 눈은 가려져 있어서 자신들의 죄를 보지 못합니다. 따라서 자신의 죄를 깨닫는 것이 진정한 회개의 우선되는 요소입니다.

6. 진정한 회개에서 죄를 깨닫는 것과 함께 동반되어야 하는 것은 무엇입니까?

진정한 회개에는 죄에 대한 고백이 있어야 합니다. 죄에 대한 고백은 자신을 스스로 고소하는 것입니다(삼하 24:17). 이로써 우리는 사탄의 고소를 막을 수 있습니다. 물론 가룟 유다와 사울왕도 죄를 고백했지만 그 고백은 진정한 것이 아니었습니다. 진정한 죄의 고백이 되기 위해서는 그 고백이 자발적이어야 하며, 고백 가운데 통회하는 심령이 있어야 하고, 고백 자체가 진실해야 합니다. 또한, 진정한 죄의 고백이 되기 위해서는 특정한 죄들을 고백해야 합니다. 일반적인 고백은 진정한 죄에 대한 고백이 아닙니다. 진정한 고백은 자신의 부패성을 인정하고 그것에서 나온 온갖 죄들을 인정하는 것입니다(시 51:5). 한편으로 진정한 죄의 고백에는 그 죄를 반복하지 않겠다는 고백도 포함되어야 합니다.

7. 진정한 회개에서 죄의 고백과 함께 나타나는 것은 무엇입니까?

진정한 회개에는 죄를 부끄러워하는 마음이 있습니다(겔 43:10). 죄를 깨달으면 죄책이 일어나고 부끄러움이 생깁니다. 아담과 하와가 죄를 지었을 때 그들은 하나님의 음성을 듣고서 자신들이 벌거벗은 것을 부끄러워했습니다(창 3:10). 그들은 죄를 짓기 전에는 부끄러워하지 않았습니다. 그러나 죄를 지은 후에는 하나님의 눈앞에서 자신들의 어그러진 모습을 부끄러워하게 되었습니다.

사탄은 우리에게 죄를 짓도록 유혹합니다. 또 죄를 지어도 그것에 대해서 부끄러워하지 않도록 심령을 강퍅하게 합니다. 죄를 부끄럽지 않게 여기도록 정욕과 교만 속에 가두어둡니다. 따라서 진정한 회개에는 죄에 대한 부끄러움이 반드시 있어야 하며, 이는 양심이 영적으로 깨어나는 증거입니다. 물론 죄에 대한 부끄러움은 죄에 대한 슬픔을 일으킵니다(슥 12:10). 피상적인 죄에 대한 슬픔은 회개를 이루지 못하며, 진정한 회개에는 거룩한 고통이 따릅니다. 성경에서는 이것을 심령이 찢어진다고 말합니다(시 51:17). 죄에 대한 슬픔은 죄를 몰아내게 하며, 그 심령으로 죄와 싸우고 저항하는 것입니다.

8. 진정한 회개에서 정점에 해당하는 요소는 무엇입니까?

진정한 회개에는 죄로부터 돌아서는 행동이 있어야 합니다. 진정한 회개는 죄에 대하여 죽는 것입니다. 이것은 다른 사람들이 볼 수 있게 나타납니다. 진정한 회개는 마음속의 죄에서 돌아설 뿐만 아니라 보이는 모든 죄에서 돌아서서 하나님께로 가는 것입니다. 또 죄에서 돌아선 이상 다시 죄로 돌아가지 않습니다.

그러나 거짓된 회개는 온전하게 돌아서지 않고 절반만 돌아서는 경우가 있습니다. 이를 절반의 회개라고 부릅니다. 죄에서 절반만 돌아서는 자들은 일반적인 죄에서는 회개한 것처럼 보이지만 특별한 죄에서는 돌아서지 않으며, 여전히 죄 가운데 있는 자들입니다. 드러난 죄에서는 돌아섰지만 은밀하게 죄를 짓고 있는 상태입니다. 이런 종류의 거짓 회개를 하는 자들을 '유사 그리스도인'(almost Christian)이라고 부릅니다(행 26:28; 호 7:8).

9. 진정한 회개의 효과와 열매는 무엇입니까?

사도 바울은 고린도후서 7장 11절, "보라 하나님의 뜻대로 하게 된 이 근심이 너희로 얼마나 간절하게 하며 얼마나 변증하게 하며 얼마나 분하게 하며 얼마나 두렵게 하며 얼마나 사모하게 하며 얼마나 열심 있게 하며 얼마나 벌하게 하였는가 너희가 그 일에 대하여 일체 너희 자신의 깨끗함을 나타내었느니라"는 말씀에서 진정한 회개의 효과에 대해 말했습니다.

진정한 회개는 첫째로, '간절한 것'입니다. 간절하다는 것은 죄에 대한 모든 유혹을 부지런히, 그리고 조심하여 살피는 것입니다. 둘째로, '변증하는 것'입니다. 이는 죄를 경계하여 자신의 양심에 부끄러움이나 두려움이 없게 하는 것입니다. 셋째로, 죄에 대해 '분히 여기는 것'입니다. 다윗은 자기 자신을 어리석은 자와 짐승으로 불렀습니다(시 73:22). 죄에 물든 심령에 대해 자신을 분하게 여겼습니다.

넷째로, '두려워하는 것'입니다. 진정으로 회개한 심령은 부드러운 심령과 두려운 심령을 가지고 있습니다. 더는 죄를 짓지 않기 위해, 죄에 가까이 가지 않기 위해 두려워합니다. 이때 자신의 죄로 인하여 하나님의 은혜를 상실하게 될 것을 두려워하는 마음도 여기에 포함됩니다. 다섯째로 '사모하는 것'입니다 이것은 죄를 극복하기 위해서 더욱 능력을 원하는 것입니다. 죄에 족쇄를 채우기 위한 능력을 구하는 마음입니다. 여섯째로 '열심'입니다. 진정으로 회개한 사람은 자신의 구원에 대해 열심을 내게 되어있습니다. 이 열심은 하나님의 영광을 위한 것이며, 의무를 다하기 위한 것입니다. 거룩한 의무를 다하는 것은 죄를 공격적으로 파괴하는 방법입니다.

일곱째로 '벌하는 것', 혹은 '보복하는 것'입니다. 이것은 오른 눈이 범죄 하면 오른 눈을 뽑아 버리라는 말씀과 같은 의미입니다. 예수님께 나아가 향유를 부은 여인은 그 마을에서 죄를 짓던 여인이었습니다. 그러나 그녀는 자신의 눈물로 예수님의 발을 씻었고 자신의 머리털로 예수님의 발을 닦았습니다. 그녀의 머리털은 많은 사람을 유혹하여 죄를 짓던 도구였습니다. 그러나 그녀는 회개하면서 자신의 머리털에 보복했습니다(눅 7:38). 또 에베소의 마술사들은 회개하면서 자신들의 마술 책을 불태워버렸습니다(행 19:19). 이러한 행동들은 자신의 죄를 벌하는 것입니다.

10. 은혜의 수단 아래에 있지만 회개하지 않는 자들의 특징은 무엇입니까?

은혜의 수단 아래에 있지만 회개하지 않는 자들은 더욱 무서운 하나님의 심판 아래에 있습니다. 이들은 하나님의 말씀의 질책을 무시하고, 양심을 더욱 강퍅하게 해서 하나님의 말씀에 대항했습니다. 이사야 선지자는 이러한 자들을 시온의 죄인이라고 불렀습니다(사 33:14). 이들은 교회에서 말씀을 듣고 회개를 촉구하는 메시지를 듣지만 결코 죄에서 돌아서려 하지 않습니다. 자신들은 영적으로 아무 문제가 없다고 생각하면서 더욱 교만해지는 자들입니다(롬 2:5; 계 3:17). 이러한 자들은 빛에 대항하여 죄를 짓고 있는 자들이며, 이 죄가 더욱 발전하면 성령의 은혜를 멸시하는 것으로 나아가게 됩니다.

18

구원 얻는 믿음

1. 믿음은 무엇으로 구성되어 있습니까?

믿음에는 먼저 반드시 지식이 있어야 합니다. 지식이 없는 믿음은 믿음이 아닙니다. 또한, 믿음에는 지식이 있어야 할 뿐만 아니라 지식에 대한 동의가 있어야 합니다. 특히 구세주가 필요하다는 사실과 예수 그리스도만이 모든 것을 충족시키는 구세주라는 사실에 동의해야 합니다. 구세주가 필요하다는 것은 자신이 죄인이며 비참한 상태에 있고, 자신 스스로가 비참함에서 벗어날 수 없는 영적인 무능력자라는 사실에 동의하는 것입니다. 지식이 있고 그 지식에 대한 동의가 있다 할지라도, 반드시 그리스도를 의존해야 진정한 믿음이 될 수 있습니다.

2. 지식과 동의가 있으면 구원 얻는 믿음입니까?

구원 얻는 믿음으로 나아가기 위해서는 지식과 동의가 반드시 필요합니다. 물론 그 지식은 피상적인 지식이 아니라 삼위 하나님의 구속 사역에 대한 지식이어야 합니다. 그러나 지식만 있는 상태로는 구원의 믿음을 가졌다고 말할 수 없습니다. 삼위일체의 교리에 대한 지식과 그리스도가 세상의 구주라는 지식만 가지고 있는 것을 역사적인 믿음이라고 부릅니다. 이러한 믿음은 귀신들도 가지고 있습니다. 그러나 귀신들은 그리스도를 신뢰하고 의지하지 않습니다. 그러므로 역사적인 믿음 그 자체는 구원 얻는 믿음이 아닙니다.

지식에 동의하는 것도 마찬가지입니다. 구원의 교리와 가르침에 대해 동의가 필요하지만, 그것 자체가 구원의 믿음은 아닙니다. 돌밭에 뿌려진 씨앗의 비유는, 말씀을 듣고 기쁨으로 받지만 말씀으로 인하여 어려움이 생기면 그 말씀을 버린다는 내용입니다(마 13:20-21; 눅 18:3, 14). 이는 지적으로 구원의 가르침에 동의했더라도 그 말씀이 그 심령에 유효하게 된 것이 아닙니다. 이를 일시적인 믿음이라고 하는데, 이 또한 구원 얻는 믿음이 아닙니다. 많은 위선자가 역사적인 믿음, 혹은 일시적인 믿음으로 자신을 속이고 있습니다. 이러한 자들 속에 있는 말씀은 구원 얻는 효력으로 나타나지 않습니다.

3. 은사적인 믿음, 혹은 기적의 믿음은 구원 얻는 믿음입니까?

마가복음 16장 17절에는 "믿는 자들에게는 이러한 표적이 따르리니 곧 그들이 내 이름으로 귀신을 쫓아내며 새 방언을 말하며"라고 했는데, 여기에서 믿는다는 것은 은사적인 믿음을 말합니다. 은사적인 믿음 그 자체는 구원의 믿음이 아닙니다. 그것은 성령의 일반 사역 가운데 교회의 사역을 위해서 주신 은사입니다.

한편, 약속에 대해 비상한 방식으로 믿음을 갖게 되어 그것에 따른 비상한 효과가 나타날 수도 있는데, 이를 기적의 믿음이라고 합니다(고전 13:2; 마 21:2, 7; 막 9:3; 행 14:9-10; 눅 17:19). 이러한 기적의 믿음도 은사적인 것으로서, 구원의 믿음이 아닙니다. 따라서 성령의 특별 사역으로 인하여 구원에 이르게 하는 믿음과 은사적인 믿음은 구별되어야 합니다. 물론 교회사 속에서 성령의 은사를 믿음의 단계보다 훨씬 높은 단계로 보는 신학이 있는데, 이는 성경을 곡해한 것입니다. 성경에는 성령의 은사는 있었지만 구원의 은혜는 없었던 자들이 나옵니다. 발람 선지자, 사울왕, 가룟 유다, 데마가 그 대표적인 자들입니다. 이들은 예언하고 기적을 행했지만, 구원의 은혜는 없었습니다. 따라서 기적을 일으키는 은사적인 믿음은 구원 얻는 믿음이 아닙니다.

4. 믿음의 본질은 무엇입니까?

믿는다는 것은 그리스도께로 나아오는 것입니다. 그리스도께 가는 것과 믿는 것은 같은 의미입니다(요 6:35, 64-65). 영적으로 깨어나는 죄인에게 나타나는 믿음의 첫 번째 역사는 죄에 대한 하나님의 진노를 피하기 위해 그리스도께 나아가는 것입니다. 이는 복음을 통해서 그리스도 안에 죄 용서가 있음을 깨닫고 그리스도께로 달려가는 것입니다(시 36:7). 그리스도께 나아갈 때 세상으로 눈을 돌리지 않아야 하며, 어려움과 방해가 있다 해도 있는 힘을 다해 나아가야 합니다. 이것이 진정한 믿음입니다.

그리스도를 믿는다는 것은 그리스도를 의지하고 의탁하며 의뢰하는 것입니다. 그리스도를 믿는다는 것은 그리스도와 결합하며 그리스도께 밀착하는 것입니다. 믿음은 그리스도를 붙잡는 것입니다. 그리스도를 놓치면 흘러 떠내려가게 될 것을 잘 알기 때문입니다. 믿음은 그리스도께 자신을 맡기는 것입니다. 또한 그리스도를 먹고 마시는 것입니다(요 6:48-58). 영적 생명을 위하여 그리스도를 믿는 것을 그리스도를 먹고 마신다고 표현합니다. 그리스도를 믿는다는 것은 그리스도의 의와 죄 용서를 얻기 위해 그리스도를 받아들인다는 것입니다.

5. 구원 얻는 믿음의 핵심은 무엇입니까?

구원 얻는 믿음의 핵심은 오직 그리스도를 의지하는 것입니다. 그리스도만이 나를 구원하실 수 있는 분임을 깨닫고 나아가는 것입니다. 그리스도만이 나의 죄를 용서하실 수 있으며 그리스도를 통해서만 구원 얻을 수 있음을 깨닫고 그리스도를 붙잡는 것입니다(사 56:4). 믿음은 그리스도를 붙잡는 도구입니다. 이때 우리는 믿음으로 그리스도를 보내신 하나님의 구속 계획을 깨닫고 하나님의 지혜와 탁월성을 찬양하게 됩니다. 요한복음 17장 3절에서는 "영생은 곧 유일하신 참 하나님과 그가 보내신 자 예수 그리스도를 아는 것"이라고 말씀합니다. 즉, 아버지와 아들 사이에서 죄인을 구원하시기 위한 하나님의 계획과 그것을 실행하신 그리스도에 대해서 깨닫고, 오직 그리스도만을 구주로 붙잡는 것입니다. 이것이 구원 얻는 믿음의 핵심입니다.

6. 그리스도를 믿는 것의 전제는 무엇입니까?

단순히 피상적인 메시지를 받아들이고 그것에 동의해서 믿겠다고 고백하는 것이 믿음이 아닙니다. 그리스도를 믿기 위해서는 먼저 율법과 성령으로 자신의 죄를 깨달아야 합니다. 그리고 자신의 죄에 대한 하나님의 진노와 심판이 있다는 것을 알아야 합니다. 또한 자신이 불의하다는 사실도 깨달아야 합니다. 한편으로, 하나님의 진노를 피하고 자신의 죄를 없애기 위해 율법을 지키려고 애써도 결코 자신의 의로운 행위로 자신을 구원할 수 없다는 것을 깨달아야 하며, 자신이 얼마나 영적으로 무능한지 알아야 합니다(갈 2:16). 이러한 영적 상태에서, 복음을 통해 그리스도 안에 죄 용서함이 마련되어 있으며 자신의 불의를 덮을 수 있는 의로움이 있다는 것을 깨닫고 그리스도께 달려가야 합니다. 따라서 그리스도를 믿기 위해서는 그리스도에 대한 충분한 지식이 있어야 하며, 자신의 부패성과 영적 무능과 비참함을 깨닫고 있어야 합니다.

7. 성령은 믿음을 어떻게 발생시키십니까?

성령은 죄의 질책 가운데 있는 죄인들에게 복음을 통해서 그리스도의 절대적 필요성과 가치를 깨닫게 하시며, 그리스도가 자신에게 반드시 필요한 구세주이심을 알게 하십니다. 성령은 이들에게 그리스도에 대한 강렬한 열망을 일으켜서 그리스도께 달려가게 만드시는데, 이를 위해서 성령은 그들의 부패하고 무능한 의지를 갱신시키십니다. 성령의 역사로 인하여 발생된 그리스도에 대한 열망은 그리스도께 나아가는 길의 많은 영적 장애물과 어려움을 극복하게 합니다. 따라서 성령의 역사를 통해 믿음을 선물로 얻은 자는, 마치 진주를 구하는 상인이 값진 진주를 발견했을 때 모든 것을 팔아 그 값진 진주를 사는 것처럼 그리스도께 나아가 그를 붙잡습니다(마 13:45-46).

8. 구원 얻는 믿음의 효과는 무엇입니까?

구원 얻는 믿음의 효과는 그리스도에 대한 깊은 존경과 그리스도를 닮아가는 강렬한 열정이 있으며, 그리스도를 향한 식을 줄 모르는 사랑이 있다는 것입니다. 또한 죄를 미워하고 싸우는 열망이 강하게 나타납니다. 왜냐하면, 그리스도가 미워하시는 것을 미워하고 그리스도가 명령하신 것을 지키려고 애를 쓰게 되기 때문입니다. 따라서 구원의 믿음을 가진 자는 그리스도가 요구하시는 대로 자기를 부정하고 자기 십자가를 지고 매일 그리스도를 따라갑니다(눅 9:23; 14:26-27). 진정한 구원의 믿음은 죽은 믿음이 아니라 살아 있는 믿음으로서, 영적 생동감을 가지고 있으며 성장하기 위해 수고를 다합니다.

9. 구원 얻는 믿음의 정도는 어떻습니까?

구원 얻는 믿음이라도 어떤 사람은 강한 믿음을 가지고 있으며, 어떤 사람은 약한 믿음을 가지고 있습니다. 강한 믿음은 고난이 있어도 그리스도를 강력하게 붙잡습니다. 그러나 약한 믿음은 어려움 속에서 때때로 흔들리기도 하고 의심하기도 합니다. 하지만 그리스도는 약한 믿음이라고 해도 상한 갈대를 꺾지 않으시는 것처럼 그를 버리지 않으십니다(마 12:20). 베드로도 약한 믿음의 소유자였습니다. 그래서 사탄이 그를 이용해서 예수 그리스도를 공격했습니다(마 16:22-23). 그의 믿음이 완전하지 않았기 때문입니다. 물론 베드로는 예수님께 책망을 받았습니다. 따라서 믿음은 성장해야 하며 강해져야 합니다.

주께서는 우리의 믿음을 강화하기 위해 은혜의 수단을 주셨습니다. 우리는 기도를 통해 믿음이 강해집니다. 그리고 딱딱한 말씀을 통해, 혹은 더 높은 수준의 말씀을 통해 믿음이 강해집니다. 또한, 성례를 통해 우리의 믿음이 강화됩니다(롬 4:11). 따라서 우리는 믿음의 초보 상태에 만족하고 머물러서는 안 되며, 더 성장하도록 은혜의 수단을 사용해야 합니다(히 5:13-14).

10. 믿음은 그리스도에게 어떻게 연합하게 합니까?

성령의 유효한 역사로 인하여 발생된 구원 얻는 믿음은 그리스도를 붙잡게 합니다. 믿음으로 그리스도를 붙잡으면 그리스도에게 연합됩니다(롬 6:3). 이렇게 그리스도에게 연합되면 그리스도 안에 하나님이 마련해두신 구원의 은덕들을 얻게 되는데, 죄 용서를 받으며 의롭다 여김을 받습니다. 그리고 하나님의 가족이 되어 하나님을 '아빠, 아버지'라고 부르며, 자신의 구원에 대해 확신을 갖게 됩니다(롬 8:15).

또 거룩한 삶을 살 수 있으며, 거룩하게 하는 은혜를 얻습니다. 더욱이 그리스도 안에서 확신과 양심의 평화를 얻습니다. 이러한 그리스도 안에 있는 구원의 은덕들이 삶에서 구체적인 변화의 증거로 나타나며, 사람들은 이러한 변화를 보고 그들이 그리스도인이며 하나님의 백성이라는 것을 알 수 있습니다.

칭의

1. 믿음으로 그리스도에게 연합되어 얻는 주요한 유익은 무엇입니까?

그리스도를 믿음으로 받아들임으로써 그리스도에게 연합되어 얻는 주요한 유익은 칭의(稱義)입니다. 칭의는 구원의 정점으로서, 그리스도를 구주로 받아들이는 자에게 하나님께서 의로운 자라고 선언해주시는 것입니다. 이로써 우리는 죄책과 우리의 모든 죄로부터 구원을 받으며 하나님의 눈에 의로운 자로 여김을 받습니다. 이는 우리 구주 그리스도의 의가 우리에게 전가(轉嫁)되었기 때문입니다(롬 8:30, 33-34; 고전 1:30; 빌 3:9).

2. 오직 믿음으로 의롭다 여김을 받으려는 자들의 영적 상태는 어떻습니까?

오직 그리스도를 믿음으로 의롭게 되려고 하는 자는 먼저 율법을 통해서 자신이 죄인이라는 사실을 철저히 깨닫습니다. 그는 자신의 어떠한 행위로도 의로워질 수 없다는 것을 깨닫고 있습니다. 물론 그는 자신의 죄를 용서받아야 하나님의 진노와 심판에서 벗어날 수 있다는 것을 압니다. 따라서 자신의 불의를 덮을 수 있는 의로움이 그리스도 안에 있다는 것을 알며, 죄 용서함의 은혜가 오직 그리스도 안에만 있다는 것을 철저히 깨닫고 체험하고 있습니다. 이러한 자가 그리스도에게만 의지하여 나아가는 것입니다(롬 3:20, 28).

3. 그리스도의 의가 어떻게 죄인을 의롭게 합니까?

그리스도는 하나님으로서 본래 의로우신 분입니다. 그러나 그리스도는 인성을 가지고 하나님의 율법을 완전하게 순종하심으로써, 또 우리 죄를 위하여 고난을 받으시고 십자가에서 피를 흘려 저주를 받으심으로써 의로움을 확보하셨습니다. 그래서 하나님 아버지가 그리스도를 믿는 자들에게 그리스도의 의를 전가해주시는 것입니다. 따라서 칭의는 그리스도를 믿는 죄인이 의롭게 되는 것이 아니라 하나님 아버지가 그를 의롭다고 여겨주시는 것입니다(롬 3:16-17). 하나님 아버지가 죽은 자와 산 자의 재판관으로서 행하시는 것입니다(시 75:7).

4. 믿는 자는 의의 주입으로 의롭게 되는 것입니까?

로마 교회는 의의 주입으로 의롭게 된다고 주장합니다. 그러나 이것은 잘못된 가르침입니다. 칭의는 하나님께서 그리스도를 믿는 죄인에게 의롭다고 선언하시는 것입니다. 이것은 마치 법정에서 죄를 사면한 후 더는 그 죄에 대해 어떠한 부과를 하지 않고 영원한 생명에 대한 권리를 주는 것과 같습니다. 이는 순전히, 그리고 오직 그리스도의 순종 때문입니다. 따라서 칭의는 법정적 행위이며(시 143:2), 정죄에 반대되는 것입니다(롬 8:33-34).

5. 그리스도의 의가 어떻게 믿는 자에게 의로움이 됩니까?

믿음으로 그리스도에게 연합된 자에게는 그리스도 안에 있는 의로움이 전달됩니다(롬 5:19; 10:4). 마치 아담의 죄가 모든 사람에게 전가되어 정죄에 이르게 한 것과 같이 그리스도의 의가 믿는 자에게 전가되어 전달되는 것입니다.

6. 하나님은 왜 이러한 방식으로 죄인을 의롭게 하십니까?

죄인은 율법을 온전히 지켜서 자신을 의롭게 할 수 없습니다. 오히려 율법을 계속 어김으로써 죄를 증가시킬 뿐입니다. 따라서 하나님께서 죄인을 의롭게 하는 방법으로 그리스도를 중재자로 정하셨습니다. 그리스도는 인간의 몸을 입고 이 땅에 오셔서 죄인들의 부채를 담당하시고, 율법을 온전히 지키며 십자가에 죽으심으로 의를 확보하셨습니다(히 10:19; 계 12:1). 그러므로 자신이 불의한 자라는 것을 깨닫고 의를 얻기 위해 그리스도를 믿는 자에게는 아버지가 그리스도의 의를 전가해주십니다. 이것은 아버지와 아들 사이에 만세 전에 약속하신 것입니다. 우리는 이것을 구속 언약이라고 부릅니다(요 17:4-5).

7. 그리스도의 의가 믿는 자에게 전가된 것을 어떻게 인식할 수 있습니까?

믿음은 그리스도의 의를 붙잡는 도구입니다(롬 5:1; 10:10; 렘 23:6). 이때의 믿음은 마치 구걸하는 자가 구제품을 잡아 획득하는 것같이 그리스도를 붙잡는 것입니다. 이처럼 그리스도를 붙잡음으로써 그리스도에게 연합되고, 그리스도 안에 있는 의가 믿는 자에게 전가됩니다. 이렇게 전가된 의는 내적인 덕으로서의 의로움은 아닙니다. 이것은 법적인 의로움이며, 하나님과의 관계에서의 의로움입니다. 이때 의롭다 여김을 받은 자는 양심에서 일어난 죄의 고통에서 벗어나고(히 9:14) 성령으로 위로를 얻습니다(롬 8:15).

8. 칭의란 내가 의롭게 된 것을 믿는 것입니까?

아닙니다. 칭의란 믿는 것의 효과와 열매로 따라오는 것입니다. 믿기 전에 먼저 의롭게 될 수 없기 때문입니다. 즉, 내가 용서받은 것을 믿음으로써 용서받는 것이 아닙니다. 그리스도가 유일한 구주이심을 인정하고 그리스도께 안주함으로써 용서를 얻는 것입니다(마 16:16; 요 20:31; 롬 10:9; 요일 4:15; 5:1, 5).

9. 칭의는 무엇으로 구성되어 있습니까?

칭의는 죄의 용서와 의의 전가로 구성되어 있습니다. 그리스도의 의의 전가로 인하여 죄인은 죄책에서 깨끗하게 되었습니다. 이는 그의 죄가 용서받았기 때문이며, 죄의 심판으로부터 자유롭게 되었고, 하나님께 은혜롭게 받아들여졌기 때문입니다. 이것은 그리스도의 고난과 죽음으로 획득된 것입니다. 그리스도의 죽음으로 하나님은 죄인들의 죄를 사면하시고 더 이상 죄인으로 여기지 않으십니다. 이는 하나님의 순전한 은혜의 행위입니다.

10. 우리가 의롭게 되었다는 것을 누가 증거합니까? 그 효과는 무엇입니까?

그리스도의 피가 증거하고, 성령이 우리의 칭의를 증거하십니다(요일 5:6-8). 이로써 우리는 은혜의 보좌 앞으로 담대하게 나아갑니다(엡 3:12; 요일 3:21). 또한 마귀의 거짓 참소로부터 자유롭습니다. 그리고 마지막 날의 심판을 두려워하지 않습니다(행 3:19).

11. 믿음으로 의롭게 된 자에게 나타나는 특징들은 무엇입니까?

믿음으로 의롭게 된 자에게는 의롭게 한 그 믿음을 가지고 그리스도를 계속해서 붙잡는 특징이 나타납니다(롬 1:17). 또 온 마음으로 그리스도에게 붙어 있으며, 그리스도를 의지해서 하나님께 계속 나아가는 특징을 가지고 있습니다. 믿음으로 의롭게 된 자는 그리스도로 옷 입고 더러운 죄를 피합니다(롬 13:14).

12. 의롭게 된 자들의 죄를 하나님은 보지 않으십니까?

아닙니다. 하나님은 의롭게 된 자들에게 있는 죄를 보십니다. 구원받았기 때문에 도덕적으로 선한 삶을 추구하지 않아도 된다고 주장하는 도덕률폐기론자들은 의롭게 된 자들의 죄를 하나님이 보시지 않는다고 주장합니다. 이러한 주장은 칭의만으로 구원을 받는다는 것이며, 한번 구원받은 자는 영원한 구원을 받았기 때문에 성화에 힘쓰지 않아도 된다는 주장입니다. 그러나 이 가르침은 잘못된 것입니다. 하나님은 의롭게 된 자들에게 있는 죄를 보시며, 그것에 대해서 책망하시고 때로는 진노하십니다(출 4:14; 단 9:20; 민 12:8-9).

하나님은 신자들의 죄에 대해 자주 심판하십니다(왕하 12:10, 11, 14; 고전 11:30-32). 더욱이 칭의는 성화와 연결되어 있으며, 믿음으로 그리스도에게 연합될 때 동시에 얻는 구원의 은덕들입니다. 따라서 진정으로 의롭게 된 자는 죄와 싸우며 거룩함을 추구하게 되어있습니다. 성화도 구원의 은덕에 포함되기 때문에(히 12:14) 칭의만 있으면 구원받는다고 주장하는 도덕률폐기론은 성경의 가르침에서 벗어난 오류입니다.

13. 칭의에 대한 잘못된 가르침에는 어떤 것들이 있습니까?

로마 교회는 선행이 있어야 은혜와 함께 작용하여 의롭게 된다고 주장합니다. 물론 그들은 의의 전가가 아니라 의의 주입을 말합니다. 결국, 로마 교회는 행위로 의롭게 된다고 주장하는 것이며, 그 의로움도 내재적인 것이라고 주장합니다. 그러나 우리는 영적 무능으로 인하여 의롭고 선한 행위를 할 수 없습니다. 또한, 로마 교회의 가르침은 그리스도를 전적으로 의지할 필요가 없다는 것입니다. 그러나 우리에게는 내재적인 의로움이 없어서 여전히 죄를 짓습니다. 따라서 로마 교회의 가르침은 잘못된 것입니다.

한편으로 복음적 알미니안주의자들은 칭의의 두 구성 요소 중 죄의 용서만 있다고 주장합니다. 즉, 행위가 있어야 의롭다 함을 받을 수 있다는 주장입니다. 이것 역시 잘못된 가르침입니다. 그리스도를 믿은 이후에도 우리는 여전히 죄를 짓기 때문입니다. 그러므로 행위로는 결코 의로워질 수 없습니다.

칭의에 대한 또 다른 오류로 하이퍼 칼빈주의자들(hyper-Calvinsit)의 주장이 있습니다. 이들은 예정론을 오용하여, 선택된 자는 믿기 이전에 의롭게 된다고 주장합니다. 이 가르침은 성령의 유효한 부르심으로 인한 믿음의 발생을 부정하는 잘못된 가르침입니다. 최근에는 '바울의 새 관점'(New Perspective on Paul)이라는 가르침이 있습니다. 이는 믿음으로 교회에 가입된 이후에 율법을 지킨 여부에 따라서 의롭게 되거나 혹은 의롭게 될 수 없다는 것입니다. 이 가르침 역시 잘못된 것인데, 우리가 결코 율법을 온전히 지킬 수 없기 때문입니다. 이처럼 칭의에 대한 오류는 율법주의와 도덕률폐기론 등에서 모두 나옵니다.

양자 됨

1. 칭의와 함께 수반되는 신분 변화에 대한 구원의 은덕은 무엇입니까?

신자는 믿음으로 의롭게 됨으로써 그리스도에게 연합되며, 연합됨으로 칭의를 얻습니다. 그들은 칭의와 함께 양자 됨을 얻습니다. 이 둘은 모두 신분의 변화를 나타내는 구원의 은덕들입니다. 양자 됨은 하나님의 아들로서의 권세와 특권을 갖는 것입니다(요 1:12; 엡 1:5). 이 양자 됨은 그리스도로부터 믿는 자에게 주어진 것인데, 영원하신 하나님의 아들이 성육신하여 믿는 자의 형제가 되셨으며, 하나님께서 그리스도로 말미암아 믿는 자를 자녀 삼으신다는 것입니다(히 2:10).

2. 하나님의 아들들이 되는 방법에는 어떤 것이 있습니까?

그리스도는 본성상 하나님의 아들입니다. 그리고 천사들은 창조된 자로서 하나님의 아들들로 불립니다. 그런데 하나님의 아들이 되는 또 한 가지 방법이 있습니다. 하나님께서 자녀로 입양하여 아들로 삼으시는 것입니다. 구약에서는 입양이라는 말이 거의 언급되지 않지만, 신약에서는 자주 언급됩니다. 왜냐하면, 신약성경이 기록되던 때가 로마제국 시대였는데, 로마인들에게는 입양하는 것이 일반적인 관습이었기 때문입니다. 이 방법은 하나님 아버지가 그리스도를 위하여 신자들을 자녀라고 선언하시는 것이며, 실제로 하나님의 자녀 상태로 받아 주시는 것입니다.

3. 사람들이 자녀를 입양하는 것과 하나님께서 자녀를 입양하시는 것에는 어떤 차이가 있습니까?

사람들이 자녀를 입양할 때는 자신의 자녀들에게 새로운 성질과 성격을 부여할 수 없습니다. 그러나 하나님은 자신의 자녀로 입양해서 그들을 새로운 피조물로 만드십니다. 바로의 공주는 모세를 자녀로 입양할 때 모세의 준수함을 보고 입양했습니다. 그러나 하나님은 우리에게 있는 어떤 공로나 선함을 근거로 하시지 않고 오직 자신의 사랑으로 입양하십니다. 사람들이 자녀를 입양할 때는 그들 자신의 위로를 위해서나 혹은 어떤 목적을 위해서 입양합니다. 그러나 하나님께는 이러한 목적이 없습니다. 하나님은 우리를 필요로 하시는 분이 아닙니다. 하나님께는 그리스도가 계시며, 항상 하나님을 찬양하는 천사들이 있기 때문입니다.

4. 하나님께서 우리를 자녀로 입양하시는 이유는 무엇입니까?

하나님 자신의 무조건적 사랑에서 나온 주권적인 선택입니다. 또한 그리스도가 하신 일을 영화롭게 하려는 것입니다. 그리스도는 하나님 아버지가 선택하신 자에게 구원이 있도록 이 땅에서 구속의 사역을 하셨습니다. 따라서 하나님 아버지는 아들인 그리스도의 권한을 믿는 자들에게 적용하십니다. 칭의는 그리스도의 의를 적용하여 믿는 자를 의롭게 하신 것이지만, 양자 됨은 첫 번째 나신 자로서 그리스도의 유업을 하나님의 백성에게 함께 받을 수 있게 하신 것입니다(롬 8:16-18).

5. 하나님의 자녀로서의 권세와 특권은 무엇입니까?

양자의 영인 성령과 그리스도를 통해서 하나님과 교통하는 것입니다(요일 1:3). 원래 우리는 본성상의 죄와 부패로 인하여 하나님의 진노 아래에 있었습니다. 그러나 하나님의 자녀라는 자격이 주어지고 성령을 받음으로 인하여 하나님과 하나가 되며, 하나님과 친밀하게 교제할 수 있게 되었습니다(슥 13:7; 시 45:7). 하나님이 우리의 하나님이 되셨으며, 우리의 아버지가 되신 것입니다.

6. 양자 됨으로 얻는 유익은 무엇입니까?

죄의 노예에서 해방되며(롬 6:14) 정죄에서 자유롭게 됩니다(롬 8:1). 양자의 영을 받음으로 종의 두려움에서 자유하며(롬 8:15), 율법의 의식과 율법의 저주 및 정죄에서 자유롭게 됩니다(갈 5:1). 물론 이때, 도덕법에서 자유롭게 되는 것은 아닙니다. 도덕법은 하나님의 거룩하신 영원한 뜻을 담고 있기 때문입니다. 만약 이때 도덕법에서의 자유를 말한다면 그것은 도덕률폐기론에 해당하는 오류입니다. 도덕법은 그리스도인의 생활 지침이며, 하나님의 거룩한 원칙을 담고 있습니다. 따라서 양자 된 자는 옛사람 아담에게서 나오는 죄의 식구들로부터 끊어졌으며, 더 이상 죄의 조건 속에서 살 수 없게 되었습니다.

7. 양자 됨으로 얻는 더 적극적인 유익은 무엇입니까?

양자 됨과 하나님의 가족에 접붙여짐으로 인하여 은혜의 보좌에 자유롭게 나아갈 수 있습니다(고전 1:30; 요 14:6). 기도로 하나님 아버지께 나아갈 수 있고(갈 4:6), 하나님의 특별한 섭리에 관심을 갖게 되며, 또한 경험하게 됩니다. 그리고 은혜의 영향 아래에 있게 됩니다(롬 8:28). 양자 됨으로 얻는 유익 가운데는 기쁨이 있습니다. 즉, 양자의 영인 성령 안에서 기쁨을 얻습니다(롬 14:17). 더욱이 양자의 영인 성령께서 신자가 구원받은 것을 증거하시고(롬 8:16) 유업을 보증하시며(엡 1:14), 신자의 영혼에 영적 안전을 확신시키십니다. 그래서 신자는 고난 가운데 기뻐하고 영광의 소망 가운데 즐거워합니다.

8. 의롭게 된 하나님의 자녀는 항상 즐거워합니까?

양자 된 자에게 있는 기쁨은 하나님의 호의를 인식함으로써 마음에 일어나는 것입니다. 그러나 신자도 때로 어두움에 있거나 상실의 시기를 만납니다. 이럴 때 신자는 낙심에 빠지기도 합니다. 그러나 이 때에도 하나님의 가족으로 입양된 하나님의 불변의 사랑과 은혜를 기억하면서 즐거워할 수 있습니다(말 3:6). 또한 영적인 삶의 원천인 그리스도를 묵상함으로써 영적 피곤함에서 빠져나와 소망을 가질 수 있습니다.

9. 양자 됨으로 인하여 하나님과 교통하는 증거는 무엇입니까?

거룩함을 추구하게 됩니다(요일 1:6-7; 4:13; 요 14:17; 롬 8:9). 그리고 그 눈을 하늘을 향해 초점을 둡니다. 즉, 하늘의 시민권자가 된 것을 기억하고 영원한 나라를 바라봅니다(빌 3:20; 골 3:1). 또한, 오직 하나님 안에서 즐거워합니다(신 4:7; 시 84:12). 하나님을 경외하며, 사람에게는 겸손합니다. 하나님에게서 오는 인도와 위로, 힘을 얻기 위해 오직 하나님만을 계속해서 의지합니다(요 15:5). 하나님의 영광을 사랑하고 자신을 거룩하게 구별합니다.

10. 양자 된 것의 외적 증거는 무엇입니까?

양자의 영에 따라 살아가는 것, 즉 거룩한 삶을 추구하는 것입니다. 양자의 영인 성령은 성화주(聖化主)이시기 때문입니다(롬 8:14). 자녀가 아버지를 존경하듯이 양자 된 자에게는 하나님을 경외하는 것이 삶으로 나타나게 되어있습니다. 따라서 이들은 하나님 아버지의 명령과 계명에 주의를 기울이며, 순종하고자 애씁니다. 또한 양자의 영이신 성령은 기도의 영이시기 때문에, 양자 된 자는 자녀가 아버지의 도움을 얻기 위해 계속해서 요청하듯 하늘의 아버지께 계속 나아가 간구하게 됩니다.

성화

1. 믿음으로 그리스도에게 연합되어 영적, 도덕적 상태의 변화가 일어나는 것은 무엇입니까?

성화입니다. 이는 우리 성품의 도덕적 변화이며, 영적인 자질의 변화입니다. 이는 우리의 본성 전체가 갱신되는 것입니다(살전 5:23; 롬 12:2). 이해력은 영적으로 각성되고, 의지는 수정되며, 정서는 조절됩니다. 따라서 삶이 외적으로 개혁됩니다. 그러나 이 땅에서 완전해지는 것은 아닙니다. 성화는 성령의 능력에 의해서 이루어지는 것이며, 이 땅에서 시작되어 주의 마지막 날에 완전해집니다(시 51:10; 겔 36:26).

2. 칭의와 성화는 어떻게 다릅니까?

칭의와 성화는 구별되지만, 그것은 분리할 수 없습니다. 또한 칭의와 성화는 시간의 순서가 아닙니다. 믿음으로 그리스도와 연합할 때 칭의와 성화가 함께 오는 것입니다(롬 8:30). 다만 그 성질상 칭의가 성화의 근거가 됩니다(고후 7:1). 따라서 그 사람이 진정으로 의롭게 되었는지 아닌지는 눈으로 볼 수 있는 성화를 통해 확인할 수 있습니다(히 12:14).

칭의는 그리스도 안에서 의롭게 되는 것이지만, 성화는 그리스도로부터 우리에게 있는 것입니다(롬 8:10). 칭의는 그리스도의 은덕에서 오는 것이지만, 성화는 그리스도의 죽음과 부활의 효과에서 오는 것입니다(엡 1:19; 2:5). 칭의의 도구는 믿음이지만, 성화의 도구는 믿음과 성령의 사역입니다(행 15:19; 갈 5:6). 칭의는 모든 신자에게 동일하지만, 성화는 그 정도가 신자들에 따라 다릅니다(고후 3:18; 벧후 3:18). 따라서 칭의와 성화의 관계에서 칭의만 있으면 구원받는다고 주장하는 도덕률폐기론이 오류라는 것과, 진정한 구원에는 반드시 성화가 있어야 한다는 것을 알 수 있습니다. 칭의와 성화는 서로 연결되어 있으며, 진정으로 의롭게 되었다면 정도에는 차이가 있을지라도 반드시 칭의의 증거로 성화가 나타나기 때문입니다.

3. 성화는 무엇입니까?

성화는 하나님의 은혜가 내주해서 우리로 거룩한 삶을 살게 하는 것입니다. 이는 성령의 초자연적인 사역으로, 신자의 영혼과 몸이 하나님께 돌아가고 하나님께 헌신하며, 영혼의 모든 힘과 기능이 하나님의 형상으로 회복되는 것입니다. 모든 일에 하나님을 기쁘시게 하려고 결단하며 노력하는 것인데, 이는 그리스도를 주신 하나님에 대한 사랑으로 인한 것입니다. 성화는 성령의 지속적인 사역으로서 옛 아담의 형상에서 점차 그리스도의 형상으로 일치해 가는 것입니다.

4. 성령을 성화주(聖化主)로 부르는 이유는 무엇입니까?

아버지의 특별한 사역은 창조이고, 아들의 사역은 구속이며, 성령의 사역은 성화이기 때문입니다. 아버지는 아들에게 화해의 사역을 제안하셨고, 아들은 그것을 이행하셨습니다. 그리고 성령은 우리 안에 있는 모든 원수 된 것을 제거하십니다. 그리스도는 성령을 보내셔서 성령으로 하여금 하나님의 말씀과 복음의 교리를 사용하여 신자의 마음에 거룩함을 일으키시며, 거룩한 삶을 추구하게 하십니다.

성령은 말씀으로 신자의 심령 안에 있는 모든 더러운 것을 씻으시고 깨끗하게 하십니다. 죄는 영혼을 더럽히며 하나님을 불쾌하게 하기 때문에 성령의 거룩하게 하는 사역이 반드시 필요합니다. 물론 성령께서 이렇게 하시는 것은 그리스도의 보혈을 적용하시는 것입니다.

또한 성령은 성도 안에 내주하셔서 그의 은사들과 은혜와 위로로 실질적으로 활동하십니다. 따라서 성령은 성화의 유효한 원인이십니다. 그래서 성도들을 성령 안에 있다고 말하며, 성령 안에서 행한다고 합니다. 만약에 우리가 성령으로 육체의 행위들을 죽이지 않거나, 성령의 인도함을 받지 못하거나, 그의 성령이 없다면 그는 신자가 아닙니다(겔 36:27).

5. 성화는 무엇으로 구성되어 있습니까?

성화는 두 부분으로 구성되어 있는데, 먼저는 죄 죽임(mortification)이며, 그다음은 주를 향해 사는 것(vivification)입니다. 죄 죽임이라는 것은 죄에 대해 죽고,

이로써 죄의 지배로부터 자유로운 것입니다. 이는 그리스도의 죽음으로 가능합니다(롬 6:6-7). 또한, 주를 향해 사는 것은 새 생명 가운데 하나님을 향해 거룩한 삶을 추구하는 것입니다. 이는 그리스도의 부활의 능력으로 가능합니다(계 20:6).

6. 죄를 죽인다는 것은 무엇입니까?

성령께서 신자들을 거듭나게 하실 때, 그 심령에 내적으로 영적 원리를 심어 두셨습니다. 이로써 신자는 성령의 능력 아래에서 죄를 죽이고, 옛사람을 벗어 버리며, 육신을 십자가에 못 박습니다. 육신의 부패성을 억제하는 것입니다(엡 4:21-24; 골 3:5; 갈 5:24; 롬 6:6). 육신을 죽이는 것은 하나님께서 신자에게 요구하시는 것이며, 하나님께서 미워하시는 삶의 방식을 떠나는 것입니다(롬 12:1). 따라서 신자는 자신의 죄 때문에 고난당하신 그리스도의 죽음을 바라보아야 하며(슥 12:10; 행 2:37), 날마다 자신의 죄를 찾고, 자신 안에 있는 수많은 악을 분별해야 합니다.

7. 하나님을 향하여 산다는 것은 무엇입니까?

성령께서 우리를 거듭나게 하실 때 영적 원리를 주입해 놓으심으로써 우리가 하나님을 향하여 살 수 있게 하셨습니다. 따라서 신자는 날마다 영적 습관, 혹은 은혜의 원리를 따라서 살아야 합니다. 하나님을 향하여 의롭고 거룩한 삶을 살아야 합니다(롬 14:8; 갈 2:19). 성령께서는 신자들 가운데 거하시며, 그들로 새 생명 가운데 행하게 하십니다. 즉 영적인 삶을 추구하게 하십니다. 그래서 신자들이 하나님을 영화롭게 하는 데 최고의 우선순위를 두게 하시고, 하나님 나라를 향해 적극적으로 나아가게 하십니다.

8. 성화의 수단은 무엇입니까?

성화는 성령으로 이루어집니다(요 7:38). 그렇다고 신자의 책임을 면제하는 것은 아닙니다. 신자는 그리스도를 계속 바라보아야 하며, 하나님의 말씀을 읽고 들으며 묵상해야 합니다. 또한 성례를 통해 그리스도의 죽음의 은덕들을 기억하며, 성령께서 자신을 더욱 거룩하게 만들어 주시기를 기도해야 합니다(살전 5:23).

9. 성화가 이 땅에서 완전합니까?

아닙니다. 하나님의 사람들에게 있는 성화는 완전하지 않습니다. 신자들은 이 땅에 살고 있기에 이 땅의 부패성에 물들어 있으며(사 64:10) 신자들의 육신에 부패성이 남아 있기 때문에 완전하지 않습니다(엡 4:18). 더욱이 끊임없이 신자들을 죄로 유혹하는 마귀가 우는 사자와 같이 활동하기 때문에, 신자들은 모든 죄악에 노출되어 있습니다. 따라서 성화의 구성 요소에는 죄와 부패성을 죽이는 것이 포함되어 있습니다(골 3:5).

10. 성화를 칭의처럼 단번에 완전하게 하지 않으신 이유는 무엇입니까?

하나님은 죄의 얼룩을 싫어하십니다. 더욱이 하나님의 율법은 순수한 성질로 인하여 깨끗한 삶을 요구하고 있습니다. 따라서 신자들의 성화가 불완전한 것은 분명 하나님께 고통을 주는 것입니다. 그럼에도 불구하고 하나님께서 성화의 불완전성을 허용하시는 것은, 신자들이 자신의 불완전성을 인정하고 계속 믿음을 실행하여 그리스도와 함께 있게 하시기 위함입니다. 만약에 성화가 완전하다면 더 이상 그들에게 그리스도가 필요 없을 것이며, 그리스도가 그들에게 주실 것도 없을 것입니다.

다른 한편으로 하나님께서 성화의 불완전성을 용인하시는 것은 신자들이 죄를 고백하고 기도하게 하려는 것입니다. 하나님은 신자들이 자신의 부패성을 죽일 수 있도록 은혜를 구하는 것을 기뻐하십니다. 또한, 하나님께서는 신자들이 이 땅에서 영적 전쟁을 하도록 정해놓으셨습니다(욥 14:14). 이로써 하나님은 자신의 백성이 하늘을 갈망하게 하셨습니다(고후 5:2). 결국, 하나님은 이 땅에서 신자들의 불완전성을 용인하심으로써 새 언약의 은혜가 얼마나 위대하고 큰가를 드러내시며, 하나님의 인내가 무한하시다는 것을 증거하십니다(민 14:17-18).

11. 성화의 증거는 무엇입니까?

그 심령이 진정으로 거룩하게 된 증거는 하나님의 말씀을 경외하는 것에 있습니다. 왜냐하면 성령은 그 심령을 거룩하게 하시고, 그 심령에 하나님의 말씀을 새겨 놓으셨기 때문입니다. 즉 그 영혼에 도덕법을 새겨 놓으셔서 율법의 의무를 행하게 하셨습니다(요 14:22-23). 진정으로 그 심령에 성화의 은혜가 있는지 알 수 있는 증거는 자신의 부패성과 죄에 대해 계속해서 영적으로 부담감을 가지고 있는가 하는 것입니다(롬 7:24; 고후 11:23). 죄와 은혜 사이에 계속되는 전쟁을 인지하고 있는 것입니다. 이러한 영혼은 죄에 대해 담대할 수 없으며, 항상 영적 주의력을 기울입니다. 성화의 증거는 성령께서 일하시는 속성으로 인하여 성장하고 자라나는 것입니다(벧후 3:18; 말 3:3). 한편으로 진정한 성화는 특별히 그 영혼이 시험받고 있을 때 드러나게 됩니다(창 22:20).

12. 위선자에게 있는 선한 행위들은 무엇입니까?

위선자들에게도 선한 행위가 나올 수 있습니다. 왜냐하면 위선자들도 때때로 하나님의 뜻을 행하기 때문입니다. 그러나 그것은 부분적이며, 그의 심령이 갱신되지 않은 가운데 나온 것이므로 실제로는 선행이라고 할 수 없습니다. 즉, 위선자들에게 있는 선한 행위처럼 보이는 것들은 순전히 자기를 사랑하는 마음에서 나온 것입니다. 따라서 거짓 선행입니다.

22

성도의 견인과 구원의 확신

1. 그리스도와 연합함으로써 얻는 칭의, 양자 됨, 성화와 함께 오는 유익들은 무엇입니까?

그리스도와 연합함으로 얻는 구원의 은덕들은 칭의, 양자 됨, 성화이며, 이것과 함께 오는 유익들은 구원의 믿음이 있는 자를 끝까지 견인하시는 하나님의 사랑과 구원에 대한 확신입니다. 견인의 은혜와 구원의 확신에 대한 은혜는 성령으로 유효하게 부르심을 받은 자들에게 반드시 있는 것이며, 현세에서 누리는 은혜입니다(벧전 1:3-5).

2. 성도의 견인(堅忍)이란 무엇입니까?

하나님께서 그리스도 안에서 받아들이시고 성령의 유효한 부르심을 입어 거룩하게 하신 자들을 은혜 상태에서 끝까지 굳게 하고 인내하게 하시는 것입니다. 그래서 영원히 구원을 얻게 하시는 것입니다. 그러므로 참된 신자들은 은혜의 상태에서 완전히, 그리고 최종적으로 떨어져서 타락할 수 없습니다(빌 1:6; 벧후 1:10; 요 10:28-29). 즉, 믿음으로 그리스도에게 연합되어 그리스도 안에 거주하게 하심으로써 그리스도 밖으로 떨어져 나가지 못하게 하시는 은혜입니다. 물론 여기에는 그리스도 안에서 믿음으로 끝까지 견디는 신자의 책임이 포함되어 있습니다.

3. 성도의 견인에서 하나님의 주권적 은혜는 무엇입니까?

하나님 아버지께서 선택하신 자에게 그리스도의 구속이 성령에 의해 적용되어서 그리스도에게 연합되었습니다. 아버지의 선택은 철저히 아버지의 사랑에 근거를 두고 있으며, 아들의 구속은 아버지의 사랑에 근거를 두고 선택한 자를 위한 것이었습니다. 또 성령은 아버지와 아들의 선택과 구속을 실제화하고 최종적으로 이루기 위한 적용이었습니다(딤후 2:18-19; 히 10:10, 14; 요 14:16-17).

아버지와 아들의 사역은 창세 전에 맺은 언약에 근거한 것입니다(요 17:4). 이러한 구원의 은혜는 믿음이 발생한 이후에도 계속되는데, 아버지는 사랑으로, 그리스도는 중보하심으로, 성령은 내주하심으로 그 영혼을 보전하고 견인하십니다. 더욱이 구원을 적용하실 때 성령께서는 그 영혼에 영적 원리와 하나님의 말씀을 심어두셨습니다. 이로 인하여 그 영혼은 그리스도 밖으로 나갈 수 없게 되었습니다. 이는 은혜 언약의 본질에서 나오는 것입니다(렘 32:40).

4. 성도의 견인에서 인간의 책임은 없습니까?

아닙니다. 성도의 견인에서 하나님의 주권적인 은혜는 인간의 책임을 면제하지 않습니다. 유다서를 보면 성도의 견인에서 하나님의 주권과 인간의 책임 사이의 관계를 알 수 있습니다. 1절에서는 "부르심을 받은 자 곧 하나님 아버지 안에서 사랑을 얻고 예수 그리스도를 위하여 지키심을 받은 자"라는 언급으로 주께서 지키시는 주권을 말하고 있습니다. 그러나 3절에는 "성도에게 단번에 주신 믿음의 도를 위하여 힘써 싸우라"는 명령이 있고, 21절에서는 "하나님의 사랑 안에서 자신을 지키며 영생에 이르도록 우리 주 예수 그리스도의 긍휼을 기다리라"고 말씀합니다. 즉 하나님의 주권에 대한 인간의 책임은 힘써 싸우고 자신을 지키는 것입니다.

하나님께서 이렇게 인간의 책임을 요구하시는 것은 인간이 자신을 끝까지 견인할 수 있는 능력이 있어서가 아닙니다. 인간이 하나님의 은혜에 대한 응답으로 자신을 끝까지 견인하고자 할 때, 자신의 영적인 무능을 깨닫고 더욱 하나님의 은혜를 의지하게 하려는 하나님의 장치입니다. 따라서 인간이 자신의 책임을 다하면 더욱 겸손해지고, 은혜를 구하게 되어있습니다. 이렇게 그리스도 안에 있으면서 끝까지 은혜를 구하는 자는 결국에 하나님께서 "능히 [주를 의지하는] 너희를 보호하사 거침이 없게 하시고 너희로 그 영광 앞에 흠이 없이 기쁨으로 서게 하실"(24절) 것입니다. 성도의 견인에서 신자에게 구원의 은혜에 힘쓰게 하시는 것은 하나님께서 그 영혼을 끝까지 인도하시는 방법입니다.

5. 성도의 견인을 반대하는 가르침들은 어떻게 잘못되었습니까?

성도의 견인을 반대하는 자들은 신자도 은혜의 상태에서 이탈하고 타락한다고 주장합니다. 이들은 하나님께서 신자를 끝까지 견인하신다면 인간은 아무 것도 하지 않고 게으를 것이라는 주장을 폅니다. 그래서 스스로 끝까지 자신을 견인해야만 구원받는다고 말합니다. 이는 알미니안주의자들의 주장입니다. 이들 주장의 문제점은, 믿음을 고백하면 모든 사람이 참 신자라고 전제하며, 성도들이 자신의 믿음을 스스로 유지할 수 있다는 견해를 가진다는 것입니다. 그러나 이들은 인간의 책임만을 강조하다가 하나님의 능력과 주권을 보지 못합니다. 한마디로, 이들의 주장은 성경의 교리를 모르는 데서 기인합니다. 로마서 7장 18절의 "내 속 곧 내 육신에 선한 것이 거하지 아니하는 줄을 아노니 원함은 내게 있으나 선을 행하는 것은 없노라"는 바울의 고백을 전혀 이해하지 못한 것입니다.

6. 참된 신자는 타락할 수 없습니까?

알미니안주의자들은 참된 신자도 타락할 수 있다고 주장합니다. 그러나 이들이 말하는 참된 신자의 기준은 성경적이지 않습니다. 믿음의 증거가 없고 구원받은 은혜의 증거가 없는데도 자신이 믿는다고 고백만 하면 그들을 신자라고 부릅니다. 그러나 성경에서 타락에 대한 언급은 참된 신자의 타락이 아니라 거짓 신자와 위선자들의 타락을 말하는 것입니다. 거짓 신자들도 신앙을 고백하고, 종교적 행위들을 합니다. 더욱이 위선자들은 성령의 은사를 소유하기도 하고, 진리의 말씀으로 인하여 기뻐하기도 합니다(히 6:4-6). 그러나 그 안에 진정한 구원의 은혜가 없으므로 자신이 고백한 신앙고백에 끝까지 머무를 수가 없습니다. 그래서 자신의 신앙고백에서 떠나서 다시 죄와 세상으로 돌아가는 것입니다(벧후 2:20-22). 이러한 경우를 우리는 타락했다고 말합니다.

따라서 성경에서는 참된 신자가 아니라 위선자와 거짓 신자들이 타락한다고 말합니다. 참된 신자에게는 삼위 하나님의 구속 사역으로 인한 견인이 있지만, 거짓 신자에게는 이 은혜와 구원의 은덕들이 없으므로 타락하는 것입니다. 따라서 참된 회심이 없다면 견인이 없으며, 그 상태로 계속 있으면 결국에는 타락합니다.

7. 참된 신자가 영적 침체에 빠지는 이유는 무엇입니까?

참된 신자라도 그들이 이 세상의 유혹 가운데 살고 있으며, 여전히 부패성을 가지고 있고, 또한 사탄의 공격 가운데 있기 때문에 죄에 빠질 수 있습니다(마 26:70, 72, 74). 더욱이 신자라도 그들을 보전하는 은혜의 수단들을 무시함으로써 무거운 죄에 빠지기도 합니다. 신자의 죄는 하나님을 심히 불쾌하게 하는 것이며, 성령을 근심시키는 것입니다(사 64:5, 7; 엡 4:30). 따라서 하나님은 이러한 신자들을 징계하시고 그들의 남아 있는 죄성과 부패성을 고치시며, 결국에는 하나님의 은혜 안에 머물게 하여 그들을 끝까지 견인하십니다(히 12:6). 그러나 하나님께서는 참된 신자들의 죄를 고치기 위해 징계하실 때 그들에게 있는 은혜와 위로들을 잠시 빼앗아 가시며, 죄로 인한 고통 가운데 있게 하여 일시적으로 심판하십니다. 이는 참된 신자를 다시금 회개하게 하고 영적 원리 가운데 있게 하려는 것입니다(히 12:13).

8. 구원의 확신은 언제 처음 갖게 됩니까?

성령의 유효한 역사로 인하여 믿음이 발생했을 때, 주께서 용서하시는 것을 확신하게 됩니다. 또한, 믿음으로 그리스도에게 연합하여 칭의, 양자 됨, 성화의 은혜가 신자에게 흘러들어옴으로써 구원의 확신을 얻습니다. 이때 성령은 구원의 첫 열매로서 의롭다 함을 받았음을 증거합니다(롬 8:15-16, 23). 이 확신으로 인하여 자신이 의롭게 되었다는 것과(사 45:24) 양자 된 것(사 63:16), 하나님의 은혜가 끝까지 지속될 것과(시 23:6) 이 세상 이후에 받을 영광의 유업이 있다는 것을 분명히 알게 됩니다(고후 5:10; 요일 3:14). 물론 성도 안에 있는 구원의 확신은 처음에는 약하지만, 점차 자라서 더 분명한 확신을 갖게 됩니다.

9. 성도는 자신이 구원의 은혜 상태에 있다는 것을 어떻게 확신합니까?

진정한 성도는 자신이 구원의 은혜 상태에 있는가를 스스로 점검합니다(고후 13:5; 벧후 1:10). 자신을 영적으로 점검할 때, 육신과 영의 싸움에서 성령에 의존하는지 그 여부를 확인하며, 세상에 대한 태도를 살피고, 하나님의 말씀이 자신의 심령을 지배하고 있는가를 살핍니다. 또 그리스도를 더욱 원하고, 갈망하고 있는가를 확인합니다. 이렇게 자기를 점검할 때는 기도의 수단을 사용하며(요일 5:14), 양자의 영이신 성령께서 주시는 확신을 기다립니다(롬 8:16; 고전 2:12). 한편 주 예수를 신실하게 믿으며 그를 진정으로 사랑하고 주 앞에서 모든 선한 양심 가운데 살아가기를 힘쓰는 자들은, 이 세상에서 자신이 은혜의 상태에 있다는 것을 분명하게 확신할 수 있습니다(요일 2:3; 3:14, 18-19, 21, 24; 5:13).

10. 진정한 구원의 확신에서 얻는 효과와 열매는 무엇입니까?

진정한 구원의 확신을 가진 자들은 이 땅에 있는 모든 것에 높은 가치를 두지 않습니다(시 16:6-7). 그들은 고난 가운데서도 하나님으로 인하여 기뻐하고 즐거워합니다(롬 14:17; 벧전 1:8; 시 46:1-5). 그들은 하나님을 더욱 사랑하고(아 6:3) 그의 영광을 위해 늘 거룩하게 준비합니다(요일 3:3). 그리고 매일 그리스도와 함께하기를 갈망하고 동행합니다. 한편으로는 스스로 의롭게 되려는 노력을 포기하고, 오직 그리스도 안에서 발견되기 위해 수고합니다(롬 4:5).

11. 거짓 구원의 확신에는 어떤 것들이 있습니까?

거짓 구원의 확신에는 자신의 인간적인 추정과, 잘못된 소망에 근거한 자기 신념 등이 있습니다. 자신이 행한 종교적 행위들을 근거로 한 것도 있습니다.

이러한 거짓 구원의 확신은 스스로를 속여서 자만하게 하고, 영적으로 부주의하게 하는 특징이 있습니다. 거짓 구원의 확신은 자신의 잘못된 신념에서 나오기도 하는데, 이는 말씀과 배치되는 것이며 성령에 의한 것도 아닙니다. 이처럼 잘못된 구원의 확신을 가진 자는 죄를 짓는 것에 담대하며, 항상 자기의 행위가 옳다고 주장합니다.

12. 참된 신자라도 구원의 확신을 잃어버릴 수 있습니까?

참된 신자라고 해도 구원의 확신에 이르기까지 오래 기다릴 수 있으며, 많은 어려움과 싸울 수 있습니다(사 50:10; 시 88:1-18). 또 구원의 확신이 흔들릴 수도 있으며, 일시적으로 잃어버릴 수도 있습니다. 이러한 경우는 확신을 유지하는 은혜의 수단을 무시했거나, 영적으로 게으르며 주의하지 않았거나, 양심에 상처를 주고 성령을 근심시키는 어떤 특정한 죄에 빠졌을 때입니다. 또 하나님의 허용에 따라 강렬한 유혹에 처하거나, 하나님이 은혜를 거두시거나, 어두움에 걸어가게 하실 때입니다(시 51:8, 12, 14; 77:1-9; 마 26:69-72).

그러나 비록 이러한 상황에서 구원의 확신을 잃어버렸다고 해도 구원의 은혜를 잃어버린 것은 아닙니다. 그들에게 있는 하나님의 씨와 믿음의 생명, 선한 양심이 완전히 없어진 것은 아닙니다. 구원의 확신은 믿음의 본질에 속한 것이 아니기 때문입니다. 이러한 상황에서는 하나님께서 정하신 때에 성령의 사역을 통하여 다시 확신을 주실 것입니다. 구원의 확신을 잃고서 일정 기간 혼돈의 상태에 빠진 후 이로 인하여 고통을 겪는 것은 자기 백성의 죄를 고치시는 하나님의 방법이기 때문입니다.

VI. 생활론:
그리스도인은 어떻게 살아야 하는가?

하나님의 율법

1. 행위 언약에서 주어진 율법은 무엇입니까?

하나님께서는 사람을 하나님의 형상으로 만드실 때, 사람의 마음에 도덕법을 손수 새겨 놓으셨습니다. 그리고 선악을 알게 하는 나무의 열매를 먹지 말라는 계명을 주셨는데, 이는 마음에 새겨진 도덕법을 잘 지키고 있는지 그 여부를 확인할 수 있는 것이었습니다. 물론 하나님께서는 아담과 하와에게 도덕법과 계명을 지킬 수 있는 능력을 주셨기 때문에 그들에게 도덕법은 물론이고 선악을 알게 하는 나무의 열매를 먹지 말라고 하신 것이었습니다. 아담과 하와는 도덕법과 계명에 순종함으로써 하나님의 백성임을 증거하며, 하나님은 그들의 하나님이심을 나타내신 것입니다. 이것을 행위 언약이라고 부릅니다. 따라서 하나님께서 자신의 백성과 언약을 맺으면서 도덕법, 혹은 율법을 지키라고 명령하신 것은 하나님의 주권적 은혜입니다. 그것을 통해서 하나님의 언약적 사랑을 나타내시고, 그의 백성의 특성이 나타나게 하시려는 것입니다.

2. 모세 이전의 은혜 언약에서 율법 혹은 자연법은 무엇입니까?

아담은 하나님과 맺은 행위 언약을 어김으로써 타락했습니다. 즉, 아담이 계명과 도덕법을 어겨 하나님과의 언약을 깨버리고 말았습니다. 그래서 아담의 타락 이후에 그의 허리에서 나온 모든 인류는 행위 언약 아래에 있게 되었습니다. 즉, 아담의 후손인 인류는 율법을 지켜서 자신을 구원하려고 했지만, 아담이 타락하면서 모든 능력을 상실했기 때문에 자신의 능력으로 율법을 지켜서 구원 얻을 수 없게 되었습니다. 그래서 하나님은 타락한 아담에게 은혜 언약을 제공해주셨습니다(창 3:15). 율법의 행위로 자신을 구원할 수 없음을 깨닫는 자들이 은혜 언약을 붙잡고 의지하게 하신 것입니다(갈 2:16).

이렇게 은혜 언약이 주어졌지만, 율법은 아담의 타락 이후에도 사람들의 심령에 남아 계속해서 의의 규칙이 되었습니다. 에녹은 심령에 있는 도덕법, 혹은 자연법을 지킴으로써 하나님과 동행했고(창 5:24), 노아는 하나님의 계명과 모든 명령을 준행했습니다(창 6:22). 아브람은 하나님 앞에서 행하여 완전하라는 명령을 받았는데, 그것은 심령 속에 새겨진 율법을 지키는 것이었습니다(창 17:1). 요셉도 도덕법, 혹은 하나님의 율법을 지키려고 애썼습니다(창 39:9). 즉, 모세 이전에 은혜 언약 아래에서 심령에 새겨진 도덕법과 자연법은 여전히 유효해서 언약 관계에 있었던 하나님의 백성들이 율법을 지키며 그것을 어기지 않기 위해 영적인 주의를 기울였던 것입니다.

3. 모세를 통해 시내 산에서 주신 율법은 무엇입니까?

하나님께서 모세와 맺은 시내 산의 언약은 은혜 언약입니다. 이스라엘은 하나님의 약속과 언약으로 애굽에서 건짐을 받았습니다. 하나님께서는 이스라엘과 시내 산에서 언약을 맺으셨는데, 하나님이 그들을 건지신 분임을 분명히 하셨고, 이스라엘은 이제 모세를 통해 율법을 받아 그 율법을 지켜 행함으로써 언약 백성임을 나타내야 했습니다(출 19:1-25). 이때의 율법, 혹은 도덕법은 아담의 심령에 새겨주셨던 것을 하나님께서 직접 돌판에 새겨주신 것입니다(신 10:4).

하나님께서 이스라엘에게 율법을 주신 것은 율법을 지켜서 자신들을 구원하라는 것이 아니었습니다. 하나님의 구속을 받은 백성으로서 율법을 지켜서 하나님이 그들의 하나님이신 것과 자신들이 하나님의 언약 백성인 것을 드러나게 하라는 것입니다. 따라서 모세를 통해서 하나님과 맺은 언약은 행위 언약이 아니라 은혜 언약입니다. 또한, 언약 백성으로서 하나님의 뜻인 율법을 지켜 행하는 데는 선교적 목적도 포함되어 있었습니다. 하나님을 모르는 이방 백성들에게 하나님을 나타내는 도구였던 것입니다(신 4:1-8).

4. 은혜 언약인 새 언약에서 주어진 율법은 무엇입니까?

하나님은 포로기 시대의 선지자들을 통하여 새 언약에 대해 약속하셨습니다. 새 언약은 모세에게 주신 언약과 대비되는 점에서 새 언약이라고 부릅니다. 둘 다 모두 은혜 언약입니다. 그런데 새 언약이란 그리스도의 보혈을 통해서 하나님의 백성이 되는 것을 말합니다. 즉, 그리스도의 보혈을 믿음으로 하나님과 언약 관계를 맺게 되는데, 이때 성령께서 믿는 자들의 심령 안에 율법을 새겨넣으십니다(렘 31:33; 겔 36:27). 하나님께서 이렇게 하시는 이유와 목적은, 그리스도의 보혈로 은덕을 입은 신자에게 율법, 혹은 도덕법을 지키게 해서 그들이 하나님의 백성인 것과 하나님이 그들의 하나님이신 것을 나타내려는 것입니다(겔 36:28). 따라서 하나님의 언약과 언약 백성으로서 도덕법을 지키는 것은 불가분의 관계입니다.

5. 그리스도가 율법을 성취하심으로써 율법을 폐지하신 것이 아닙니까?

그리스도는 인간의 몸을 입고 이 땅에 오셔서 율법의 모든 조항을 이행하셨으며, 의식법과 시민법까지 준수하셨습니다. 이렇게 인간의 몸을 입고서 율법을 온전히 지키신 것은 의를 확보하여 믿는 자들에게 전가하시기 위해서입니다. 의식법은 그리스도를 예표하는 것으로서, 복음의 은혜에 대한 그림자였습니다(히 10:1). 따라서 그리스도가 속죄의 희생으로 이를 성취하셨기 때문에 더 이상 유효하지 않습니다. 또한, 시민법은 유대 공동체의 공공의 유익을 위한 것이었으므로 이제 더는 문자적으로 적용되지 않습니다.

그러나 도덕법은 하나님께 대한 우리의 의무와 인간에 대한 의무를 지시한 것이며, 경건과 완전함을 요구하는 하나님의 명령과 기준이므로 여전히 유효합니다. 이는 영원한 왕이신 하나님께 순종하도록 모든 세대에게 주어진 법입니다(약 2:8). 즉, 그리스도가 율법을 성취하심으로써 의식법과 시민법은 더 이상 유효하지 않지만, 도덕법은 오히려 더욱 강화되었습니다(마 5:17-19; 약 2:8; 롬 3:31).

6. 복음이 율법을 대체한 것은 아닙니까?

아닙니다. 복음을 순종의 규칙, 믿음의 규칙이라고 부릅니다. 그런데 율법은 순종을 요구하고(약 2:8) 복음은 율법을 신실히 행할 것을 지시합니다(딤전 1:9-11; 엡 4:20-21). 따라서 복음이 율법을 대체한 것이 아닙니다. 더욱이 복음이 율법의 개념에서 더 추가한 것이 없습니다. 즉, 그리스도에 대한 믿음이 있는 자는 어떤 새로운 복음의 규칙이 필요한 것이 아니라, 율법이 그들에게 구원에 대한 감사의 생활 규칙으로 필요한 것입니다. 율법은 거듭나지 않은 자에게는 그들을 죽이는 문서이지만(고후 3:6), 거듭난 자에게는 자유의 율법입니다(약 1:25;

2:12). 진정한 복음과 구원의 은덕들을 알기 위해서는 반드시 율법이 필요합니다. 따라서 복음이 율법을 대체한 것은 아닙니다.

7. 율법의 속성은 무엇입니까?

율법은 거룩하고 의로우며, 선하고(롬 7:12, 16) 신령하며(롬 7:14) 완전합니다(시 19:7). 율법에는 하나님의 거룩하시며, 의로우시며, 선하신 속성들이 그대로 반영되어 있습니다. 따라서 하나님의 이러한 속성에 의한 율법을 우리에게 주신 것은 우리를 억누르고 압제하기 위한 것이 아니라 철저히 우리의 유익을 위해 주셨다는 것을 알 수 있습니다. 그러므로 거듭난 영혼에게는 하나님의 율법이 무거운 것이 아닙니다. 억지로 지켜야 하는 것이 아니라 하나님을 사랑하기에 즐겁게 지키는 것입니다(요일 5:1-3).

더욱이 율법의 신령한 속성은 우리의 영혼에 직접 다가와서 우리의 마음과 생각과 몸에 능력을 행사합니다(신 6:5; 마 22:37; 막 12:30; 눅 10:27). 율법은 우리에게 하나님의 뜻을 알게 하고, 우리의 의무를 알게 합니다. 그래서 선악을 분별할 수 있는 판단력을 주고, 어떤 것이 하나님을 기쁘게 하는 것인지를 알게 합니다. 그리고 우리의 정서에 영향을 주어서 하나님이 기뻐하시는 것을 좋아하게 합니다. 율법의 완전성은 그 율법을 즐거워하고 주의 은혜 가운데 온전히 지키려고 애쓰는 자들을 더욱 경건하게 해줍니다.

8. 거듭나지 않은 자에 대한 율법의 전도적인 기능은 무엇입니까?

율법은 거듭나지 않은 자에게 자신의 더러움을 보게 하고 죄를 깨닫게 하는 거울과 같습니다. 그로 인하여 하나님의 심판이 있다는 것을 알게 합니다(갈 3:24; 롬 3:20, 27). 율법은 자신의 비참한 상태를 느끼게 하고, 죄가 얼마나 충만한지 알게 합니다. 그리고 스스로 율법을 지켜서 자신을 의롭게 할 수 없음을 깨닫게 합니다. 그런데 거듭나지 않은 자가 율법의 이러한 기능을 통해서 그리스도에게로 나아가기까지는 성령의 역사가 필요합니다. 왜냐하면, 죄에 대한 각성이 있다고 해도 일시적으로 끝나는 경우가 많기 때문입니다(행 24:25).

9. 거듭난 자에게 율법의 기능은 무엇입니까?

율법은 거듭난 자에게 그가 가진 죄를 드러내고 깨닫게 해서 회개하게 합니다. 또 율법은 빛과 같이 신자들을 인도하는 기능을 합니다(시 119:105). 신자라고 할지라도 이 세상의 어두움 속에서 쉽게 눈이 감기고 어두움으로 들어갈 수 있습니다. 따라서 신자는 매일 주의 법을 묵상하고, 그것을 심령에 담아두어야 합니다.

율법은 신자들이 순종할 수 있도록 도전하는 역할을 합니다. 하나님께서 그렇게 명령하신 것이기 때문입니다. 또 율법은 신자들을 겸손하게 만듭니다. 신자라고 할지라도 율법을 온전하게 성취하기에는 자신이 너무나 연약하고 멀리 있다는 생각을 하게 되기 때문입니다. 따라서 신자가 하나님의 율법을 더욱 깊이 깨닫는다면 그 용도는 매우 큽니다. 신자는 율법을 신실히 행하는 가운데 더욱 주님을 닮고 있는 자신을 발견하게 될 것입니다.

10. 마지막 심판 날에 율법은 어떤 기능을 합니까?

모든 사람이 율법에 따라 심판받게 되어있습니다. 그런데 사람은 행위 언약 가운데 있는 자와 은혜 언약 가운데 있는 자로 구분되어 드러날 것입니다. 그리스도를 구주로 의지하지 않고 자신의 행위를 의지하는 행위 언약 가운데 있었던 자들은 그들의 행위가 율법에 일치하지 않으며 율법에서 요구한 것을 이행하지 못한 것으로 드러나게 됩니다. 그래서 그들은 정죄와 영원한 심판에 처하게 될 것입니다. 물론 행위 언약 아래에 있었던 자들 가운데 자신이 하나님의 율법을 몰랐다고 핑계하는 자도 있겠지만, 그들에게도 자연법이 있으므로 그 핑계는 소용이 없습니다(롬 2:15). 행위 언약 아래에 있었던 자들에게는 오직 긍휼 없는 심판만이 있을 뿐입니다.

한편, 오직 그리스도를 구주로 받아들이며 그의 구원의 은덕을 의지하여 은혜 언약 아래에 있었던 자들도 율법에 따라 그들의 행위가 판단 받게 되지만(마 25:35; 계 20:12), 그들에게는 율법이 자유의 율법입니다. 즉, 그리스도인들의 행위도 율법과 계명에 따라 판단되는데, 이 판단은 그들의 행위가 믿음에 근거한 것인지 아닌지를 판단하는 것입니다. 비록 연약함으로 인하여 그 행위가 부족하고 결함이 있더라도, 그리스도의 은덕을 의지하여 행했기 때문에 정죄에 이르지 않습니다. 이것을 자유의 율법으로 심판받는다고 합니다(약 2:12).

따라서 마지막 날의 심판에 율법이 우리의 믿음의 행위들을 판단하기 때문에 신자는 이 땅에서 죄를 지었을 때 신속하게 회개해야 하며, 율법을 어기지 않고 죄를 짓지 않도록 더욱 자신을 낮추어야 합니다. 또한, 적극적으로 자신의 영적 무능과 부족함을 인정하며, 주의 은혜를 의지해서 율법을 완전하게 지키려고 더욱 힘써 노력해야 합니다. 즉, 신자는 율법의 준엄한 심판을 받지 않는다고 해도 율법 전체를 지키려고 노력해야 합니다. 이것이 성도의 거룩한 의무입니다.

11. 구원 백성은 율법을 지켜서 의롭다 함을 받는 것이 아니므로 율법을 지킬 의무가 없다는 주장은 무엇입니까?

도덕률폐기론자들은 율법을 지켜서 구원받는 것이 아니기 때문에 구원받은 이후에 율법을 지킬 필요가 없다고 주장합니다. 더욱이 이들은 구원받은 자가 율법을 지켜 행하는 것은 율법주의라고 비판합니다. 도덕률폐기론자들은 율법에 대한 성경의 교리에 무지한 자들입니다. 이들은 율법이 죄에 대해 책망하는 기능과 신자의 성화 수단이 되는 기능을 가진 것에 대해서 모를 뿐만 아니라 반대하는 자들입니다. 그들은 하나님의 구속 목적도 이해하지 못한 자들입니다. 결국 도덕률폐기론자들은 성화를 반대하는 자들입니다. 예정론을 극단적으로 해석해서 '선택된 자는 성화가 없어도 구원받는다'고 주장하는 자들이 있으며, 성화를 선택 사항으로 두어서 '칭의만 있어도 구원받는다'고 주장하는 자들이 있는데, 이는 모두 오류입니다.

제1계명

1. 십계명의 서문이 의미하는 것은 무엇입니까?

십계명의 서문은 "나는 너를 애굽 땅, 종 되었던 집에서 인도하여 낸 네 하나님 여호와니라"(출 20:2)입니다. 이는 언약에서 통상적으로 하나님께서 그의 백성에게 선언하시는 말씀으로서, 하나님께서 이스라엘을 애굽에서 건지시는 목적을 모세에게 설명하실 때 이미 언급하신 것입니다. "그러므로 이스라엘 자손에게 말하기를 나는 여호와라 내가 애굽 사람의 무거운 짐 밑에서 너희를 빼내며 그들의 노역에서 너희를 건지며 편 팔과 여러 큰 심판들로써 너희를 속량하여 너희를 내 백성으로 삼고 나는 너희의 하나님이 되리니 나는 애굽 사람의 무거운 짐 밑에서 너희를 빼낸 너희의 하나님 여호와인 줄 너희가 알지라"(출 6:6-7).

즉, 십계명을 주신 것은 그것을 지켜서 구원을 얻으라는 것이 아니라 하나님의 구속 은혜를 입은 언약 백성이 하나님 앞에서 순종하는 원칙으로 주신 것입니다. 이는 하나님의 백성으로 구별된 거룩성을 나타내게 하려는 목적이 있습니다. 따라서 십계명의 서문이 의미하는 바는, 십계명이 은혜 언약 가운데 하나님의 백성에게 의무의 규정으로 주신 것임을 나타냅니다.

2. 십계명의 서문에서 '네 하나님 여호와'라는 선언은 무엇을 의미합니까?

여호와라는 이름을 밝히신 것은 언약의 주가 하나님이심을 선언하는 것입니다. 즉, 그가 창조주이시며 모든 것을 다스리는 통치자이시고 그의 백성을 구속하는 구속주이신 것을 말씀합니다. 이로써 여호와 하나님은 유일한 참 하나님이시며, 우리의 영혼 위에 권세와 능력을 행하시는 분이심을 선언하는 것입니다(마 22:37). 따라서 우리의 심령으로 하나님께 영적 예배를 드려야 하며(잠 23:26) 하나님을 즐거워해야 합니다(신 5:29). 더욱이 하나님은 우리의 심령을 보시고 다 아시는 분이기 때문에(렘 7:10) 하나님의 엄위와 관련하여 몸과 생각을 하나님 앞에서 정직하게 행해야 합니다.

3. 제1계명이 근원적으로 금하고 있는 것은 무엇입니까?

제1계명은 "너는 나 외에는 다른 신들을 네게 두지 말라"(출 20:3)입니다. 제1계명이 근원적으로 우리에게 금하고 있는 것은 원죄로 인한 부패성입니다. 이는 하나님께 대한 불경건의 원천입니다(롬 8:7). 우리의 부패성은 하나님을 마음에 두기 싫어하며, 하나님의 법에 굴복하지 않습니다. 더욱이 하나님을 찾지도, 구하지도 않으며(롬 3:11), 항상 악에 기울어져서 하나님께서 미워하시고 싫어하시는 일들만 행합니다. 이렇게 악한 일에 익숙해 있는 사람들은 하나님을 두려워하지 않습니다(롬 3:12-18). 그들이 이처럼 하나님을 마음에 두기 싫어하기 때문에 하나님은 그들을 상실한 마음의 상태로 내버려 두셨고, 이에 사람들은 더욱 모든 죄악을 도모하고 있습니다(롬 1:28-32). 따라서 하나님께서 자신을 대적하는 근원에 대해 제1계명에서 금지의 말씀을 하신 것입니다.

4. 제1계명이 근원적으로 요구하는 것은 무엇입니까?

제1계명이 근원적으로 요구하는 것은 우리의 마음에 하나님을 거룩하게 구별해서(사 8:13) 하나님께 복종하고, 하나님의 엄위에 대해 마땅한 영적 예배를 드리라는 것입니다. 이를 위해서는 하나님을 아는 지식이 있어야 하며, 하나님의 속성과 하시는 일에 대해 알고 있어야 합니다. 특히 하나님께서 보내신 그리스도를 통해서 하나님을 아는 지식이 있어야 합니다(요 17:3). 이방인이나 철학자나 유대인들에게도 하나님을 부분적으로 아는 지식이 있지만, 그들의 지식은 그리스도를 통해서 하나님을 아는 지식이 아닙니다. 따라서 그것은 구원의 지식이 아닙니다. 그러므로 우리는 하나님을 아는 지식을 가질 뿐만 아니라, 하나님께 붙어 있어야 합니다(신 11:22; 수 23:8; 행 11:23).

5. 제1계명이 일반적으로 요구하는 것과 개별적으로 요구하는 것은 무엇입니까?

제1계명이 일반적으로 요구하는 것은, 하나님을 유일하고 진정한 우리의 하나님으로 모시는 것입니다. 우리는 모든 것보다 가장 우선하여 하나님을 모셔야 합니다. 하나님을 모시기 위해서는 하나님을 아는 지식이 있어야 합니다. 하나님을 예배하고, 오직 하나님만 의지하며, 하나님의 뜻에 절대적으로 순종해야 합니다. 제1계명이 개별적으로 요구하는 것은 영혼의 기능과 사람의 여러 내적인 능력에 관련된 것입니다. 인간의 영혼에는 이해력, 기억력, 의지, 정서, 양심이 있는데, 이에 따라 제1계명이 요구하는 것들이 있습니다.

6. 사람의 이해력 및 기억력과 관련하여 제1계명이 요구하는 것과 금지하는 것은 무엇입니까?

제1계명이 이해력과 관련하여 요구하는 것은 하나님을 아는 지식입니다. 하나님께서는 자신의 말씀으로, 그리고 하신 일들로 자신을 계시하셨습니다(대상 28:9; 요 17:3). 우리는 하나님이 누구신가를 알고, 하나님에게 속한 것을 알아야 합니다. 하나님이 누구신가는 그분의 본질과 삼위일체에 대해 아는 것이며, 하나님에게 속한 것은 그분의 속성과 그의 행하신 일을 아는 것입니다. 이로써 우리는 하나님을 알 수 있습니다. 하나님의 속성은 지혜, 전능, 정의, 선하심이며, 그가 행하시는 것은 결정과 실행입니다. 하나님을 안다는 것은, 하나님을 인정하고 하나님에 대한 믿음을 가지며, 하나님의 선하심을 우리 자신에게 적용하는 것입니다. 그리고 하나님의 선하심에 대해서 항상 기억하는 것입니다.

제1계명이 이해력과 관련하여 금하는 것은, 하나님과 하나님의 뜻에 대한 무지와 하나님을 부정하는 무신론입니다. 이는 정죄 받기에 합당합니다(살후 1:8; 호 4:1, 6). 또 하나님을 망각하는 것 또한 금하시는 것입니다.

7. 사람의 의지와 관련하여 제1계명이 요구하는 것과 금지하는 것은 무엇입니까?

하나님을 예배하고 섬김에 있어서 자발적으로 마음을 다해 섬기는 것을 요구합니다(대상 28:9). 반면에 억지로 하거나 마지못해 하나님을 예배하고 섬기는 것은 죄입니다. 우리는 전심으로 하나님을 신뢰하고 계속해서 하나님을 의지해야 합니다(시 22:4-5, 8-9; 73:25; 에 4:14). 반면에 하나님의 능력과 자비와 약속과 섭리를 신뢰하지 않는 것은 죄입니다. 또한 하나님을 시험하고 하나님께서 정하신 수단을 무시하는 것도 죄입니다(마 4:6-7).

8. 사람의 정서와 관련하여
제1계명이 요구하는 것과 금지하는 것은 무엇입니까?

요구하는 것은 하나님을 무엇보다 사랑하는 것이며, 하나님을 기쁘시게 하려고 보는 일을 행하는 것입니다. 그리고 불경건함과 하나님이 미워하시는 일을 미워하는 것입니다. 하나님을 사랑하는 것은 하나님의 선하심을 알고 믿는 것에서 나옵니다(신 6:5). 그래서 하나님을 사랑하면 하나님의 계명을 지킵니다(요일 5:3). 하나님을 사랑하는 것에서부터 그의 말씀과 계명을 사랑하며(요 14:15, 21, 23; 시 119:97), 하나님의 뜻에 순종하고, 하나님을 기쁘시게 하고자 모든 열심을 냅니다. 자신을 하나님 앞에 구별하고, 하나님을 섬기는 일에 피곤해하지 않습니다. 그리고 하나님이 베푸신 것에 대해 감사합니다. 또한 하나님을 경외하는 심령을 계속해서 가집니다.

이와는 반대로 금지하는 것은 하나님에 대하여 심령이 차갑거나 하나님의 종들과 하나님의 예배에 대해서 거의 사랑의 마음이 없는 것입니다. 또 죄에 대해 미워하는 마음이 결핍되었거나 하나님을 미워하는 것은 죄이며(시 20:3-4; 롬 1:30), 하나님의 예배를 경멸하고 무시하는 것도 죄입니다. 하나님을 영화롭게 하는 것에 관심을 두지 않고, 하나님의 은덕에 감사하지 않는 것도 죄입니다(롬 1:21). 한편으로 하나님을 경외하지 않고 하나님의 엄위를 경멸하는 것 역시 죄입니다.

9. 사람의 양심과 관련하여
제1계명이 요구하는 것과 금지하는 것은 무엇입니까?

제1계명은 하나님 앞에 선한 양심을 갖고 살라고 요구합니다(행 23:1; 히 13:8). 여기에서 선한 양심은 거듭난 양심으로서, 믿음과 관계하여 작동하는 기능을 합니다(딤전 1:19). 이는 정직한 심령을 가지고 진리 가운데 지속적으로 하나님의 영광을 위해 열심을 품는 것입니다. 반면에 심령을 강퍅하게 하고, 의도적으로 고집스러우며, 양심이 무감각한 것이 죄라고 말합니다. 이는 말씀의 규칙에서 나온 것이 아닌 마귀적인 두려움과 정죄 속에 있는 것입니다. 지식 없는 자기 열심에 빠져 악함 가운데 있고, 신앙에 무관심한 것입니다.

10. 제1계명에서 '다른 신들을 네게 두지 말라'고 명령하신 목적과 이유는 무엇입니까?

제1계명에서 '신들'이라고 언급한 이유는 하나님은 오직 한 분이심을 강조하는 것입니다. 동시에 사람들이 자신을 위해서 수많은 신을 고안해내서 하나님 대신에 섬기고 있다는 것을 지적하는 것입니다(고전 8:4-5; 10:20). 더욱이 사람들은 자신들의 마음에 하나님 대신 우상을 세우며(겔 14:3), 그것을 원하고 흠모하며 더 나아가서 그것들을 의지합니다. 우상을 통해 비정상적인 즐거움과 만족을 얻습니다. 이처럼 사람들은 그 부패성과 마음의 허망함으로 인하여 쉴 새 없이 수많은 우상을 만들어 섬기고 있기 때문에 제1계명에서 '신들'이라고 언급한 것입니다.

11. 거짓된 신들을 예배하는 우상 숭배에 빠지지 않기 위해 필요한 것은 무엇입니까?

진리를 발견하기 위해 부지런히 수고해야 하며, 우리가 가지고 있는 가르침이 진리에 속한 것인지를 확인해야 합니다. 그리고 우리가 가진 가르침이 진리인 것으로 확인되면, 그것을 굳게 붙잡아야 합니다. 모든 오류와 이단들은 특히 하나님 자신과 하나님의 속성과 삼위일체 교리와 관련하여 어그러진 지식을 가르치고 있습니다. 이러한 잘못된 가르침을 통해서 사람들의 심령에 우상을 세우고, 인간의 감각과 상상력에 굴복하게 해서 거짓된 것을 믿고 섬기게 만듭니다.

하나님을 아는 지식을 무시하고(호 4:1; 8:12) 그의 말씀과 하신 일에 대해 생각하지 않으면(사 5:12; 26:10-11) 금지된 우상 숭배에 빠지게 되어있습니다(사 1:3-4). 하나님의 말씀과 구원의 은혜를 기억하지 않는 것도 우상 숭배에 빠지게 합니다(벧후 1:9). 따라서 우리도 모르는 사이에 심령이 우상 숭배에 빠지지 않도록 해야 합니다. 호세아 선지자는 "그러므로 우리가 여호와를 알자 힘써 여호와를 알자 그의 나타나심은 새벽빛같이 어김없나니 비와 같이, 땅을 적시는 늦은 비와 같이 우리에게 임하시리라"(호 6:3)고 말했습니다. 여기에서 '빛'은 하나님을 아는 명료한 진리이며, '비'는 지식을 가리키는 것입니다. 따라서 우상 숭배에 빠지지 않기 위해서는 하나님을 아는 지식, 곧 분명하고 명확하며 깊이 있는 지식이 요구됩니다(신 32:12; 벧전 2:9).

제2계명

1. 제2계명의 의미는 무엇입니까?

제2계명은, "너를 위하여 새긴 우상을 만들지 말고 또 위로 하늘에 있는 것이나 아래로 땅에 있는 것이나 땅 아래 물 속에 있는 것의 어떤 형상도 만들지 말며 그것들에게 절하지 말며 그것들을 섬기지 말라 나 네 하나님 여호와는 질투하는 하나님인즉 나를 미워하는 자의 죄를 갚되 아버지로부터 아들에게로 삼사 대까지 이르게 하거니와 나를 사랑하고 내 계명을 지키는 자에게는 천 대까지 은혜를 베푸느니라"(출 20:4-6)입니다. 모든 사람은 하나님께서 그의 말씀에서 서술하신 대로 하나님을 예배해야 합니다. 제2계명은 우리의 상상력이나 생각대로 하나님을 예배해서는 안 되며, 오직 하나님의 뜻에 따라 예배해야 한다는 것을 의미합니다(신 12:32).

2. 제2계명에서 일반적으로 금하고 있는 것은 무엇입니까?

하나님 말씀에서 벗어나거나 혹은 반대되는 방식으로 하나님을 예배하는 것을 금하고 있습니다(마 15:9). 사도 바울은 이것을 자의적 예배라고 했습니다(골 2:23). 이는 하나님을 잘못 예배하는 것으로서, 하나님을 진정으로 예배하는 것이 아닙니다. 인간의 부패성을 가지고 하나님을 예배하는 것이며(왕하 16:10), 미신적인 마음과 정욕을 가지고 예배하는 것입니다.

3. 우상을 만들지 말고 섬기지 말라는 명령은 무엇을 금하는 것입니까?

사람들은 그들의 부패성 때문에 하나님을 예배한다고 하면서도 하나님의 말씀에 따라 예배하는 것이 아니라 자신들이 원하는 방식으로 자신들의 이기적인 목적을 이루기 위해서 예배의 방식과 방법을 고안해냅니다. 따라서 하나님은 자신에게 드리는 예배에서 모든 종류의 형상화된 것들의 사용을 금지하십니다(호 13:2; 겔 8:10; 행 17:25, 29). 그러므로 하늘에 있는 것이나 땅과 물속에 있는 어떤 피조물이든 그 형상을 따라 물건을 만들어서 그것을 예배해서는 안 되며, 하나님을 예배하는 도구로 사용해서도 안 됩니다. 이 금지 명령은 어떤 종교적 형상에 몸과 마음으로 존경의 표시를 해서는 안 된다는 것을 포함하고 있습니다(시 97:7; 합 2:18; 사 44:15; 출 32:4).

4. 하나님을 형상으로 표현하는 것을 금지하시는 이유는 무엇입니까?

하나님을 형상으로 나타내는 것은 모든 것 가운데 가장 금지하시는 것이며, 이것은 정죄 받을 일입니다. 우리 마음에 하나님을 형상화하는 것은 큰 죄입니다. 이스라엘 백성이 금송아지를 만들고 금송아지를 향하여 여호와라고 했는데, 이는 매우 무거운 죄였습니다(출 32:4, 9-10, 27-28). 이처럼 하나님을 형상화해서는 안 되는 이유는, 하나님은 무한하시며 보이지 않는 분이시기 때문입니다(행 17:20). 그러므로 하나님을 형상화하는 것은 하나님을 모욕하고 조롱하는 것입니다(롬 1:21). 또 하나님을 형상화해서는 안 되는 이유는, 하나님께서 이스라엘에게 그 어떤 형상이나 모습이나 형체를 가지고 나타나지 않으셨기 때문입니다. 하나님께서 이스라엘에게 율법을 주셨을 때도 그들은 오직 하나님의 음성만을 들었습니다. 따라서 이스라엘은 보는 것이 아니라 들음으로써 하나님을 아는 지식을 가졌습니다(사 40:17-18).

5. 하나님은 왜 모세에게 그룹들과 놋뱀을 만들게 하셨습니까?

모세가 그룹들을 만들고(출 25:18-21) 놋뱀을 만든 것은(민 21:9) 하나님의 특별한 명령에 의한 것입니다. 그룹은 하나님의 백성들이 어려움 가운데 있을 때 천사들이 신속하게 도울 수 있다는 것을 상징하며, 놋뱀은 십자가에 달리신 그리스도를 상징합니다(요 3:14). 이와 같은 하나님의 목적이 있었지만, 후에 이스라엘은 놋뱀에게 분향했습니다. 따라서 히스기야 왕이 그것을 부수었습니다(왕하 18:4).

6. 그리스도의 죽음을 기억하기 위해서 십자가를 사용하는 것은 어떻습니까?

하나님을 예배하는 일에 십자가를 사용하는 것은 옳지 않습니다. 왜냐하면 그리스도는 지금 하늘 보좌 우편에 계시기 때문입니다. 따라서 하나님을 예배할 때 십자가를 사용하는 것은 잘못된 것입니다. 더욱이 그리스도의 십자가는 그리스도의 인성 부분만을 나타내고, 신성 부분은 생략된 것이므로 온전하지 않습니다. 그리스도의 인성과 신성은 분리할 수 없는 성질입니다. 또한, 성경의 모든 부분에서 그리스도의 몸에 대해서 상세히 기술하지 않았으며, 그의 속성들에 대해서도 형상으로 표현할 수 없기 때문에 그를 형상화해서는 안 됩니다. 우리는 복음 설교와 성례의 시행을 통해 그리스도를 충분히 기억할 수 있기 때문에 그림이나 조각으로 그리스도를 형상화해서는 안 됩니다.

7. 제2계명에서 하나님께서 요구하시는 의무들은 무엇입니까?

우리가 하나님을 예배할 때, 하나님께서 그의 말씀에서 요구하시는 거룩한 방식으로 예배해야 한다는 것입니다(신 4:2; 12:32). 우리는 하나님을 예배할 때 오직 하나님을 영화롭게 하는 마음으로만 드려야 합니다. 그러기 위해서는 경외하는 심령과 부지런한 마음을 가져야 하며, 하나님의 영광을 위해 주의를 기울여야 합니다(전 5:1). 더욱이 제1계명과 관련해서 우리의 마음에 오직 하나님만 생각해야 하며, 말씀에 유의하여 예배해야 합니다. 또한 하나님을 예배할 때 명령하지 않으신 것을 임의로 추가해서는 안 됩니다. 통상적인 예배에는 설교, 성경 낭독, 기도, 묵상, 성례 등 하나님의 말씀에 대한 지식을 증가시키기 위한 수단이 포함됩니다. 그리고 특별한 예배에는 서원, 금식 등이 포함됩니다.

8. 제2계명에서 하나님께서 직접 자신에 대해 언급하신 이유는 무엇입니까?

하나님께서는 제2계명에서 하나님 자신을 직접 언급하셨는데, 우선 '여호와' 이름을 말씀하셨습니다. 이는 하나님의 본질을 나타내시는 것이며 완전함을 의미합니다. 따라서 우상 숭배는 하나님의 존재와 완전하심을 부정하는 것입니다.

두 번째는 '네 하나님'이라고 말씀하셨습니다. 이는 은혜 언약을 나타내는 것으로서 하나님이 우리 하나님이 되시며, 우리가 그의 백성이라는 것입니다. 따라서 우상 숭배는 하나님과의 언약을 깨는 것입니다. 우상 숭배는 진정한 하나님을 버리는 것이며, 가장 비참한 상태에 자신을 두는 것입니다. 이것을 성경에서는 영적 간음이라고 부릅니다(렘 3:8).

세 번째로는 '엘' 하나님으로 말씀하셨습니다(개역 성경에는 '하나님'으로 되어 있습니다). 이는 전능하시고 강력하셔서 완전하게 구원하실 수 있으며, 또한 멸망시키실 수 있는 하나님을 나타냅니다. 따라서 하나님은 우상 숭배자 혹은 죄인들을 구원하실 수 있으며, 또한 진노하심으로 그들을 멸하실 수 있습니다.

넷째로 '질투하는 하나님'으로 말씀하고 있습니다. 이는 하나님의 가장 열정적인 사랑의 모습으로서, 영적 간음자들을 지극히 미워하시는 것을 나타냅니다. 우리는 그리스도를 믿음으로 그리스도를 통해서만 하나님께 나아갈 수 있습니다. 또한 세례를 받는데, 그것은 오직 하나님만을 섬기겠다는 약속입니다. 따라서 하나님 이외에 그 어떤 것을 섬기는 것은 영적인 간음입니다.

9. 우상 숭배자들을 하나님을 미워하는 자들로 규정한 이유는 무엇입니까?

하나님께서 정하신 대로 예배하지 않는 자들을 하나님이 지극히 미워하신다는 의미가 들어있습니다. 우상 숭배를 하는 자들은 자신들이 하나님을 사랑한다고 말합니다. 그러나 하나님은 그들을 향해 거짓말쟁이라고 하십니다. 우상 숭배자들은 하나님을 사랑한다고 하면서 하나님의 계명을 지킬 마음이 없으며, 오직 자기들의 이익만을 추구하는 자들이기 때문입니다. 그들의 심령은 하나님을 미워하는 것으로 가득 차 있습니다(골 1:21).

10. 하나님께서 하나님을 미워하는 자들의 죄를 심판하시며 계명을 지키는 자들에게는 은혜를 베푸신다는 약속이 제2계명에 포함된 이유는 무엇입니까?

하나님께서 이 계명을 어기는 자들에 대해 반드시 심판하시겠다는 결연한 의지를 보이신 것입니다. 이렇게 경고하시는 이유는 사람들의 불신앙을 억제하기 위한 것입니다. 또한 계명을 지키는 자들에게 보상하시겠다는 약속은 순종을 독려하기 위한 것입니다. 특별히 우상을 숭배하는 자들에 대해서는 그 심판이 삼사 대에 이르게 될 것이라고 말씀하시면서, 계속되는 세대의 우상 숭배의 죄를 철저히 찾아내어 심판하시겠다고 하십니다. 즉 그들이 회개하지 않는 한 하나님께서 그들을 반드시 심판하신다는 것이며, 또 부모들은 자신들의 자녀가 우상 숭배의 죄를 범하지 않도록 그들을 주의 깊게 가르쳐야 한다는 것입니다. 그리고 자녀들은 선조들의 우상 숭배에서 반드시 떠나야 한다는 것을 의미합니다. 한편으로, 계명을 지키는 자들에게 천대까지 은혜를 베푸시겠다는 약속은, 순종하는 자들에게는 하나님의 자비를 지속시키시겠다는 것입니다.

제3계명

1. 제3계명이 의미하는 바는 무엇입니까?

제3계명은 "너는 네 하나님 여호와의 이름을 망령되게 부르지 말라 여호와는 그의 이름을 망령되게 부르는 자를 죄 없다 하지 아니하리라"(출 20:7)입니다. 이는 하나님께서 사람들에게 자신을 알리신 것을(사 29:2) 사용하여 하나님의 이름의 영광을 증진하라는 것이며, 우리의 삶 전체가 하나님을 영예롭게 하도록 수고하라는 것입니다(마 5:16). 이는 하나님께서 우리에게 명령하신 의무들을 성실하게 이행하며, 하나님의 이름과 영광을 유지하기 위해서 자비의 사역을 하고, 하나님의 이름의 변호를 위해서 경건한 삶을 유지하는 것을 의미합니다.

2. 하나님을 예배할 때 입술의 중요성은 무엇입니까?

입술은 마음의 생각이 드러나는 기관으로서 하나님을 예배하는 데 있어서 매우 중요한 신체의 기관입니다. 사람의 입술로 다른 신의 이름을 부르는 것은 큰 죄입니다(시 16:4; 50:16). 더욱이 혀를 길들이는 것은 매우 어려운 일입니다. 혀에는 죽이는 독이 가득 들어있기 때문에(약 3:8) 하나님의 이름을 사용하는 예배에서는 특히 주의를 기울여야 합니다. 물론 십계명 중 사람에 대한 계명에서도 이웃에 대한 입술의 남용과 오용을 억제하는 계명들이 있지만, 제3계명에서는 하나님의 가장 영광스러운 이름과 관련하여 입술의 사용에 대한 지시와 억제가 들어있습니다.

3. 하나님의 이름이 나타내는 것은 무엇입니까?

하나님은 자신의 이름을 사람들에게 밝히셨는데, 이로써 하나님의 본질과 위엄에 대해서 알리셨습니다(사 26:8). 하나님은 자신을 여호와로 알리셨으며(출 3:14-15), 지혜, 능력, 공의와 같은 속성으로 알리셨고(출 33:18-19), 그 행위와 하시는 일로 알리셨습니다(시 8:1, 9; 145:10). 그리고 하나님은 말씀하심으로 자신을 알리셨으며(시 138:2) 자신에게 드리는 예배에 대해 규례를 정하심으로 자신을 알리셨습니다(신 12:5). 이렇게 하신 이유는 하나님으로서 사람들에게 마땅히 예배를 받으셔야 하기 때문이며, 사람들이 하나님을 영화롭게 해야 하기 때문입니다(말 1:11-12).

4. 하나님의 이름을 망령되게, 혹은 헛되게 부르지 말라는 의미는 무엇입니까?

하나님의 이름을 남용하지 말라는 것입니다. 그 이름을 부주의하게 다루거나, 무지하게 언급하지 말라는 것입니다. 이것을 하나님은 결코 작은 죄로 여기지 않으시며, 그 죄악이 크다는 것을 강조하는 표현입니다. 하나님의 이름을 헛되이 부르는 것은 하나님을 모독하는 일이며, 특히 자신의 거짓을 감추기 위해서 하나님의 이름을 사용하는 것은 매우 큰 죄악입니다.

5. 제3계명에서 금지하는 것들은 무엇입니까?

하나님의 영광을 가리는 모든 것을 금지합니다. 주의 이름을 모독하거나 하나님을 덜 영광스럽게 하는 것(말 1:6, 12), 그의 이름을 경건하지 않게 사용하거나 그의 속성과 하신 일들과 규례들을 말과 행동으로 모독하는 것 등입니다(레 21:23). 즉, 하나님의 이름을 언급하지 않아야 할 때 언급하거나, 하나님의 이름을 잘못 사용하는 것을 금지하고 있습니다.

6. 제3계명에서 요구하는 것들은 무엇입니까?

하나님의 이름을 거룩하게 구별하라는 것입니다(마 6:9; 시 111:9). 하나님을 공경하고 섬기며 사랑함으로써 다른 사람들도 감동되어 그들도 하나님을 영화롭게 하도록 하라는 것입니다. 따라서 모든 일에 하나님의 영광이 증진되도록 주의를 기울여야 하며, 항상 신실하고 부지런해야 합니다. 거룩한 것들에 대해서 가볍게 말하지 않도록 주의해야 하고, 경외하는 태도를 보이며, 행동에서도 거룩한 것을 경외하는 모습이 있어야 합니다.

7. 제3계명에서 요구하는 특별한 의무들은 무엇입니까?

우리의 거룩한 대화로 하나님을 영화롭게 하는 것입니다(마 5:16; 딛 2:10). 또한, 신앙고백에 모순되지 않게 행동해서(딛 1:16; 마 15:7-9) 하나님의 이름이 불명예스럽지 않게 하는 것입니다(롬 2:24). 그리스도를 고백함과 함께 고난을 받는 것이며, 때로는 신앙고백으로 인하여 위험에 처한다 해도 그를 위해 고난을 받고 하나님을 부정하지 않는 것입니다(마 10:33). 그리고 하나님의 이름과 속성, 행하신 일들과 말씀과 규례에 대해서 경외함으로 언급하는 것입니다(시 19:1-2; 71:15).

8. 하나님의 이름을 망령되게 사용하는 경우에는 어떤 것이 있습니까?

경외하는 심령이 없이 하나님의 이름과 속성들과 말씀과 규례들에 대해서 말하거나, 그것을 남용하는 것입니다. 대화 가운데 의미 없이 "하나님, 하나님, 오 주여!"라고 말한다거나, 하나님의 이름을 가볍게 말하는 "Oh, My God!"(오마이 갓!), 속어로 "Jesus~!"(지저스~!) 등의 표현을 하는 것은 제3계명을 어기는 것입니다. 또 게으름의 표현으로 "하나님이 원하시면 될 것입니다."라고 말하거나, 욕하는 말로 "하나님이 저주하실 것입니다."라고(창 16:5; 삼하 16:7-8) 하는 등 맹세를 남용하는 것도 이에 해당합니다(약 5:12). 제3계명에서 가장 무거운 죄에 해당하는 것은 하나님의 이름을 모독하는 것입니다.

9. 하나님의 사역과 관련하여 하나님의 이름을 망령되게 하는 것에는 어떤 것들이 있습니까?

하나님께서 하신 일들에 대해서 하나님을 보지 않는 것과(행 17:27) 창조와 보전과 섭리, 구속과 같은 하나님의 위대한 사역을 가볍게 여기는 것, 하나님의 지혜가 반영된 피조물들에 대해서 어리석은 생각을 하는 것, 점술과 관상술로 미래와 인간의 운명을 예측하는 것 등이 있습니다. 또한, 하나님께서 베푸신 은덕들에 대해서 배은망덕한 말과 행위를 하는 것, 먹을 것과 마실 것을 주신 하나님을 인정하지 않고 감사하지 않는 것, 하나님의 섭리를 우연으로 돌리는 것도 하나님의 사역을 망령되게 하는 것입니다. 더불어 하나님의 예정 교리에 대해서 비난하고 비판하는 것(롬 9:19-20), 하나님의 계획의 오묘함에 대해서 찬양하지 않는 것(롬 11:33-34), 하나님의 섭리에 대해서 불평하는 것(욥 3:2-3), 형제들의 고난에 대해서 잘못된 생각을 하는 것 등이 하나님의 사역에 대해 하나님의 이름을 헛되게 하는 것입니다.

10. 하나님의 말씀과 관련하여 하나님의 이름을 망령되게 하는 것에는 어떤 것들이 있습니까?

하나님의 말씀에 대해서 전혀 말하지 않는 것(신 6:7; 시 37:30), 하나님의 말씀에 대해서 어리석거나 열매 없이 말하는 것, 호기심에 의한 질문을 하는 것(벧후 3:16), 마치 매일의 운세를 보듯이 성경의 본문을 묵상하는 것, 말씀을 연극처럼 흥미 중심으로 만드는 것, 잘못된 해석으로 죄를 짓게 하는 것(마 4:6; 사 66:5), 미신적으로 적용하는 것 등입니다(신 18:11; 행 19:23). 더욱이 하나님 말씀의 설교 없이 성례를 행하거나 미신적으로 사용하는 것도(말 1:11-12; 고전 11:27; 렘 7:4, 10) 하나님의 이름을 망령되게 하는 것입니다.

11. 제3계명을 순종하는 데 도움이 되거나 방해가 되는 것에는 어떤 것들이 있습니까?

제3계명을 순종하기 위해서, 혹은 하나님을 불명예스럽게 하지 않기 위해서 우리는 자신의 입술과 삶을 주의 깊게 돌아보아야 합니다(시 39:1). 그리고 하나님의 이름을 경외하는 두려움을 가져야 합니다(신 28:58; 전 9:2). 우리는 불경한 사람들을 피해야 하며, 하나님에 대해서 거친 말을 하는 자들과 어울려서는 안 됩니다(시 73:9). 또한 우리 자신을 하나님을 부정하게 할 수도 있는 위험한 일에 불필요하게 노출해서는 안 됩니다.

12. 제3계명에 '죄 없다 하지 아니하리라'는 위협적인 문구가 삽입된 이유는 무엇입니까?

제3계명을 어기는 것은 심각한 죄이며, 무서운 심판이 있다는 것입니다. 즉 하나님은 그 죄에 대해서 반드시 심판하셔서, 죄가 처벌되지 않은 상태로 두지 않으시겠다고 하십니다(왕상 2:9). 제3계명을 어긴 죄에 대해서 무거운 심판을 내리시겠다는 것입니다. 따라서 제3계명을 어긴 자들에게는 극도로 비참한 상태에 이르는 하나님의 심판이 내려질 것입니다. 그들이 회개하지 않는 한 하나님은 절대 용서하지 않으실 것이며(시 1:5) 하나님의 의로운 심판으로부터 빠져나가지 못하게 하실 것입니다(슥 5:3; 렘 5:12).

제4계명

1. 하나님께 예배하는 날에 대해 주신 계명은 무엇입니까?

제4계명으로서, "안식일을 기억하여 거룩하게 지키라 엿새 동안은 힘써 네 모든 일을 행할 것이나 일곱째 날은 네 하나님 여호와의 안식일인즉 너나 네 아들이나 네 딸이나 네 남종이나 네 여종이나 네 가축이나 네 문안에 머무는 객이라도 아무 일도 하지 말라 이는 엿새 동안에 나 여호와가 하늘과 땅과 바다와 그 가운데 모든 것을 만들고 일곱째 날에 쉬었음이라 그러므로 나 여호와가 안식일을 복되게 하여 그날을 거룩하게 하였느니라"(출 20:8-11)입니다. 제4계명은 하나님에 대한 네 가지 계명 중 마지막 계명으로서, 하나님께서 자신에게 예배하는 특정한 날을 지정하셨다는 것입니다.

2. 제4계명이 의미하는 바는 무엇입니까?

제4계명은 모든 사람이 한 주간 가운데 하루를 일상적인 노동과 세상의 일들과 업무로부터 자신을 분리하여 하나님을 예배하는 일에 전적으로 사용하고, 모든 죄의 행동들로부터 거룩한 안식을 누리라는 것입니다(느 13:15, 22; 사 58:13-14). 따라서 창조로부터 그리스도의 부활까지는 이날을 주간의 일곱 번째 날인 안식일로 지켰으며, 그리스도의 부활로부터 다시 오시기까지는 이날을 주일로 지킵니다(고전 16:2; 계 1:10; 행 20:7). 안식일(주일)은 이 세상에서 계속됩니다(출 31:13; 겔 20:12). 그리고 이것은 다음 세상에서의 영원한 안식을 나타내고 있습니다(히 4:4-5, 10). 물론 이 세상에서 하나님의 백성들은 불 시험을 만나기도 하지만(벧전 4:12), 이후에는 안식이 그들에게 제공될 것을 나타냅니다(살후 1:7).

3. 날마다 혹은 매일 하나님을 예배하는데, 한 주간 가운데 하루 전체를 하나님께 예배하는 날로 지켜야 합니까?

하나님께서 자신에게 드려지는 예배를 위해 한 주간 중의 하루를 정하신 것은 여러 이유와 목적이 있습니다. 먼저, 우리 자신이 세상의 일에 너무 깊이 빠져들지 못하게 하기 위한 것입니다. 우리가 세상의 일에 너무 깊이 몰두하게 되면 스스로 빠져나올 수 없으며, 회복할 수 없기 때문입니다. 이에 하나님의 지혜에 따라서 우리로 일주일 가운데 하루를 하나님께 예배하는 날로 온전히 드리게 해서 세상일에 깊이 빠지지 않게 하시는 것입니다. 안식일 계명은 무죄 시대의 계명으로서 완전한 아담에게도 거룩한 날이 필요했습니다. 따라서 심각하게 부패된 우리에게는 더욱 필요한 것입니다.

하나님께서는 우리가 일주일 가운데 하루를 하나님을 예배하는 데 온전히 드리게 하십니다. 공적 예배 안에서 하나님의 말씀을 듣게 하시고, 기도하게 하시며, 성례를 시행하고 받게 하시고, 하나님의 영광을 생각하게 하셔서 우리의 영적 유익을 도모하십니다. 즉, 이날은 우리의 영혼에 필요한 모든 영적인 것을 공급받도록 하나님이 정하신 날입니다. 그러므로 우리가 한 주간 동안에도 매일 하나님을 예배하지만, 공적으로 하나님께 예배하는 날인 주일이 반드시 필요합니다.

4. 안식일 규정은 의식법으로서 그리스도의 죽음으로 폐지된 것은 아닙니까?

아닙니다. 안식일 규정은 도덕법입니다. 의식법이 주어졌을 때 그것과 연관하여 여러 규례가 있었지만, 그리스도의 죽음으로 의식법이 폐지되었을 때도 안식일 규정은 계속해서 도덕법으로 있었습니다. 그리고 그리스도의 재림으로 하늘에서의 안식이 성취될 때까지 지속할 것입니다(히 4:9-10). 그 이유는 안식일 규정이 십계명 가운데 하나로서 영속적인 계명이기 때문입니다(신 4:13). 십계명은 하나님이 손가락으로 직접 새겨주신 계명으로 영속성을 가지고 있으며(출 31:18) 의식법의 부분이 아닙니다. 더욱이 십계명은 하나님께서 직접 돌판에 새겨주셔서 사람이 더하거나 뺄 수 없게 하셨습니다. 또 안식일 규정은 무죄 시대의 계명으로, 의식법이 주어지기 전에 제정된 것입니다. 의식법은 유대인과 이방인 사이를 구별하고 있지만, 안식일 규정은 이방인에게까지 확장된 계명입니다(출 20:10; 느 13:15-17).

5. 안식일이 주일로 변경될 수 있습니까?

안식일이 주일로 변경된 것은 신적 권위에 의한 것으로서, 주중의 하루였기 때문에 변경 가능한 것이었습니다. 따라서 안식일이 주일로 변경되면서 안식일에 담겨있는 의미가 주일에도 계속되었으며, 주일을 통해서 그 기념하는 것이 더 확장되었습니다. 안식일은 세상의 창조를 기념하여 구별되었다면, 주일은 구속의 사역을 기념하면서 구별된 것입니다. 더욱이 유대인들의 안식일은 금요일에 해가 지면서 시작되고 토요일에 해가 지는 것으로 끝났다면, 주일은 그리스도의 부활을 기념하는 것이기 때문에 새벽(통상적으로 오전 0시)에 시작되어 자정(밤 12시)까지로 지킵니다(행 20:7, 10).

6. 안식일을 기억하여 지키라고 말한 이유는 무엇입니까?

안식일에 대해 특별히 주의를 기울이고 부지런해야 할 필요성 때문입니다. 자연의 빛으로는 이것을 분명히 보여주지 못합니다. 우리는 자연적으로는 하나님을 섬기는 것보다 세상의 일에 더욱 관심을 가지기 때문에 특히 이 계명에 특별한 경고가 붙어 있습니다. 더욱이 안식일을 기억하라는 명령은 안식일을 위해서 준비해야 하기 때문입니다. 안식일을 위한 준비는 6일 동안에 세상일들을 부지런히 잘 마무리해서, 세상적인 마음이 안식일까지 지속되지 않게 하는 것입니다. 또 안식일을 거룩하게 지킬 수 있도록 심령으로 준비해서 우리의 마음이 하나님의 예배에 합당하게 해야 합니다.

7. 제4계명은 어떻게 두 부분으로 구성되었습니까?

안식일에 세상적인 업무를 쉬는 것으로는 충분하지 않고 반드시 거룩한 쉼이 있어야 한다는 것입니다. 이는 죄의 일을 쉬는 것을 의미합니다. 또 육신의 일을 쉬는 것만으로는 온전하지 못하고 하나님께 예배하는 것으로 구별하여야 합니다. 기도와 금식을 하나님을 섬기는 것이라고 말하는데(행 13:2) 단순히 금식하는 것이 하나님을 섬기는 것이 아닌 것처럼, 세상의 일을 쉬는 것과 함께 반드시 하나님을 예배하는 일에 하루를 전적으로 사용해야 합니다.

8. 안식일에 특별히 금지된 것은 무엇입니까?

안식일에 특별히 금지된 것은 안식일을 보통의 노동하는 날과 같이 여기는 것입니다(느 13:15). 안식일에는 세상의 일에 대해서 말하고 대화를 나누는 것과 그것에 대해 온통 생각하는 것을 금하고 있습니다(사 58:13). 또 안식일을 육신적으로 쉬는 날로 여기고 그날에 여가를 즐기거나, 먹는 것과 마시는 것으로 시간을 보내며 오락을 하는 것을 금합니다. 이러한 것들은 모두 그날을 하나님께 예배하는 날로 드리는 것에 방해가 되며, 그 마음을 하나님을 예배하는 데 적합하게 만드는 것들이 아닙니다. 특별히 안식일에 죄짓는 것을 금하는데, 이는 안식일을 악행하는 날로 사용하는 것입니다(막 3:4). 또한, 이날을 부분적으로만 구별하여 드리고 전체로 드리지 않는 것도 금하고 있습니다. 더불어 다른 사람들이 이날을 세상의 일을 하는 데 사용하게 만드는 것을 금하고 있습니다.

9. 주일(안식일)을 거룩하게 지키기 위해 아침에 해야 할 일들은 무엇입니까?

회중의 공적 예배에 참여하기 전에 가정에서부터 세상적인 생각을 제거하고, 주일 전체를 거룩하게 드릴 수 있도록 해야 합니다. 즉, 그 심령에 거룩한 열망을 채우기 위해서 말씀을 묵상하고 주일에 얻는 은덕들을 생각하며 우리의 마음에 거룩한 정서가 가득 차게 해야 합니다. 이로써 공적 사역에 합당하도록 심령을 준비하는 것입니다. 물론 이를 위해 주일 아침에 일찍 일어나야 합니다.

10. 주일(안식일)에 공적 예배의 회중으로서 해야 할 의무는 무엇입니까?

주일을 주님 앞에서 거룩하게 지킴으로써, 그리고 하나님께 예배하는 것으로써 그날의 의무를 수행하면서 주일을 구별하는 것입니다. 이날의 의무를 수행할 때 기뻐하고 피곤해하지 않아야 합니다(암 8:5; 말 1:13). 또한 의무를 수행하는 가운데 주께서 주시는 은덕들을 바라보고 소원해야 합니다. 이날의 경건의 의무는 말씀을 읽고 들으며, 기도하고 시편을 찬송하며, 성례를 시행하고 받으며, 하나님께서 축복하신 것에 따라 헌금하고, 하늘의 양식으로 자신을 먹이는 것입니다(행 13:13, 15; 20:7; 시 92:1).

11. 주일(안식일)에 회중을 떠나서 개인적으로 해야 하는 의무는 무엇입니까?

회중을 떠나서 개인적으로 혹은 가정에서 이행해야 할 의무는 개인적으로 기도하며 성경을 읽거나 가족이 함께 모여 성경을 공부하고 논의하며, 천국에 관해 대화를 나누는 것입니다(눅 14:7, 9). 교회에서 들은 설교를 묵상하고 자기를 점검하며, 가족들에게 교리를 가르치며, 한편으로는 병든 자나 어려운 상황에 있는 자들을 심방하고, 슬픈 자들을 위로하는 일을 하는 것입니다(고전 16:2; 느 8:12).

12. 주일을 거룩하게 마치기 위해서 밤에 해야 할 일은 무엇입니까?

개인적인 예배 혹은 가정 예배를 위해서 시간을 따로 구별하며, 혼자 혹은 식구들과 함께 하나님을 예배해야 합니다. 예배 가운데 우리의 수고에 대해 하나님께서 축복하신 것을 감사하고, 우리의 연약함에 대해서 겸손히 간구하며, 은혜를 간절히 구해야 합니다. 이러한 방식으로 주일을 마무리하는 이유는 우리를 영적으로 게으르지 않게 하며, 하나님의 은혜의 수단들을 무시하지 않게 하려는 것입니다.

제5계명

1. 십계명 중 처음 네 계명과 뒤의 여섯 계명은 어떤 관계가 있습니까?

십계명 중 1-4계명은 하나님에 대한 의무의 규정이며, 5-10계명은 우리 자신과 이웃에 대한 의무의 규정입니다. 그런데 하나님에 대한 네 가지 계명들은 사람에 대한 여섯 가지 계명들과의 관계에서 우선순위를 가집니다(마 22:37-39). 예를 들면 기생 라합은 여리고 왕의 말에 순종하지 않았는데, 라합은 하나님께 순종하는 것이 우선이었습니다. 하나님께 순종하는 것과 왕에게 순종하는 것이 충돌될 때 하나님께 순종하는 것이 마땅하기 때문이었습니다(수 2:3-4). 요나단이 자신의 아버지보다 다윗을 위했던 것도 하나님의 공의의 관점에서 행했던 것입니다(삼상 19:4-5). 따라서 사람에 대한 계명을 지키기 위해 하나님에 대한 계명들을 어길 수는 없습니다.

2. 제5계명이 의미하는 바와 그 범위는 무엇입니까?

제5계명은 "네 부모를 공경하라 그리하면 네 하나님 여호와가 네게 준 땅에서 네 생명이 길리라"(출 20:12)입니다. 제5계명에서의 부모는 자연적인 관계, 시민적인 관계, 교회적인 관계로 그 범위를 확대할 수 있습니다. 또 그 관계에서도 윗사람과 아랫사람, 그리고 동등한 위치에서의 관계의 의무라고 볼 수 있습니다. 자연적인 관계는 부모와 자녀의 관계로 볼 수 있고, 시민적인 관계는 권위자와 권위 아래에 있는 자의 관계로 볼 수 있으며, 교회적인 관계는 목회자와 성도의 관계로 볼 수 있습니다. 또 학교에서는 선생과 학생의 관계로 볼 수 있습니다. 물론 동등한 관계에서는 서로를 존경하는 것이라고 할 수 있습니다.

3. 제5계명에서 아랫사람이 윗사람에게 행해야 할 일반적인 의무는 무엇입니까?

마음과 말과 행동으로 존경하는 것입니다(레 19:3; 엡 6:1-2, 5). 마음으로 존경하는 것은 외적으로 순종의 표현을 하는 것, 또는 그 앞에서 일어서거나 겸손한 언어를 사용하는 것 등으로 나타낼 수 있습니다(레 19:32; 욥 29:8; 32:6-7). 또한 윗사람의 권면과 조언에 순종하고 그들에게 감사하며, 그들을 위해 기도하는 것이 포함됩니다(딤전 2:1-2). 그들의 덕스러운 모습을 닮는 것도 존경의 증거입니다(딤후 1:5; 빌 4:9). 따라서 아랫사람이 내적으로나 외적으로 윗사람을 존경하지 않거나, 무시하는 것은 계명을 위반하는 행위입니다(유 1:9-10; 잠 30:11).

4. 제5계명에서 윗사람이 아랫사람에게 행해야 할 일반적인 의무는 무엇입니까?

윗사람은 하나님으로부터 받은 권위와 능력에 따라서 아랫사람을 사랑하고 축복해야 합니다(히 7:7; 11:20; 창 9:25-27). 또한 아랫사람에게 본을 보여야 하며(딛 2:7), 훌륭하고 영예로운 모습을 충분하게 지녀야 합니다(엡 6:4, 9). 따라서 윗사람이 아랫사람을 사랑하지 않는다거나, 그들을 위해 기도하지 않고 모범을 보이지 않으며, 신중하지 못한 행동으로 그 위치를 불명예스럽게 한다면 죄를 범하고 있는 것입니다(딛 2:15; 삼상 2:23).

5. 권위의 관계에서 아랫사람이 윗사람에게 행해야 할 의무는 무엇입니까?

직무와 부르심에 따라 아랫사람이 권위가 부여된 윗사람에게 해야 하는 의무는, 굴복하고 순종하는 것입니다(롬 13:1). 즉 윗사람이 아랫사람을 다스리는 권한이 있음을 인정하고(딛 3:1; 딤전 6:1) 윗사람의 명령에 기꺼이 순종해야 합니다(골 3:20; 히 13:7). 또 윗사람이 부과한 일에 고통이 따른다 해도 인내해야 합니다. 물론 윗사람의 명령에 대한 순종은 주안에서 해야 하며, 불법적인 명령이라면 정중히 거절해야 합니다. 윗사람의 명령과 훈계를 무시하거나 불순종하는 것은 죄입니다(롬 1:30).

6. 권위의 관계에서 윗사람이 아랫사람에게 행해야 할 의무는 무엇입니까?

권위가 부여된 윗사람은 아랫사람을 보호하고 지원해주어야 합니다(엡 5:23; 롬 13:4). 그들의 몸과 영혼에 필요한 것들을 공급해주어야 합니다(마 7:9-10). 아랫사람에게 내려지는 명령이 그들에게 선하고 유익이 되게 해야 합니다. 정직함으로 그들을 다스리고, 거룩한 방식으로 해야 합니다. 윗사람은 독재자의 방식으로 다스려서는 안 되며, 아랫사람에게 그 명령의 이유를 설명해야 합니다(엡 6:9).

7. 가정에서 윗사람과 아랫사람의 의무는 무엇입니까?

가정에서 윗사람은 교리 교육과 기도를 통해서 식구들의 영혼에 영적인 것을 공급해주어야 합니다. 그뿐 아니라 음식과 주거와 같은 생활에 필요한 것들도 식구들에게 충분히 공급해주어야 합니다(창 18:6-8). 한편, 아랫사람은 윗사람의 명령에 순종해야 합니다(창 39:2-4).

8. 제5계명에 따를 때 가정에서의 죄는 무엇입니까?

부모로서 자신의 자녀들을 가르쳐야 할 의무를 무시하고 그들을 훈계하지 않아서 그들을 바르게 인도하는 데 너무 늦은 경우입니다. 혹은 자녀들에 대한 애정 없이, 그리고 기도와 가르침 없이 혹독하게 훈계하는 것도 죄입니다. 자녀들에게 나쁜 모범을 보여주고 그들로 신앙적인 가정을 이루지 못하게 하는 것도 죄입니다. 자녀들 앞에서 가볍게 처신해서 그들의 눈에 천하게 보이는 것도 죄이며, 외적인 면에만 치중해서 자녀들의 내면을 공허하게 만드는 것도 죄입니다. 한편, 자녀들이 부모에게 순종하지 않고 부모의 징계에 대해서 불평하며, 감사하지 않고, 부모가 나이가 들었을 때 그들을 돌보지 않는 것도 죄입니다.

9. 주인과 종의 관계에서 의무는 무엇입니까?

주인은 종에게 정직하고 바르게 대해야 하며, 그들을 위협해서는 안 되며, 그들의 주인이 하늘에 계신다는 것을 기억해야 합니다(골 4:1). 또한, 종들이 하나님을 경외하도록 가르쳐야 하며, 그들이 자신들의 가정을 잘 섬기도록 도와주어야 합니다. 그들에게 약속한 임금을 주고 그들이 수고한 것에 대해 충분히 보상해야 합니다(신 15:13-14). 종들은 하나님의 말씀에 일치하는 한 자신의 주인에게 순종해야 하며, 주인에게 신실하고 부지런해야 합니다(창 24:10-11).

10. 교회에서 사역자와 교인의 의무는 무엇입니까?

교회에서 권위가 부여된 사람은 말씀의 사역자와 다스리는 자입니다(딤전 5:17). 교인들에 대한 말씀 사역자의 의무는 하나님의 말씀과 뜻을 신실하게 전하고, 구원의 길에 대해서 특별히 신실하게 가르치는 일입니다(딤후 4:1-2; 행 20:26). 사역자들은 교회에서 연약한 자들을 위로하고 강하게 하며, 생활과 언어 사용에서 모범이 되어야 합니다(딤전 4:12). 사역자에 대한 교인들의 의무는 사역자의 가르침을 기꺼이 받고 들으며(마 10:14), 그들의 가르침에 굴복하며(히 13:7, 17), 사역자들이 생활의 염려에 빠지지 않도록 필요한 것들을 공급해야 한다는 것입니다(갈 6:6; 딤전 5:17-18; 고전 9:4-5).

11. 제5계명에 약속이 부가된 이유는 무엇입니까?

제5계명에 부가된 약속은 "네 하나님 여호와가 네게 준 땅에서 네 생명이 길고 복을 누리리라"(신 5:16)입니다. 사도 바울은 이것을 약속이 붙어 있는 첫 번째 계명이라고 했습니다(엡 6:2). 이 약속은 아랫사람의 순종에 대해 하나님의 섭리가 있을 것을 의미하는데, 제5계명의 준수를 독려하기 위해서 하나님께서 약속을 부가하신 것입니다. 한편으로 이 약속은 윗사람이 아랫사람의 선한 상태를 증진하기 위해 마음을 써야 하는 것을 가르치고 있습니다.

제6계명

1. 제6계명의 의미는 무엇입니까?

제6계명은 "살인하지 말라"(출 20:13)입니다. 이는 사람의 생명을 해하지 말고 보전하라는 것으로서, 생명의 안전을 도모하라는 명령입니다(딤전 5:23). 우리는 사람의 생명 보전을 위해서 모든 선한 것을 도모해야 하며, 이웃은 물론이거니와 자신의 생명을 소중히 여겨야 합니다(히 3:13; 약 1:27; 엡 5:29). 따라서 생명과 건강을 해치는 모든 종류의 악을 금지하며, 이웃과 자기 자신을 해치거나 위협하는 것을 금지해야 합니다.

2. 우리 영혼의 보호를 위한 의무는 무엇입니까?

우리는 영혼의 보호를 위해 은혜의 수단을 사용해야 하며(벧전 2:2), 우리의 부르심을 확실히 하여 믿음의 열매를 맺어야 합니다(벧후 1:10). 모든 악한 계획을 물리치고 선한 것을 추구하며(시 1:1; 잠 1:10, 15), 선한 사람의 모범을 따르고 소명 받은 일에 부지런해야 합니다. 반면, 영적인 생명의 음식을 거절하는 것과 하나님의 말씀을 듣지 않는 것(잠 28:9), 하나님의 말씀에 순종하지 않고(약 1:22) 부패한 심령을 따라 사는 것, 죄를 짓고도 자신을 강퍅하게 하는 것과 악한 계획을 따라 사는 것은 모두 죄입니다.

3. 우리 몸의 보호를 위한 의무는 무엇입니까?

적당하게 음식물을 섭취하며(딤전 5:23) 의사의 도움이 필요할 때 도움을 받아야 합니다. 정직한 여가를 취해서 건강을 유지하고(삿 14:12) 불필요하게 위험에 노출해서는 안 되며, 다른 사람의 분노를 피해야 합니다. 따라서 이 의무에 반해서 지나치게 세상의 슬픔에 빠지거나(고후 7:10), 이웃에 대해서 악의와 시기심을 갖거나(잠 14:30), 술 취하거나, 과도하게 식물을 섭취하거나, 자신을 해치거나, 자살하는 것은 죄입니다(삼상 31:4; 삼하 17:23; 마 27:5; 행 16:27-28).

4. 우리 이웃에 대해 내적으로 요구되는 의무는 무엇입니까?

우리의 이웃을 내 몸과 같이 사랑하는 것입니다. 겸손과 친절함으로 이웃을 사랑하고(롬 12:10; 엡 4:32) 이웃이 가지고 있는 은사와 은혜에 대해서 그것을 부여하신 하나님께 감사하며 자족해야 합니다. 또 이웃에 대해서 온유하고 인내하며 화내기를 더디 하며(엡 4:26; 살전 5:14), 이웃의 잘못을 용서하고 화해하며(엡 4:32) 평화를 유지하기에 힘써야 합니다(롬 12:18; 살전 5:13; 마 5:9).

5. 제6계명에서 이웃에 대해 내적으로 금지된 것은 무엇입니까?

이웃이 우리에게 입힌 상해에 대해서 적대감을 품고 싸우려는 마음을 갖는 것입니다. 이러한 마음의 상태에서 일어나는 것은 분노와 미움과 악의인데(마 5:21-22; 엡 4:26-31), 이는 마음에 살인을 품는 것입니다(요일 3:15). 또 시기심을 품지 말아야 하는데, 이는 가인이 자신의 아우를 죽이게 한 원인입니다(약 3:14; 잠 14:30; 요일 3:12). 시기심에서 나오는 원한(딤전 2:8), 자비심의 결여(암 6:6), 복수심(롬 12:9), 잔인한 마음(시 5:6), 모든 싸움의 어머니인 교만(잠 13:10), 무자비한 의심(고전 13:5, 7), 경건한 자들에 대한 질투, 불쾌하게 대우하는 것도 제6계명에서 금지하는 것입니다.

6. 제6계명에서 이웃의 영혼 보전을 위해 요구된 의무는 무엇입니까?

영적 생명을 위해 말씀을 공급해야 하며(사 62:6; 벧전 5:2; 행 20:28) 바른 조언으로 그들이 선한 일을 할 수 있도록 독려해야 합니다(히 10:24-25). 또한, 교회의 사역자와 동행하여 교회에서 거치는 자가 되지 않도록 주의를 기울이고(고전 10:32), 다른 사람들을 사랑하고 선을 행하도록 본을 보이며(마 5:16; 고후 9:2; 히10:24), 시의적절하게 형제의 죄에 대해서 책망하고(살전 5:14; 시 141:5), 연약한 자들을 위로하고 지원해야 합니다(살전 2:28; 5:14).

7. 제6계명에서 요구된 의무는 특별히 누구에게 더욱 부과됩니까?

제6계명은 모든 사람에게 요구되는 것입니다. 그러나 그 직무상 교회의 사역자들에게 더욱 중하게 부과되었습니다. 교회의 사역자가 무지하거나 게을러서 양들에게 영적 양식을 공급하지 않고 다른 일들로 바쁘다면 그는 살인자입니다(겔 3:18; 13:19; 렘 48:10; 사 56:10; 행 20:26-28). 잘못된 가르침으로 하나님의 말씀을 부패시키고, 하나님의 말씀을 헛된 호기심으로 강해하는 것은 영혼을 살인하는 것입니다(딤전 1:4). 더욱이 시의적절한 책망을 하지 않아서 그 형제가 죄 가운데 거하게 하거나(레 19:17), 자신의 경건한 삶으로 본을 보이지 않아서 다른 이가 죄를 짓도록 인도한다면(마 23:15; 딤후 3:13) 그 영혼을 죽이는 것입니다.

8. 제6계명이 이웃에게 외적인 태도로 금지하는 것은 무엇입니까?

우리는 이웃에게 친근한 모습을 보여야 합니다(빌 4:8; 약 3:13). 무례하고 천한 행동과 조롱하고 분노하며, 미워하는 마음을 나타내는 것은 제6계명을 어기는 것입니다(삼상 25:17). 경멸하는 눈으로 바라본다거나, 멸시하는 듯이 고개를 흔들고 손가락질하거나, 코웃음을 친다거나 혀를 내미는 등의 행위들은 이웃을 조롱하는 것으로, 살인과 같은 악한 행위입니다. 가인은 분하게 여기는 마음으로 안색이 변하고 얼굴을 들지 못했는데, 이는 그 마음에 악이 가득함으로 인해 몸의 행동으로 나타난 것입니다(창 4:4-7). 이러한 몸의 행동들은 제6계명에서 금지하는 것입니다.

9. 제6계명이 우리의 언어에 대해서 요구하는 것과 금지하는 것은 무엇입니까?

제6계명이 우리에게 요구하는 것은 이웃에게 점잖고 친절한 태도를 보이며 예의 바르게 말하는 것입니다(엡 4:32; 룻 2:13). 우리의 이웃에 대한 언어는 듣는 자들을 세우기 위한 것이 되어야 하며, 항상 은혜로워야 합니다(엡 4:29). 반면, 금지하는 것은 형제에 대해서 나쁘게 말하는 것입니다. 비록 그 말이 거짓이 아닐지라도 그 시기와 방법과 목적이 바르지 않으면 죄를 짓는 것입니다. 형제에 대해서 모욕적인 언사와(마 5:22) 신랄한 비판의 말을 하거나(딛 3:2) 조롱하는 말과 불평하는 말(약 5:9), 위협하는 말, 경멸의 말, 저주의 말을 하는 것은 형제를 칼로 찌르는 것과 같습니다(잠 12:18; 시 52:2). 따라서 제6계명에서 금지하는 것들입니다.

10. 제6계명을 어기는 직접적인 행동에는 어떤 것들이 있습니까?

생명의 수단을 제거하여 잔인하게 억압하는 행동과(약 5:4) 병든 자들을 돌아보지 않고 어려움 가운데 내버려 두는 것, 가난한 자들을 돕는 일을 외면하는 것과 이웃에게 어려움을 줄 수 있는 상황들을 제거하지 않고 그대로 내버려 두는 것입니다. 또한 과도하게 징계해서 위험에 빠뜨리는 것과(신 25:3) 화가 나서 무섭게 때리는 것, 이웃의 몸에 심각하게 상처를 입히는 것과(약 4:1; 레 24:19, 28) 위험한 상황에 두어서 생명을 위태롭게 하거나 직접 생명을 앗아가는 것 등입니다.

11. 제6계명은 자살에 대해서 어떻게 말합니까?

자기 목숨을 스스로 끊는 것은 살인하는 것입니다. 성경에서는 자살이 회개를 거부하고 자기 고집대로 주장하는 것이며, 목숨을 자기 마음대로 할 수 있는 자신의 것이라는 생각에서 나오는 것이기 때문에, 완고한 고집과 자기주장에서 나오는 살인이라고 말합니다(행 1:25). 더욱이 자살은 그 생명의 주인인 하나님을 의존하기를 거부하고, 하나님께 나아와 회개하기를 포기하는 것으로서 회개의 기회를 스스로 잃어버리는 것입니다(롬 2:5). 따라서 자살한 자가 짧은 시간 안에 회개하고 천국에 갈 수 있다고 말하는 것은 오류입니다. 또한 구원받은 백성은 이 정도까지 완고함에 이를 수가 없기 때문에, 자살해도 구원받을 수 있다는 말은 거짓입니다.

12. 제6계명에 순종하기 위해 생각해야 할 것은 무엇입니까?

먼저 모든 사람이 하나님의 형상으로 지음을 받았다는 것을 생각해야 합니다(창 9:6). 모든 사람은 한 혈통일 뿐만 아니라(행 17:26) 그리스도인들은 그리스도의 형상을 가지고 있으며 그리스도 안에서 하나의 몸을 이루고 있다는 것을 생각해야 합니다(고전 12:27). 또 하나님께서는 시민 정부의 관리들을 통해 살인자를 심판하도록 정해놓으셨다는 것을 생각해야 합니다(창 4:9-11; 잠 28:17; 행 28:4).

제7계명

1. 제7계명의 의미와 범위는 무엇입니까?

제7계명은 "간음하지 말라"(출 20:14)입니다. 이는 몸과 마음으로 짓는 모든 더러운 성적인 범죄를 포함합니다. 따라서 이웃과 자신에 대해서 순결해야 하며(살전 2:3), 모든 더러운 것을 피해야 합니다(살전 4:3-5).

2. 제7계명을 어기는 내적인 불결함에는 어떤 것들이 있습니까?

육적으로 이상한 욕구를 가지는 것과 여성에 대하여 정욕에 사로잡히는 것과(마 5:28) 더러운 생각을 마음에 품고 불결한 상상을 하는 것입니다(약 1:14-15). 이러한 내적인 불결함은 마음에 자리를 잡게 되며, 결국에는 외적으로 죄를 짓게 되어있습니다.

3. 제7계명과 관련된 몸의 금지된 행동들은 무엇입니까?

마음의 방탕함은 몸과 용모를 통해서 나타나게 되어있습니다. 따라서 제7계명과 관련된 몸의 금지된 행동들은 외양에서 나타나는 가벼움이나 경솔함입니다(잠 6:13; 7:10). 음탕하게 쳐다보는 것은 이미 그 마음에 간음하고 있는 것이며, 음란한 그림과 영상을 보는 것은 그 마음에 정욕이 자리 잡은 것이므로 금지된 것입니다(벧후 2:14; 마 5:28; 욥 31:1; 겔 23:14). 가슴과 몸을 드러내서 다른 사람을 유혹받게 하는 것이나, 남녀가 무분별하게 섞여서 춤을 추는 것도 정욕을 일으키는 것으로서 금지된 것입니다.

몸의 어떤 부분이라도 남용해서 다른 사람에게 정욕을 일으키는 것은 제7계명을 어기는 죄가 됩니다. 따라서 정욕이 일어나지 않도록 먼저 경건한 행동을 해야 하며, 이는 정욕의 불을 끄는 데 유효합니다. 정욕이 억제되지 않으면 장래의 불행을 초래할 수밖에 없습니다(약 1:15). 따라서 몸의 행동을 신중하게 하고(딛 2:2-3) 눈이 범죄하지 않도록 눈과 언약을 맺으며(욥 31:1) 헛된 것을 보는 일을 멀리하게 해달라고 주께 기도해야 합니다(시 119:37).

4. 몸에 장식을 남용하는 것과 제7계명은 어떠한 관계가 있습니까?

외적으로 과도한 장식과 치장은 제7계명을 어기는 것입니다(마 11:8-9; 사 3:16). 물론 단정치 못한 바람둥이 같은 옷차림은 더러운 행위에 해당합니다(잠 7:10). 그 지역이나 도시의 관습에 벗어난 괴상한 차림도 자제해야 합니다(삼하 13:4, 18) 남성이 여성스럽게 옷을 입거나 여성이 남성의 차림을 하는 것도 하나님께서 혐오하시는 것입니다(신 22:5). 하나님은 사람의 성별이 유지되기 원하시며, 이것을 무너뜨리는 것은 부끄러운 죄입니다. 따라서 그 복장과 차림이 수수하고 정숙해야 합니다(벧전 3:5). 이로써 우리의 경건을 증거할 수 있습니다(딤전 2:9).

5. 먹고 마시는 것을 남용하는 것과 제7계명과의 관계는 무엇입니까?

우리가 맛있는 음식을 지나치게 추구하고 먹고 마시는 것에 과도하게 마음을 두면 죄를 짓게 됩니다(눅 16:19). 과하게 먹고 마시며 배부르게 하면 정욕의 삶에 쉽게 노출될 수 있습니다(겔 16:49). 따라서 우리의 능력과 필요에 맞게 먹으며 지나치지 않도록 절제해야 합니다(전 10:16; 고전 9:27).

6. 남성과 여성 사이의 불법적인 관계는 무엇입니까?

남성과 여성 사이의 불법적인 관계에는 음행과 간음이 있습니다(히 13:4). 음행은 결혼 상태가 아닌 개인의 남녀 사이에 벌어지는 더러운 행위들이며(신 22:28-29; 엡 5:3), 간음은 남자나 여자가 결혼한 상태에서 다른 이성과의 관계로 결혼을 더럽히는 행위입니다. 간음에서 가장 악한 경우는 남자나 여자 모두 결혼한 상태에서 법적인 배우자들을 벗어나서 더러운 관계 속에 있는 것입니다. 더구나 그들은 그 범죄에 많은 사람을 끌어들입니다.

7. 거룩한 결혼 생활은 무엇입니까?

거룩한 결혼 생활은 정욕을 추구하기 위한 것이 아니라 서로의 위로와 보전을 위한 것입니다. 이를 위해서 우리는 결혼의 목적을 묵상해야 합니다. 서로를 기도로 축복하며 같은 신앙 가운데 있고, 부모는 자녀들을 돌보고 자녀는 부모들을 돌아보는 것입니다. 거룩한 결혼 생활에는 상호 간의 즐거움과(잠 5:19) 신실함(롬 7:2), 서로에 대한 확신이 있으며(잠 31:11), 서로의 유익을 위해서 수고합니다(고전 7:3-5). 그러나 만약 서로를 축복하지 않고 기도와 묵상을 게을리하며 신앙이 서로 다르다면, 무질서와 혼동과 싸움이 가정에 들어오기 쉽습니다.

또 서로를 무시하게 되고 존경하지 않게 됩니다.

8. 성경에서 음행과 간음죄에 대한 하나님의 심판을 어떻게 말씀하고 있습니까?

사람들은 음행과 간음죄를 은밀하게 짓고 숨기지만 하나님께서는 그것들을 드러나게 하십니다(신 5:13; 잠 5:11-14; 요 4:16-18). 이 죄는 그 자체가 하나님의 심판입니다(잠 22:14; 전 7:26-27; 롬 1:24). 즉 반드시 하나님이 심판하십니다. 하나님은 이 죄에 대해서 이 세상에서 자주 심판하시고, 다가오는 세상에서는 항상 심판하십니다(히 13:4; 고전 6:9-10; 민 25:8; 창 12:17; 고전 10:8; 창 34:25-27; 삿 19:25, 29; 잠 7:23-27; 욥 31:9-12; 삼하 13:14, 28). 구약에서 특별히 이웃의 아내와 간음하는 자에 대해서는 이들을 간부와 음부라고 말했으며, 두 사람을 모두 죽이라고 말씀하셨습니다(레 20:10). 이러한 죄가 더욱 크다는 것을 강조한 것입니다.

또 음행과 간음은 이로 인하여 몸이 병들고 물질을 낭비하게 됩니다(잠 6:26; 5:11). 더욱이 이것은 이해력과 판단력을 빼앗아 갑니다(호 4:11). 이 죄는 다중적으로 많은 사람을 죄와 고통 속으로 몰아넣는데, 이는 자기 자신에 대해서 죄를 지은 것은 물론이고 상대방과 그들의 자녀들에게까지 죄의 영향을 끼치며 고통을 주기 때문입니다. 예를 들어 결혼한 남자가 이 죄를 범했다면, 우선 자신이 죄를 지었으며(고전 6:18) 자신의 죄에 다른 여성을 끌어들였고, 합법적인 자신의 아내와 자녀들에게 죄를 지은 것입니다. 더불어 만약 죄를 지은 상대방의 여성에게 가정이 있다면, 그 여성의 합법적인 남편과 자녀들에게까지도 죄를 지은 것입니다. 그리고 당연히 제7계명을 정하신 하나님께도 죄를 지은 것입니다. 따라서 하나님께서 이 죄에 대해서 반드시 심판하십니다(고전 10:8).

9. 제7계명을 어기지 않기 위한 적극적인 순종은 무엇입니까?

우선 자신의 선한 양심을 지키는 것인데(전 7:28), 죄에 대해서 무감각해지지 않기 위한 것입니다. 또 자신의 부르심에 대해서 수고하는 것입니다. 이는 게으름에 빠져서 유익한 것에서 벗어나 죄를 짓지 않게 합니다(삼하 11:12; 딤전 5:11, 13). 제7계명을 지키기 위한 적극적인 순종은, 자신의 영적 상태에 대해서 주의하고(말 2:17) 허탄한 것에 눈을 돌리지 않으며(욥 31:1), 음탕한 동류들을 피해서(잠 5:20; 7:25) 헛된 정욕에 빠지지 않는 것입니다(롬 1:25-26). 또 하나님의 지혜를 사랑하고(잠 2:10) 기도하며(시 119:37) 거룩한 묵상을 하는 것입니다.

31

제8계명

1. 제8계명은 무엇입니까?

제8계명은 "도둑질하지 말라"(출 20:15)입니다. 이 계명은 우리 자신의 소유는 물론이거니와 이웃의 소유에 대해서 정직하고 성실해야 하며, 모든 수단을 사용해서 보존해야 한다는 것입니다. 이웃의 재산에 해를 입혀서는 안 되며, 남용해서도 안 됩니다. 이 계명이 요구하는 것은 이웃과 정직한 거래를 통해서 (딛 2:10) 합법적인 수단으로 자신과 이웃의 재산을 증가시켜야 한다는 것입니다 (엡 4:28).

2. 제8계명의 목적은 무엇입니까?

우리가 가지고 있는 물건들이 하나님께서 우리에게 주신 것이며, 우리에게 맡겨두신 것이기 때문에 바르게 사용해야 한다는 것입니다. 하나님께서 주신 것이므로 하나님의 영광을 위해 사용하는 것입니다. 즉 하나님을 공경하는 것이 이 계명의 목적입니다. 하나님께서 우리에게 주신 것들은 교회의 공동 유익을 위해서 사용해야 합니다. 이것들을 가지고 교회의 교제를 키워나가야 합니다. 하나님께서 주신 것을 사용할 때는 사회적으로 공의가 유지되게 해야 합니다. 한편 개인적인 측면에서 주신 것은 개인이 자유롭게 누리게 하신 것입니다.

3. 제8계명과 관련된 인간의 부패성은 무엇입니까?

아담의 타락으로 인하여 모든 사람은 본성적으로 탐욕을 가지고 있습니다. 이로써 사람들은 자신이 가지고 있는 것에 만족하지 않으며, 정욕으로 다른 사람의 것을 취하려고 합니다. 모든 잘못된 수단과 방법을 사용해서 자신의 재산을 증가시키려고 합니다. 이 때문에 다른 사람을 해치고, 압제하며, 도둑질하는 것입니다. 사람들은 본성상 합법적으로 소득을 얻기보다는 잘못된 수단을 써서 이득을 취하는 것을 즐거워합니다. 잠언 9장 17절은 "도둑질한 물이 달고 몰래 먹는 떡이 맛이 있다 하는도다"라고 말씀하고 있습니다.

4. 무엇을 도둑질이라고 말하며, 그 범위는 무엇입니까?

도둑질이라는 것은 다른 사람에게 속해 있는 물건을 주인의 허락 없이 혹은 주인의 뜻에 어긋나게 물건을 취하거나, 사기를 쳐서 횡령하는 등 부당하게 그 물건을 갖는 것을 의미합니다. 도둑질을 금하는 계명은 다른 사람에게 유익이 되게 행동하라는 의미를 포함합니다. 비록 도둑질하지 않았다고 해도 다른 사람에게 유익이 되지 않게 행동했다면 제8계명을 어긴 것입니다. 즉, 인색한 구두쇠처럼 자신이 가지고 있는 것을 이웃이나 교회와 사회의 유익을 위해 사용하지 않는 것도 도둑질하는 것입니다.

사도 바울은 "도둑질하는 자는 다시 도둑질하지 말고 돌이켜 가난한 자에게 구제할 수 있도록 자기 손으로 수고하여 선한 일을 하라"(엡 4:28)고 말했습니다. 바울은 몸소 이것을 실천해서 다른 사람에게 본을 보였습니다(행 20:33-35). 따라서 도둑질하지 말라는 계명은 모든 도둑질을 금하는 것과 함께, 바르게 얻은 것을 즐기고 우리의 물건들을 바르게 사용하라는 것을 포함합니다.

5. 제8계명은 앞서있는 제6계명, 제7계명과 어떤 관계가 있습니까?

제6계명에서 제8계명까지는 서로 상관관계를 가지고 있습니다. 정도에 있어서 차이가 있을 뿐입니다. 다른 사람에게 상해를 입히는 것과 가정을 파괴하는 것이 금지된 것과 같이, 우리 자신의 물건이나 이웃의 물건에 해를 입히면 안 됩니다. 우리가 모든 합법적인 수단으로 다른 사람의 생명과 명예를 보전하기에 힘쓰듯이, 자신의 것이나 이웃의 물건을 보전하기에도 힘써야 합니다. 또한, 다른 사람의 생명과 명예를 위해서 도움을 주어야 하듯이 우리의 물건을 가지고 이웃의 필요를 채우기 위해 바르게 사용해야 합니다.

6. 제8계명이 요구하는 영적인 원리는 무엇입니까?

우리가 가지고 있는 것들을 바르게 보전하고 사용하기 위해 모든 노력을 다 해야 한다는 것입니다. 비록 우리가 가지고 있는 물건에 마음을 두어서는 안 되지만(시 62:10) 그것들을 하나님의 선물로 보아야 합니다. 그래서 하나님의 영광을 위해 사용하고, 우리 자신과 이웃의 선을 위해 사용해야 합니다. 만약 이것을 의도적으로 무시하거나 이웃의 어려움을 외면한다면, 달란트를 땅에 묻어 두고서 그것을 증가시키지도 않고, 아무 유익도 주지 못한 악하고 게으른 종과 같을 것입니다(마 25:25).

우리는 우리 이웃의 것들을 보전하기 위해 최선을 다해야 합니다. 그들이 가지고 있는 것이 우연이 아니라 하나님의 섭리에 의해 제공된 것으로 보고, 그것을 보전하기에 힘써야 합니다. 성경은 형제의 소나 양이 길을 잃은 것을 보았을 때 못 본 척해서는 안 되며 반드시 그것들을 끌어다가 형제에게 주어야 한다고 가르칩니다(신 22:1).

7. 제8계명이 요구하는 내적 원리는 무엇입니까?

돈을 사랑해서는 안 된다는 것입니다. 부자가 되려고 세상의 부에 마음을 두어서는 안 됩니다. 하나님 나라와 의를 가장 먼저 구해야 합니다. 그렇지 않으면 마음이 하나님에게서 떠나서 세상의 부에 가게 됩니다. 우리는 자족하는 심령을 가지고 있어야 합니다. 하나님께서 지혜로운 섭리에 따라서 주신 재산과 환경에 만족할 때, 다른 사람이 가지고 있는 것에 탐욕을 부리지 않으며, 불필요한 것에 대해서까지 욕심을 갖지 않습니다(빌 4:11).

반면, 자족하지 않는 심령을 갖게 되면 부적절한 욕망에 사로잡히고, 스스로 혼동 가운데서 염려에 빠지게 됩니다. 우리는 우리가 바라는 것들을 합법적인 범위 내에 두어야 하며, 적당하게 해야 합니다. 소유를 얻는 것에 너무 마음을 두어서는 안 됩니다. 생활의 염려에 매이지 않아야 하며, 하나님의 섭리에 의존해야 합니다. 또 물건과 재산을 얻기 위해서는 반드시 수고해야 합니다.

8. 제8계명에서 요구하는 신앙적인 덕은 무엇입니까?

이 세상의 것들이 헛된 것임을 생각해야 합니다. 오직 하나님의 탁월성과 사랑을 생각하는 것에서 경건이 나옵니다(딤전 6:6-8). 하나님께서 항상 우리의 부족함에 대해서 넘치게 공급해주시기 때문에(딤전 4:8; 시 34:10-11; 37:16; 마 6:33; 잠 15:6) 자족해야 합니다. 하나님은 섭리와 자비의 하나님이십니다. 따라서 하나님의 자녀로서 아버지가 우리에게 할당하신 몫과 분복에 대해 감사해야 합니다(시 16:6).

하나님은 우리가 있어야 할 곳을 너무나 잘 아시기 때문에 우리는 우리 자신의 위치에 대해서 하나님의 뜻과 섭리로 여기고 그것에 굴복해야 합니다. 그렇지 않으면 필요한 것 이상을 가지려고 하며, 불법을 사용하게 되기 때문입니다. 그러므로 우리는 하나님의 약속을 묵상하며(히 13:5-6) 우리의 상황에 자족하고, 결코 하나님을 떠나지 않아야 합니다. 우리의 모든 염려를 하나님께 맡겨야 합니다(벧전 5:7; 시 55:22).

9. 제8계명에서 외적으로 요구하는 의무는 무엇입니까?

제8계명에서 외적으로 요구하는 의무는, 바르고 합법적인 수단으로 재물과 소유를 얻는 것입니다. 부자가 되고자 하는 것은 가시와 같아서 서둘러서 부를 잡으려고 하면 자신의 영혼을 찌르고, 양심에 상처를 줍니다. 그러므로 불의로 풍성하게 되는 것보다 적은 소유로 지내는 것이 더 낫습니다(잠 16:8; 시 37:16). 바르게 얻는 것은 하나님의 선물이며, 이는 하나님의 사랑의 증거입니다. 반면, 불의로 얻는 것은 하나님의 진노를 불러일으킵니다. 이것은 우리를 멸망으로 인도하는 길입니다. 즉, 바르게 얻는 것은 하나님께서 우리에게 축복하신 것이며(잠 10:22) 잘못된 방식으로 얻는 것은 하나님의 저주에 해당합니다(잠 13:11; 히 2:9).

10. 제8계명과 우리를 부르심에는 어떤 관계가 있습니까?

우리는 이 땅의 소유를 얻기 위해 합법적인 노동을 하며 직업을 가져야 합니다. 다양한 은사와 성향에 따라서 공적이든 사적이든 일을 해야 합니다. 이것을 합법적인 부르심(lawful calling)이라고 부릅니다. 모든 불의의 수단을 사용하는 것과 무질서 가운데 행하는 것은 합법적인 부르심에 반대되는 것입니다(살후 3:6-7, 11). 또한, 부르심이 없는 것 자체가 불법입니다. 이것은 사회에 유익이 되지 못하며 해가 됩니다. 가난하더라도 걸인으로 살아서는 안 됩니다. 노동하지 않는 것은 불법입니다(살후 2:10, 12). 또 하나님의 말씀으로 보증될 수 없는 직업도 불법입니다(신 23:17).

11. 거룩한 것을 도둑질하는 것에는 무엇이 포함됩니까?

구약에서는 하나님을 위해 예배하는 도구들을 거룩하게 구별했습니다. 또한 예배의 유지를 돕고 수행하는 사역자들을 위해 십일조를 구별했습니다. 신약에서는 십일조가 도덕법으로 지속되었습니다(마 23:23; 고전 16:1-2). 이는 교회의 예배와 사역의 유지를 위한 것입니다. 물론 십일조는 개인에게도 신앙의 유익을 가져다 줍니다. 십일조는 하나님의 주권을 인정하고 감사하며, 이 세상의 물질에 메이지 않게 하는 유익이 있습니다. 따라서 십일조는 하나님께 구별하여 드리는 것이며, 이것을 무시하는 것은 하나님의 것을 도둑질하는 것입니다(말 3:8). 성경에서는 하나님의 것을 도둑질한 많은 예를 볼 수 있는데, 아간, 느브갓네살, 벨사살, 아나니아와 삽비라의 경우입니다. 그들에게는 하나님의 무거운 저주가 있었습니다.

제9계명

1. 제9계명의 범위와 목적은 무엇입니까?

제9계명은 "네 이웃에 대하여 거짓 증거하지 말라"(출 20:16)입니다. 제9계명은 사람 사이에서 진리를 보전해야 하며, 자신과 이웃의 명성과 이름을 잘 보전해야 한다는 것을 말합니다. 이 계명을 주신 하나님은 진리의 하나님이시며(신 32:4; 시 31:5) 하나님은 진리 그 자체이시기 때문입니다(요 14:6). 그리스도가 이 땅에 오셨을 때, 진리에 대해 증거하셨으며(요 18:37) 진리를 말씀하심으로써 하나님을 영화롭게 하셨습니다. 따라서 하나님께서는 사람에게, 그리고 사람들 사이에서 진리와 진실을 말할 것을 요구하십니다.

2. 제9계명과 사람의 부패성과의 관계는 무엇입니까?

사람은 본성상 거짓말을 합니다(시 58:3; 롬 3:4). 때로는 어떤 이득을 위해 거짓말을 하고, 때로는 이유 없이 거짓말을 합니다. 사람은 본성상 다른 사람의 선한 이름과 명성에 대해서 어긋나는 말을 합니다. 시기심과 교만으로 다른 사람을 낮추고 자기 자신을 높이려는 성향이 심령에 자리 잡고 있습니다. 따라서 제9계명은 사람이 본성상 거짓말하는 것을 억제하고 금하라는 것입니다.

3. 제9계명에서 금하는 것은 무엇입니까?

우리는 이웃에 대해서 말로 거짓 증거해서는 안 됩니다. 또한 이웃에 대한 질문을 받았을 때, 그 대답으로 거짓을 증거해서도 안 됩니다. 이웃에 대한 거짓 증거는 공적으로든 개인적으로든, 그 증거가 이웃에게 유리하든지 불리하든지 상관없이 거짓으로 해서는 안 됩니다. 제9계명이 금하는 것은 이웃에 대해 거짓되고 헛되며 공격적인 모든 말입니다. 이는 이웃의 명성을 해치거나 편견을 주기 때문에 금하는 것입니다.

4. 거짓으로 말하는 것을 피해야 하는 이유는 무엇입니까?

거짓을 말한다는 것은 잘못 말하거나, 거짓을 진실처럼 말하는 것이며, 헛되게 혹은 습관적으로 거짓을 말하는 것입니다. 특히 속이고자 하는 마음을 가지고 거짓으로 말하는 것은 악한 것입니다. 하나님은 진리의 저자이시며 진실하신 분이시기 때문입니다. 반면에 마귀는 거짓의 아비이며, 거짓말하는 자입니다. 진리를 말하는 것은 우리를 하나님께 가까이 가게 하는 것이며, 거짓을 말하는 것은 우리를 마귀와 같이 만드는 것입니다(요 8:44).

그러므로 거짓을 말하는 것은 성경에서 엄하게 금하고 있습니다(출 23:7; 골 3:9; 엡 4:25). 거짓을 말하는 것은 중한 죄인데, 이웃에게뿐만 아니라 하나님께도 짓는 죄이기 때문입니다(레 6:2). 하나님은 거짓말하는 자를 엄중히 심판하시며(잠 19:5, 9; 시 5:6; 행 5:1-4), 그 심판은 이 땅에서와 장차 올 세상에서 받습니다. 그들은 하나님 나라에 들어갈 수 없으며(계 22:15) 불 못에 던져질 것입니다(계 21:8).

5. 무익하거나 상처를 주는 말에는 어떤 것들이 있습니까?

유익한 말의 반대되는 개념으로 대표적인 것이 무익하거나 상처를 주는 말입니다. 이것은 하나님의 영광을 가리는 것이며, 이웃과 자신에게 유익이 되지 못합니다. 성경에서는 이러한 말들에 대해서 정죄하고 있으며(시 12:2; 신 5:20; 딛 3:9; 잠 30:8) 마지막 심판 날에 반드시 심문을 받게 될 것이라고 말합니다(마 12:36). 이웃에게 상처를 주는 말은 저주와 욕설, 모독하는 말입니다. 이처럼 형편없는 말과 불쾌하게 하는 말은 독과 같아서(엡 4:29) 듣는 자에게 해를 끼칩니다(고전 15:33).

6. 수다쟁이와 악한 말을 하는 자들의 태도에는 어떤 것이 있습니까?

수다쟁이들은 이웃에 대해서 거짓으로 많은 말을 하거나 어울리지 않게 이웃에 대해 과장해서 찬양합니다. 수다쟁이들은 객관적인 사실을 무시하거나 시치미를 떼면서 말을 하고 과장되게 표현합니다(잠 27:14; 행 12:22). 이렇게 말하는 목적은 그들의 이익을 위한 것이며, 다른 사람에게 해를 끼치거나 그들을 무너뜨리기 위한 것입니다(잠 29:5; 렘 9:8; 마 22:15-16). 또한 이웃에게 악한 말을 하는 것은 그들에게 모욕을 주며(마 5:22; 고전 6:10) 조롱하기 위한 것입니다(창 21:9;

갈 4:29). 더욱이 악한 말을 하는 자들은 그 이웃이 없는 자리에서 속삭이는 말로 하거나, 때로는 공개적으로 조롱하듯이 말하기도 합니다.

7. 무익한 말을 하고 상처를 주며 악한 말을 하는 자들을 어떻게 피해야 합니까?

이웃에 대한 흉을 쉴 새 없이 하고, 과장되게 이웃에 대해 아첨하는 말을 하며, 악한 말을 하는 자들은 그러한 악행에 중독된 상태입니다. 성경에서는 이러한 악한 말을 분명히 금하고 있으며(레 19:16; 약 4:11) 지독한 죄로 정죄하고 있습니다(시 50:20; 겔 22:9; 롬 1:30). 이런 증거들이 나타나는 자들은 위선자들로서 다른 사람의 죄에 대해서는 맹렬히 규탄하고, 자기 자신에 대해서는 관대하며, 본인은 매우 신앙적이라고 생각합니다(약 1:26). 이들은 처음부터 중상 모략하는 마귀의 자식들로서(딤후 3:3; 딛 2:3) 하나님께서 무거운 심판으로 그들을 처벌하실 것입니다(시 50:20-21; 겔 22:9; 시 15:3; 52:4). 따라서 반드시 이러한 자들로부터 자신을 분리해야 합니다.

8. 제9계명이 긍정적으로 요구하는 것은 무엇입니까?

우리 자신과 이웃의 선한 이름에 대해 진실을 보전하는 것입니다. 이를 위해 우리의 언어를 상당히 조심해서 사용해야 합니다. 하나님의 선물을 남용하여 하나님을 불명예스럽게 해서는 안 됩니다. 따라서 성경에서는 마음으로부터 진실을 말하는 습관에 대해 말하고 있는데(시 15:2) 이는 하나님의 명령입니다(엡 4:25; 슥 8:16, 19). 우리는 항상 우리의 입술을 사용해서 올바르게 말해야 합니다(롬 10:9-10; 마 10:32-33). 또한, 시간과 장소가 허락되는 대로 진리에 대해서 기꺼이 담대하게 고백해야 합니다(단 3:16-18; 행 4:8, 10, 13).

9. 유익이 되는 말을 해야 하는 이유는 무엇입니까?

제9계명은 진리를 보전해야 하는 것과(엡 4:14) 유익이 되는 말을 해야 하는 것을 요구하고 있습니다. 이는 하나님의 영광을 증진하기 위한 것이며, 또한 동시에 하나님을 영화롭게 하고 그의 영광을 찬양하려는 것입니다(시 50:23; 엡 5:4; 약 5:13). 하나님의 영광이 우리 언어의 목적입니다. 이웃에게 유익이 되는 말을 하기 위해서는 이웃을 영적으로 세워야 하며, 기독교의 교리에 대해서 모르는 자들에게는 가르치는 말을 해야 합니다. 영적으로 곤궁에 처한 자를 위로하고 연약한 자를 격려하며, 의도적으로 잘못한 자는 책망해야 합니다. 물론 이웃에게 유익한 말이 되기 위해서는 말투가 정중해야 합니다. 그래야 쉽게 다른 사람과 대화할 수 있습니다. 또 언어의 표현에서도 사랑과 선한 의도가 들어 있어야 합니다. 이는 그리스도가 사마리아 우물가에 있었던 여인과 대화하신 것에서 그 예를 찾아볼 수 있습니다(요 4:7, 10).

10. 이웃과 우리의 선한 이름을 보전하기 위해 무엇을 해야 합니까?

우리는 우리 자신과 이웃의 선한 이름을 보전해야 하는데, 그들의 선한 이름은 생명과 같이 귀한 것이기 때문입니다(잠 15:30; 22:1; 전 7:12). 이를 위해서는 그들의 이름에 대해서 즐거워하고(롬 1:8; 고전 13:4) 그들의 이름이 모독당할 때 슬퍼해야 합니다. 또한, 귓속말하고 속삭이는 자들과 중상모략하는 자들에게는 귀를 닫고, 그들의 말을 듣지 않을 뿐만 아니라 믿지 않아야 합니다(잠 25:23). 이러한 자들은 하나님의 백성이 아니기 때문입니다(시 15:1, 3). 반면, 이웃을 찬양하는 말을 들을 때 기뻐하면서 듣는 것은 이기심과 시기심으로부터 자유함을 얻은 정직한 심령의 표시입니다.

11. 이웃과 우리의 선한 이름을 보전하기 위해 취해야 할 수단들은 무엇입니까?

이웃과 우리의 선한 이름을 보전하기 위해서는 가장 먼저 하나님의 영광과 그의 나라와 의를 구해야 합니다. 그래야 하나님 앞에서 성결의 삶을 살 수 있으며, 모든 선한 일을 행할 수 있습니다(마 6:33; 5:16; 시 112:6; 삼상 2:30; 잠 10:7). 둘째로 헛된 영광을 구하는 것을 피해야 합니다. 사람은 하나님의 영광보다 사람으로부터의 영광을 구하려고 합니다(요 5:44; 12:43). 그러나 사람들의 박수갈채를 구하기보다 선한 양심의 증거를 드러내야 합니다(고후 1:12). 외적인 것보다 내적인 심령에 더욱 눈을 돌려야 합니다.

한편 외적인 행동들이 하나님보다 사람에게 인정받기 위한 것이 되지 않게 해야 합니다(롬 2:29). 위선을 피해야 합니다. 위선적인 행동은 일시적으로 사람에게 영광을 얻을지라도, 하나님께서 그 위선을 벗기시면 수치와 경멸에 처하게 됩니다. 헛된 것과 악행으로 이득을 얻고자 해서는 안 됩니다(삼하 18:18). 결국에는 수치스럽게 될 것입니다. 수다쟁이와 아첨쟁이를 피하십시오. 책망을 기꺼이 받는 자들을 사랑하십시오(왕상 22:18). 나 자신에게는 엄격하게 판단하고, 다른 사람을 견책할 때는 자비로운 태도로 하십시오(마 7:1-2). 다른 사람에게서 좋은 평판을 얻기 위해서 우리의 능력 이상으로 수행하지 마십시오(시 131:1; 눅 14:28-30). 사람들에게 찬사를 얻기 위해 무리해서는 안 됩니다.

제10계명

1. 제10계명이 금하고 있는 것은 무엇입니까?

제10계명은 "네 이웃의 집을 탐내지 말라 네 이웃의 아내나 그의 남종이나 그의 여종이나 그의 소나 그의 나귀나 무릇 네 이웃의 소유를 탐내지 말라"(출 20:17)입니다. 제10계명이 금하는 것은 은밀하고 내적인 정욕입니다. 이것은 의지의 동의를 받기 전에 일어나기 때문에 모든 악한 행동의 씨앗이 됩니다. 여기에는 악하고 부패한 성향과 생각들, 그리고 소욕이 포함되는데, 이는 제10계명이 금하는 것입니다.

2. 제10계명의 목적은 무엇입니까?

제10계명의 목적은 하나님이 누구이신가를 알게 하고, 하나님이 우리에게 베푸신 자비에 합당하게 자비를 베푸는 것입니다. 제10계명은 하나님께서 입법자로서 자비를 보여주시고, 우리에게 자비를 요구하시는 것입니다. 하나님께서는 영으로서 전지하셔서 사람들의 마음을 살피시고, 사람의 내면에 감추어진 은밀한 생각도 아십니다. 따라서 하나님은 우리에게 영적인 순종을 요구하십니다(롬 7:14). 제10계명은 우리 자신의 유익만을 구하지 말고 이웃에게 선을 행하라는 것입니다(고전 13:5). 더욱이 하나님의 법이 완전한 것을 요구하고 있음을 깨닫고(롬 7:7, 13, 24; 잠 20:9; 시 19:11-12) 이를 영적 순종의 규칙으로 삼아야 합니다.

3. 제10계명이 드러내는 인간의 부패성은 무엇입니까?

제10계명은 우리의 마음과 생각이 부패했다는 것을 드러냅니다(창 6:5; 8:21). 우리의 마음과 생각은 어둡고 어리석어서 우리 자신의 부패성과 악함을 스스로 보지도 못하고 느끼지도 못합니다(롬 7:7-8). 따라서 우리의 판단에 오류가 있거나 죄를 억제하지 않으면 죄의 성향에 기울어져 있어서 죄를 짓습니다. 그러므로 우리의 심령에 율법이 새겨져 있어야 하는데, 이는 성령의 역사로 말미암은 것입니다(렘 31:33). 이로 인하여 그 마음에 있는 율법이 영적 순종의 규칙으로 작동해서 자비를 행하고 죄를 억제할 수 있습니다.

4. 제10계명이 요구하는 영적 순종과 다른 계명에서 요구하는 것에는 어떤 차이가 있습니까?

제10계명이 요구하는 영적 순종은 마음으로 순종해야 하는 점에서는 다른 계명과 같습니다. 그러나 다른 계명과의 차이점은 내적 성향을 억제해야 한다는 점에 있습니다. 즉 생각으로 동의하기 전에 마음속에 일어난 유혹에 대해 억제할 뿐만 아니라 죽여서(롬 8:13), 마음에 욕심이 잉태하지 않게 하는 것입니다. 그렇지 않고 그대로 두면, 죄에 대해 동의가 일어나고 욕심이 잉태하여 반드시 죄를 짓기 때문입니다(약 1:15).

5. 제10계명에서 말하는 강한 욕망은 어떤 것입니까?

제10계명에서 말하는 강한 욕망이나 마음의 정서는 육신적이며, 세상적인 것에 대한 욕망으로서 마귀의 정욕에 해당하는 것입니다(딛 2:12; 갈 5:16-17). 이 욕망은 항상 습관적으로 악에 기울어져 있으며, 악한 것을 원하게 만듭니다(롬 8:6-7). 그런데 그 욕망이 더욱 강해지면 이웃의 것에 탐심을 갖게 되며, 결국 그 강한 욕망으로 인하여 불법을 행하고 죄를 짓는 것입니다. 이때의 욕망은 마귀의 것과 같습니다. 그래서 감각과 기억을 부패시키고 오직 그것을 얻고자 하는 마음과 그것을 얻어 즐기고자 하는 생각에 사로잡히게 합니다.

야고보는 이 과정과 단계를 말했는데, "욕심이 잉태한즉 죄를 낳고 죄가 장성한즉 사망을 낳느니라"(약 1:15)고 했습니다. 처음에 선한 마음에서 악한 마음으로 이동하는 것을 방심하면 마음이 악한 데로 기우는 것을 인지하지 못하게 됩니다. 그다음에 마음이 악한 것에 동의하고 그것을 좋아하게 되면 이미 욕심이 잉태된 것입니다. 욕심이 잉태되면 죄악의 행위에 동의하고, 행위로 실행에 옮기게 됩니다. 이는 이미 의도적으로 죄를 지은 것입니다. 더 나아가서 죄를 짓는 행위에 익숙해지면 죄는 더욱 쌓이며 장성하게 됩니다. 이는 죄의 정도가 더욱 강해지는 것이며, 결국 죽음에 이르게 합니다. 하와, 다윗 등도 이러한 과정과 단계를 거쳐서 죄를 지었습니다.

6. 강한 욕망이 역사하는 영역은 어디입니까?

마음과 감각에 정욕이 일어나면 이기심이 발생하고, 이로 인하여 이득을 얻고자 하는 욕망이 더욱 커지며, 이것을 성취하기 위해 하나님의 법을 어기게 됩니다. 강한 욕망은 마음에 있는 하나님의 말씀을 질식시키고(막 4:19) 세상의 것을 얻기 위해서 달려가게 합니다. 결국, 자신을 죄에 던지며 스스로 죄 아래에 있게 합니다(롬 1:24). 만약에 자신이 그리스도인이라고 생각하면서도 이러한 상태에까지 이르게 하면 그는 구원 백성이 아닙니다(요일 3:6; 롬 8:9). 왜냐하면 그리스도가 죄를 없이 하기 위해 이 땅에 오셨으며(요일 3:5, 8), 성령께서는 죄의 지배 아래 있지 않도록 우리를 거듭나게 하셨고 계속해서 다스리시고 지배하시기 때문입니다(롬 8:5).

7. 거듭났음에도 불구하고 이러한 부패성이 남아 있습니까?

원죄로 인하여 모든 사람의 영혼과 몸의 기능이 부패했고, 이로 인하여 사람들은 악을 행합니다. 이것을 습관적인 정욕이라고 부릅니다. 이는 악한 성향이며, 이로써 사람은 항상 하나님의 법을 어기고자 합니다. 마음, 기억력, 정서가 오염되어 있어서 죄의 도구가 되는 것입니다. 즉, 말과 행위에서 하나님의 법을 어기며, 죄와 사탄의 종이 되어서 계속해서 죄를 짓습니다.

그리스도의 보혈이 성령의 역사로 그 심령에 뿌려지는 것은 이러한 더러움을 씻어내기 위한 것입니다(히 9:14; 겔 36:25-26) 이로써 그 영혼은 거듭나며, 거듭난 영혼은 항상 죄를 지을 수 없고 죄에 기울어져 있을 수 없습니다. 그러나 원죄로 인한 부패성은 성령의 역사로 거듭났음에도 불구하고 그 사람에게 남아 있습니다. 이것을 성경에서는 '옛사람'이라고 부릅니다. 바울 사도는 이를 벗어버리라고 명령했고(엡 4:22; 골 3:9), 성령을 통해 죄성을 계속 죽이라고 했습니다(롬 8:13).

8. 정욕을 죽여야 하는 이유는 무엇입니까?

　제10계명에서도 다른 계명과 같이 모든 악행의 뿌리인 정욕을 죽이라고 명령합니다. 정욕은 세상에 마음을 두게 하고 하나님에 대한 헌신을 꺼뜨리기 때문입니다(엡 5:5; 골 3:5). 이는 이웃에 대한 자비의 마음에서 떠나서 잔인하고 탐욕으로 가득한 마음이 되지 않게 하고, 자비의 실행을 통해서 우리가 하나님의 백성임을 세상 사람이 알게 하려는 것입니다. 더욱이 사람은 만족하지 못하는 심령을 소유하고 있으며(전 4:8), 탐욕과 분노하는 마음을 가지고 있습니다(딤전 6:10; 왕상 21:4). 자기 사랑과 이기심을 가지고 있으며 사탄의 유혹 때문에 항상 하나님을 배반합니다. 그러므로 그 뿌리인 정욕을 죽이라고 명령하는 것입니다.

9. 정욕을 죽이기 위한 수단에는 무엇이 있습니까?

　성령은 신자들이 육신의 정욕과 싸우도록 영향을 줍니다. 성령께서 신자들을 거듭나게 하실 때 육신과 싸우려는 성향 혹은 영적 성질을 마음에 심어두셨습니다. 또 거듭난 이후에는 성령께서 신자의 심령에 영향을 주어 육신을 죽이게 하십니다. 성령께서는 더욱 적극적으로 신자의 마음과 생각과 정서에 영향을 주어서 이웃을 향한 선을 생각하고 바라게 하시며, 자비의 행동을 하도록 주장하십니다. 그러므로 우리에게 이러한 성령의 역사가 더욱 강력해지도록 은혜의 수단 가운데 있어야 하며, 심령을 깨끗하게 보전하고 하나님과 동행해야 합니다. 특히 우리의 감각에 정욕이 힘을 얻지 못하도록 예의 주시하고, 우리의 마음을 지켜야 합니다(잠 4:23). 우리의 마음이 선한 것들로 가득 차게 하며 또한 이를 위해서 기도해야 합니다.

10. 십계명과 성화는 어떤 관계가 있습니까?

십계명은 신자들의 생애 가운데 계속하여 죄를 깨닫게 하고 회개하게 합니다. 죄에 대해서 슬퍼하게 하고, 죄와 싸우고자 하는 열망을 일으킵니다. 이는 성령께서 신자 위에 일하시기 때문입니다. 그래서 십계명은 신자들이 죄에서 떠나도록 더욱 수고하게 하고, 신자의 남아 있는 부패한 본성을 죽이고자 애쓰게 합니다. 십계명은 하나님의 도덕적 본성에서 온 영적인 것으로서, 신자에게 새로운 순종을 일으킵니다. 신자의 내적 심령에 덕을 세우며, 영적인 것을 추구하고 그것을 즐거워하게 합니다.

즉, 십계명은 신자들이 하나님의 선하신 계명에 따라 살게 하고, 그리스도인의 삶으로 살아가게 하는 도구가 됩니다(시 119:57, 112). 신자에게 십계명은 성화의 수단입니다. 따라서 신자에게 계명이 필요 없다고 주장하는 도덕률폐기론은 잘못된 것입니다. 그들은 성화 없는 구원을 말하기 때문입니다. 히브리서 12장 14절에서는 "모든 사람과 더불어 화평함과 거룩함을 따르라 이것이 없이는 아무도 주를 보지 못하리라"고 말씀합니다. 성화가 구원의 필수적 요소이며 구원의 증거라는 것입니다.

34

그리스도인의 전신갑주

1. 영적 전쟁이란 무엇입니까?

신자는 이 세상에 살아갈 때 모든 대적자에게서 영적 공격을 받습니다. 신자의 세 가지 원수는 마귀와 세상과 육신입니다. 신자들은 이 땅에서 영적 전쟁 상태에 있습니다. 그러므로 신자는 그리스도 안에서 공급받는 영적인 힘을 가지고 원수들과 싸우되, 승리에 대해서 확신해야 합니다. 물론 회개는 육신의 공격에 대항해서 지속적으로 싸우는 수단이 됩니다. 마귀의 움직임에도 기회를 제공하지 않고 이 세상의 유혹을 물리치는 수단입니다. 이 싸움에서 신자는 오직 그리스도에 대한 살아 있는 믿음으로 대적자들의 유혹과 공격을 극복할 수 있습니다.

2. 영적 싸움을 수행하는 힘은 어디에서 옵니까?

영적 싸움은 오직 그리스도 안에서 하나님의 전능하신 능력을 공급받아 수행할 수 있습니다(고후 12:9; 빌 4:13). 하나님이 우리를 사랑하시기 때문에 그 어떤 원수들도 신자들을 무너뜨릴 수 없으며, 이로써 우리가 그들을 물리치는 것입니다(롬 8:37). 그러므로 그리스도 안에서 그의 힘의 능력으로 강력해져야 합니다(엡 6:10). 그 힘과 능력은 그리스도 안에 있으며, 믿음으로 그리스도에게서 힘을 얻는 것입니다.

그리스도의 힘은 강력하므로 얼마든지 영적 전쟁에서 승리할 수 있습니다. 사도 바울은 "내게 능력 주시는 자 안에서 내가 모든 것을 할 수 있느니라"(빌 4:13)고 고백했습니다. 그리스도가 공급해주시는 능력으로 어떤 고난과 역경의 싸움에서도 승리할 수 있다는 확신의 고백입니다. 만약 영적 전쟁에서 자신을 신뢰하거나 인간적인 수단들을 의지한다면 그 싸움은 반드시 패배합니다.

3. 신자가 영적 전쟁을 치를 때 가장 필요한 장비들은 무엇입니까?

하나님께서는 신자가 능히 영적 싸움을 수행할 수 있도록 장비들을 제공하셨습니다. 신자 자신의 힘이나 능력으로는 결코 영적 전쟁을 수행할 수 없기 때문입니다. 사도 바울은 이 장비들을 군인이 전쟁에 나갈 때 반드시 구비하여 입어야 하는 전신갑주로 표현했습니다(엡 6:11). 이것은 특히 마귀의 간교한 계략을 물리치고 승리하기 위해 꼭 필요한 신앙의 덕목들입니다. 마귀는 힘과 폭력을 동원할 뿐만 아니라 술수와 계략을 사용하기 때문에 우리는 이 장비들을 다 준비하고 있어야 합니다. 그렇지 못할 경우에는 마귀에게 패배할 수 있습니다. 바울은 이 장비들을 '하나님의 전신갑주'라고 이름했는데, 이는 하나님께서 주시는 신령한 것들이며, 육신적인 것이 아니기 때문입니다.

4. 영적 전쟁이 치열할 때는 언제입니까?

성경에서는 특별히 '악한 날'이라고 말합니다(엡 6:13). 이는 마귀가 복음의 증거를 막고 하나님 나라의 진전을 막기 위해서 기승을 부리는 시험의 때를 의미합니다. 전쟁이 극심한 시기에는 신자들이 진리로 인하여 순교를 당하거나 환란과 핍박 가운데 있게 됩니다(계 6:9). 또 개인적으로 그리스도에게 돌아가는 과정에서 그리스도에게 나아가지 못하도록 믿음의 길을 방해하기 위해 마귀가 강력하게 공세를 펼칠 때가 있습니다.

물론 이러한 전쟁에서 마귀가 더욱 우세하게 보이는 때도 있습니다. 교회가 세속화되고, 교인들이 진리에 대해 무지하며, 무관심한 때입니다. 하나님과 진리에 관심이 없으며, 그것을 마음에 두지 않는 때입니다(사 5:11-12). 이는 영적 전쟁에서 교회가 패배한 상태입니다. 물론 하나님께서는 심판의 방법으로 그러한 상태에 두시기도 하지만, 그렇다고 교회가 영적으로 죽은 상태로 내버려 두시지는 않습니다. 하나님은 남은 자들을 갱신하셔서 자신의 영광을 드러내십니다. 영적으로 갱신된 교회의 특징은 영적 전쟁을 능히 수행할 수 있도록 훈련된 교회입니다. 이들은 진리를 위해서 영적 전쟁에 나아가 자신을 그리스도께 드립니다.

5. 진리의 허리띠는 무엇을 의미합니까?(엡 6:14)

바울이 영적인 전쟁의 수행을 군사의 갑옷과 장비로 설명한 데는 비유적인 의미가 함축되어 있습니다. 허리띠는 힘의 중심인 허리와 관련된 장비이며, 힘을 더욱 강화하기 위한 것입니다. 그런데 그 허리띠는 진리라고 했으므로, 진리를 허리띠처럼 자신의 허리에 묶는 것입니다. 즉, 교리적 진리를 신실하게 가지고 거짓된 공격에 흔들리지 않는 것입니다. 진리로 확고한 판단을 하면 마귀와 세상과 거짓된 마음에서 나오는 속임수에 흔들리지 않습니다. 이러한 확고함이 없다면 그는 쉽게 유혹에 넘어가 흔들리며 그 기회를 노리는 마귀의 공격에 패배할 것입니다.

6. 의의 호심경은 무엇을 의미합니까?(엡 6:14)

호심경이라는 것은 군사의 갑옷 가슴 쪽에 호신용으로 붙이던 구리 조각입니다. 바울은 이것을 의의 호심경이라고 불렀습니다. 이는 거룩하고 의로운 삶의 능력을 유지하는 것을 의미합니다. 신자를 거룩하게 하고 의의 열매가 있게 하는 것은 하나님의 구원하시는 목적입니다. 그런데 원수들은 하나님의 백성에게 있는 이 표시를 없애기 위해 공격합니다. 따라서 신자는 거룩한 삶을 유지하기 위해 부단히 수고하고, 하나님과 사람 앞에서 의로운 삶을 살기 위해 애써야 합니다(행 24:16). 신자의 삶 속에서 거룩한 능력이 나타나는 것은 원수들을 물리치는 강력한 방법입니다.

7. 평안의 복음의 신발은 무엇을 의미합니까?(엡 6:15)

먼저 평안의 복음이라고 말한 것은 복음으로 자신의 심령에 평안을 유지하고, 세상의 역경과 고난을 헤쳐나가는 것을 의미합니다. 더욱이 신발로 설명된 것은 군인들이 군화를 신고 거친 곳을 지나갈 때 험한 지형에도 불구하고 자신의 발과 다리를 보호할 수 있음을 나타냅니다. 즉, 복음으로 무장했기 때문에 세상에서 시련과 혹독한 어려움을 당해도 심령의 평안을 유지하는 것입니다. 이렇게 복음으로 무장되지 않는다면 배교의 시대에 많은 교인이 자신의 신앙고백을 포기하고 세상으로 돌아갈 것입니다(히 2:1; 벧후 2:20-22). 또 만약 복음을 지식적으로만 가지고 있다면 그의 심령은 환란 속에서 평안이 없을 것이며, 그리스도를 위해서 자신의 이익과 생명을 포기하지 않을 것입니다.

8. 믿음의 방패는 무엇을 의미합니까?(엡 6:16)

방패는 불화살을 막기 위한 장비입니다. 불화살은 마귀의 극심한 공격일 수도 있으며, 세상의 강력한 유혹일 수도 있습니다. 이러한 영적 전쟁에서 중요한 도구인 방패는 몸의 특정 부분만 방어하는 것이 아니라 몸 전체를 보호할 수 있는 장비입니다. 그러므로 '믿음의 방패'라고 말하는 것은 그 어떠한 무기보다 믿음이 중요하다는 것입니다. 진정한 믿음은 시련의 때에 하나님께 순종하며 하나님께 나아가 기도하는 것이고, 상황이 어떠해도 하나님에 대한 믿음이 한결같이 유지되는 것입니다. 믿음의 방패는 사탄과 세상이 주는 두려움과 절망을 능히 극복할 수 있게 합니다. 따라서 믿음의 방패는 그리스도인의 전신갑주 가운데 중요한 무기입니다.

9. 구원의 투구는 무엇을 의미합니까?(엡 6:17)

몸의 가장 중요한 부분인 머리를 보호해주는 장비가 투구입니다. 그렇다면 사람의 가장 주요한 기능을 가진 영혼이 곧 머리라고 할 수 있으며, 이 영혼을 보호해주는 것이 구원의 소망이라는 것입니다. 단지 소망이 아니라 구원의 소망이라고 말하는 이유는 하나님의 모든 약속이 구원으로 집약되며, 그 구원에 모든 소망이 들어있기 때문입니다. 이는 세상 사람들의 소망과 구별되는 것입니다. 따라서 구원의 투구는 영적 전쟁에서 그 마음이 무너지지 않도록 지켜주고, 전쟁에서 더욱 담대하게 해줍니다. 우리가 극심한 환란과 고난 속에 있다 하더라도 구원의 소망은 우리를 힘있게 싸우게 합니다. 이 소망으로 우리는 하나님을 위하여 전쟁에서 더욱 열정적으로 싸우며, 포기하지 않고 끝까지 인내하여 결국에는 승리합니다(롬 5:3-4).

10. 성령의 검은 무엇을 의미합니까?(엡 6:17)

무기 가운데 칼은 공격적이기도 하지만 방어적입니다. 하나님의 말씀을 검에 비유한 것은, 하나님의 말씀이 영적 전쟁에서 필수적이며 그 용도가 탁월함을 나타내주는 표현입니다. 그리스도인은 하나님의 말씀을 가지고 자기 자신을 방어하기도 하며 또한 공격하기도 합니다. 자신 앞에 있는 모든 원수를 하나님의 말씀으로 끊어내는 것입니다. 그 검을 성령의 검이라고 한 이유는 성령께서 말씀의 저자가 되시며 말씀의 해석자가 되시고, 말씀이 영혼 속에서 유효한 능력을 발휘할 수 있도록 역사하는 분이시기 때문입니다. 따라서 오류와 이단들에 대해 방어하고 공격하기 위해서는 반드시 하나님의 말씀이 필요합니다. 우리의 심령에 부패성과 정욕이 일어날 때 하나님의 말씀으로 그 죄의 싹을 자르며, 내적인 환란과 외적인 환란에도 하나님의 말씀, 특히 약속의 말씀들을 붙잡고 바라보면서 영적 전쟁에서 승리하는 것입니다.

11. 전신갑주에 관한 말씀 다음에 '모든 기도와 간구'가 언급된 이유는 무엇입니까?(엡 6:18)

전신갑주의 장비로 무장했다 하더라도 그것을 강력하게 만드는 것은 모든 기도와 간구입니다. 더욱이 '모든 기도'라고 말한 이유는 영적 갈망을 가지고 끊임없이 부르짖는 기도가 필요한 것을 강조하기 위함입니다. 그리스도인의 원수들은 그리스도인들의 기도를 방해하고 산만하게 하며 중단하게 합니다. 기도의 수단을 무시하게 만드는 전략을 구사합니다.

따라서 전신갑주를 효력 있게 하는 기도는, 성령 안에서 기도하는 것뿐만 아니라 항상 깨어서 기도하는 것입니다. 성령을 힘입어 하나님의 뜻대로 기도하며, 어떤 형편과 상황에서도 끊임없이 쉬지 않고 꾸준히 기도해서 승리하는 것입니다. 이와 같이 전신갑주의 장비 목록 마지막에 부록처럼 '모든 기도와 간구'를 언급한 것은, 신자가 영적 전투에서 승리했을 때 자기 자신이나 장비에 영광을 돌리지 말고 오직 은혜를 베푸신 하나님께 영광을 돌리라는 것입니다.

35

마귀의 유혹에 대한 저항

1. 그리스도인에게 원수는 누구입니까?

그리스도인을 유혹하고 위험에 빠뜨리는 자는 마귀입니다. 마귀는 이 세상 어둠의 신으로서(고후 4:4; 엡 6:12) 믿지 않는 자들의 마음을 어지럽히고 그리스도에게 나아가지 못하게 합니다. 그뿐 아니라 그리스도인들을 공격해서 죄를 짓게 하고 그리스도에게서 떨어져 나가게 하는 일을 하고 있습니다. 더욱이 마귀는 이 세상과(요일 2:15) 사람의 육신을(갈 5:24) 사용해서 신자를 성령에 거스르게 하며, 하나님께 순종하지 않고 죄에 빠지게 합니다.

2. 마귀는 어떤 존재입니까?

마귀는 하나님을 대적하는 자로서 사탄이라고 부르기도 합니다(계 12:9). 마귀는 '아침의 아들'이라는 높은 칭호와 권세를 가졌었습니다(사 14:12). 하나님은 그에게 높은 지위와 권세를 주셨지만 그는 자신이 하늘에 올라가 하나님의 뭇별 위에 자신의 보좌를 높이려고 했으며, 가장 높은 구름에 올라 지극히 높으신 하나님과 같아지려고 했습니다(사 14:13-14). 따라서 하나님은 즉각적으로 마귀와 그의 부하들을 하나님의 존전에서 쫓아내셨습니다(마 25:41)(성경에서 마귀라는 단어는 단수와 복수가 섞여 있는데, 마귀를 단수로 언급하는 경우에는 의의 나라와 대적하여 싸우는 왕국을 뜻하며, 복수로 사용될 때는 통치권을 행사하는 마귀와 그의 사자들을 의미합니다).

그들은 하늘에서 쫓겨났습니다(계 12:7-9). 악한 영들은 창조 때에는 선한 천사들이었지만(골 1:16) 하나님께 대적하여 타락했습니다(유 1:6). 그들의 속성이 악하게 바뀐 것입니다. 이들은 세상을 두루 다니며 먹잇감을 찾는 사자와 같이 행하고 있습니다(벧전 5:8). 마귀는 다른 악한 영들보다 더 높은 지위에서 하나님을 대적하는 일을 계속하고 있으며, 특히 하나님의 사랑의 대상자인 그리스도인들을 공격하여 넘어뜨리는 일을 하고 있습니다.

3. 마귀의 권세는 어떤 것입니까?

마귀와 그 무리 전체가 이 세상을 장악하여 행하는 것을 통치에 준하는 것으로 보고 '통치자들'(principalities)이라고 묘사합니다. 마귀는 큰 임금입니다. 그리스도께서도 친히 그를 '이 세상의 임금'이라고 부르셨습니다(요 14:30). 또 마귀도 그의 보좌가 있는 것으로 묘사되어 있습니다(계 2:13). 마귀는 자신의 모든 졸개의 마음을 장악하고 있으며, 그의 졸개들은 마귀에게 충성을 맹세하고 있습니다. 악인들은 마귀에게 경배합니다(계 13:4). 여호와께 드리는 경배가 아닌 모든 종교적인 경배는 마귀에게 하는 것입니다. 그래서 마귀를 이 세상의 신이라고 말합니다.

바울은 '마귀의 자식들'이라는 말을 사용했는데(행 13:10) 이들은 양심이 완전히 부패해서 아무리 끔찍한 죄에도 전혀 개의치 않는 자들로서, 마귀의 철저한 심복들입니다. 마귀는 그의 자식 중에서도 죄 가운데 썩어 부패한 자들을 더욱 총애합니다. 마귀에게는 큰 권세 있는 이름들이 있으며, 그를 강한 자로 부르는 이유가 있습니다(눅 11:21). 그러나 이 땅 위의 그 누구도 이 강력한 자들을 상대할 수 없기 때문에 그리스도가 하늘로부터 임하셔서 그와 그의 역사를 무너뜨리신 것입니다.

마귀는 자기가 원하는 대로 죄인들을 사로잡아 끌고 다닙니다(딤후 2:26). 수많은 비겁자가 마귀에게 곧바로 항복하지만, 믿음이 있는 자들은 그를 용감하게 대적하여 피를 흘리기까지 죄와 싸웁니다. 마귀를 '큰 붉은 용'이라고 부르는 이유는 그가 자신의 꼬리인 악인들을 사용하여 하늘의 별들 삼 분의 일을 끌고 다니기 때문입니다(계 12:3-4). 또 그를 '공중 권세 잡은 임금'이라고 부르는 이유는 그가 자신의 신복들을 소집해서 싸움터로 내보내며, 자기를 위해 싸우게 하기 때문입니다(요 16:11; 엡 2:2).

4. 마귀의 존재와 특성은 무엇입니까?

마귀는 천사의 종류로서 내적인 힘을 가지고 있습니다. 마귀는 한 장소에서 다른 장소로 빠르게 옮겨 다닐 수 있습니다. 마귀는 육체적 몸을 가지고 있지 않기 때문에 질병 같은 장애로 제어되지 않습니다. 더욱이 마귀는 은밀히 행동합니다. 마귀는 천사적인 존재로서 지적 능력을 갖추고 있으며, 그의 지식은 상당합니다. 마귀에게는 사람들의 마음에 생각을 집어넣을 수 있는 능력이 있습니다. 그래서 상상력을 일으키고, 몸에 열정을 일으킵니다.

마귀는 가룟 유다에게 예수님을 팔 생각을 집어넣었는데, 이는 그가 교묘하게 하는 일입니다(요 13:2). 그는 사람들에게 부정적인 생각을 넣기도 하고 하나님에 대한 나쁜 생각을 넣기도 합니다. 그리고 상상력을 충동질해서 욕정을 불러일으킵니다. 결국 마귀는 사람의 몸에 욕정이 일어나게 하고, 그들의 마음과 의지를 장악하여 죄를 짓게 합니다. 그러나 이때 마귀는 단지 제안을 하는 것이며, 마귀의 유혹에 따라 죄를 짓는 것은 인간 자신이 하는 것입니다.

5. 마귀의 지배와 통치 아래에 있는 사람들은 어떤 상태에 있습니까?

죄의 상태에 있다는 것은 사탄의 통치와 지옥의 권세 아래에 있는 것입니다. 이러한 영적 상태에 있는 자들은 스스로 마귀에게서 벗어날 수 없습니다. 마귀가 철저히 그들을 영적인 무지 상태에 두며, 영적으로 깨어나지 못하도록 주관하기 때문입니다. 따라서 마귀의 권세 아래에서 그 영혼을 건져내시는 것은 그리스도가 하시는 일입니다. 그리스도는 말씀을 수단으로 성령의 유효한 부르심이 있게 해서 그들이 죄의 사슬에 매여 있다는 것을 깨닫게 하십니다. 그래서 그 속에서 건짐을 받고자 하는 열망을 갖게 하시고, 구원의 은혜를 갈망하게 하셔서 마귀의 손에서 건져내시는 것입니다(골 1:13).

6. 마귀의 일반적 계략은 무엇입니까?

마귀가 주로 하는 일은 간교한 속임수로 진리에 반대하게 하고 논쟁을 불러일으키는 것입니다. 마귀는 계략을 사용하고(엡 6:11-12) 논리적인 오류를 일으키며(고후 2:11), 정치적으로 술수를 쓰고 전쟁의 계략을 세웁니다(계 12:7). 즉, 매복하였다가 습격하며(딤후 2:26), 사냥의 올무를 놓으며(딤후 2:26), 도박의 속임수를 쓰며(엡 4:14), 불투명한 거래를 하며(고후 2:11), 위장하거나 변장하며(고후 11:14), 사기를 치며(살후 2:10), 독창적인 속임수를 고안합니다(고후 11:3).

7. 마귀가 예수님을 공격했던 방법은 무엇입니까?

마귀는 예수님께 돌을 떡으로 만들라는 궤변으로 시험하며 유혹했습니다(마 4:3). 그는 그리스도가 하나님의 아들이라는 것을 의심하게 만드는 전략을 구사했습니다. 이 시험은 하나님의 뜻과 관계없이 살거나, 하나님을 믿지 않고 자신의 힘으로 살아가게 하는 불신앙의 유혹이었습니다. 또 마귀는 예수님께 높은 곳에서 뛰어내리라는 시험을 했는데, 이는 통상적인 수단을 무시하고 추정적(presumption)인 가설을 만들어서 하나님을 시험하게 한 것입니다(마 4:6). 이처럼 마귀는 추정적인 가설로 사람들이 하나님을 신뢰하지 못하게 유혹합니다. 세 번째 시험은 마귀가 온 세상의 영광을 보여주면서 자신에게 경배하면 이 모든 것을 주겠다고 약속한 것이었습니다(마 4:8-9). 이 시험은 세상의 영광에 대한 소망으로 우상을 섬기게 하는 것입니다. 이는 마귀가 사람들에게 명예와 부와 즐거움을 추구하도록 만드는 전형적인 전략과 방법입니다.

8. 마귀가 신자들을 미혹하는 계략은 무엇입니까?

마귀는 성도의 원수 가운데 하나입니다. 마귀는 이 세상의 신이기 때문에 세상을 사용하여 성도를 공격하며, 인간의 부패성을 공격하여 죄에 빠지게 합니다. 사람들의 영혼을 그들의 거룩한 의무에서 멀어지게 하기 위한 마귀의 전략은, 세상을 아름답고 화려하게 치장해서 영혼의 정서를 흐리게 만드는 것입니다. 세상의 온갖 아름다움과 화려함에 홀려서 거룩한 일들을 무가치하게 여기고 거룩한 것에 대한 애정이 식어 결국 거룩한 의무와 봉사에서 멀어지게 합니다.

거룩한 의무와 신앙적인 봉사에서 멀어지게 하는 마귀의 전략 중 하나는 신앙적인 봉사를 할 때의 위험, 손실, 고통을 보여주는 것입니다. 이 전략은 처음 그리스도를 믿고자 하는 자에게도 마귀가 즐겨 사용하는 계책입니다. 마귀는 이들에게 유혹하기를, 기도하고 하나님을 섬기며 하나님과 동행하고 성도들과 교제하는 것이 너무나 힘들고 어려운 것이라고 말합니다. 그래서 그러한 것들을 오히려 무시하는 것이 더 마음이 편하다고 제시합니다. 이러한 유혹에 빠지면 기도하는 것이 귀찮아지고 신앙적인 봉사가 번거롭게 느껴져서 결국에는 신자의 의무에서 멀어지게 됩니다.

이처럼 마귀는 어리석은 추론을 하게 함으로써 신앙의 의무를 못하게 합니다. 마귀는 하나님을 섬기는 것에 대해 회의를 느끼게 하고, 하나님을 찾고 기다리는 동안 그에게 온통 잡생각들을 집어넣어 기도하려는 마음을 제거하며, 성경을 읽고 싶은 마음을 완전히 없앱니다.

9. 마귀가 신자들을 유혹할 때의 한계는 무엇입니까?

마귀는 자신의 힘을 다양한 방식으로 극대화하는데, 우선 자신이 부리는 악한 영들을 이용합니다. 그러나 성도가 마귀를 두려워할 필요는 없습니다. 마귀는 제한된 존재이기 때문입니다. 마귀는 하나님의 허락 없이는 어떤 것도 할 수 없는 존재입니다. 한편으로 마귀는 무소부재한 존재가 아닙니다. 마귀의 능력은 제한적입니다. 마귀는 사람들의 마음을 읽을 수 없습니다. 오직 하나님만이 사람의 마음을 읽으실 수 있습니다. 다만 마귀는 유혹을 던져 놓고서 사람들이 그것에 대해 반응하는 모습을 보고 기회를 엿보는 것입니다. 마귀는 사람에게 생각을 던져서 유혹합니다. 그 유혹에 그 사람의 마음과 몸이 어떻게 움직이는가를 보고 계속 공격할지를 정합니다.

마귀가 가진 능력의 제한성은 그가 미래를 모른다는 것입니다. 미래에 대한 분명한 지식은 오직 하나님께만 있습니다. 물론 마귀가 그가 가진 지식을 통해서 미래를 예측할 수는 있습니다. 그는 그것을 가지고 사람들을 유혹합니다.

그러나 그것은 단지 발생 가능성의 하나일 뿐이지 그의 예측이 현실이 되는 것은 아닙니다. 마귀는 사람들에게 미래에 대한 부정적인 생각을 심어주어서 하나님의 선하심을 의심하게 만듭니다. 또 미래에 일어나지 않을 일도 일어날 일처럼 생각해서 염려하게 하고 믿음에서 떨어져 나가게 하는 전략을 구사합니다. 따라서 성도들은 마귀의 유혹을 두려워할 것이 아니라 대적하여 극복하고 승리해야 합니다.

10. 마귀는 교회를 어떻게 공격합니까?

마귀는 하나님의 교회를 공격하는데, 하나님께서는 제한적으로 마귀의 공격을 허락하십니다. 여기에는 종말론적 의미가 있습니다. 이 싸움과 전투를 하는 그리스도인들에게 그리스도의 재림을 갈망하게 하는 것입니다. 즉 그리스도의 다시 오심을 더욱 갈망하게 하려는 목적이 있습니다. 이 전투를 하는 그리스도인들은 이 세상에 있는 것을 사랑하지 않습니다. 오히려 따뜻하고 달콤한 하늘의 평화를 사랑합니다.

다른 한편으로 하나님께서 마귀의 공격을 허락하시는 이유는 죄를 억제하고 치료하시기 위해서입니다. 마귀가 어떤 사람을 괴롭히는 것을 허락하시는 이유는 그의 죄에 대한 심판이기도 합니다. 교회가 그를 사탄에게 내어주었다고 말하는데(딤전 1:20), 이는 사탄이 그를 괴롭게 하는 것을 허락한다는 의미입니다. 이러한 하나님의 방법은 죄에 빠진 성도가 때때로 고통당함으로써 미래에 같은 죄를 반복하지 못하게 하는 것입니다.

11. 마귀를 대적하고 극복하는 원리는 무엇입니까?

바울은 마귀의 궤계를 모르는 바 되지 말라고 말하고 있으며(고후 2:11) 마귀의 궤계에 대하여 전신갑주를 입고 대적하라고 명령했습니다(엡 6:11). 그리스도가 모범을 보이신 것과 같이 마귀의 유혹을 하나님의 말씀과 뜻으로 물리치라는 것입니다. 우리는 그리스도가 우리를 보전하시며 완전히 파멸과 멸망에 이르게 하지 않으시는 것에 대한 믿음과 확신으로 마귀의 유혹에 끝까지 저항해야 합니다. 하나님의 섭리를 믿고 하나님께서 마귀가 우리에게 해를 입히지 못하도록 도우시는 것을 확신해야 합니다.

36

세상의 유혹에 대한 저항

1. 세상은 그리스도인에게 어떻게 원수가 됩니까?

마귀는 세상의 것들을 남용하도록 신자를 유혹해서 이 세상의 영광과 이득과 거짓 소망에 빠지게 합니다. 그래서 하나님께 순종하는 길에서 떠나게 합니다(요일 2:16). 한편으로 이 세상의 것에 대한 손실을 두려워하게 하고 하나님에 대한 의무에서 떠나게 하며 하나님의 약속을 불신하게 만듭니다(요 16:33). 더욱이 마귀는 부패성이 남아 있는 사람의 마음을 유혹해서 세상의 영광과 이득과 즐거움에 더 몰입하게 하고, 더 부패하여 죄짓게 합니다. 그래서 세상이 그리스도인에게 원수가 됩니다.

2. 하나님께서 세상의 모든 것을 만드셨는데 어떻게 원수가 됩니까?

하나님은 이 세상의 모든 것을 만드시고 그것들이 매우 선하다고 하셨습니다(창 1:31). 창조주 하나님께서 만드신 모든 것은 아름다우며, 질서와 조화가 있고, 하나님의 지혜가 담겨있습니다. 따라서 하나님께서 만드신 모든 것은 하나님의 영광을 드러냅니다. 이는 하나님께서 창조자이시며 이 세상의 주관자이신 것을 나타냅니다. 그러나 사람들은 그들의 죄와 어리석음으로 인하여 이 세상의 것을 얻는 데 마음을 두었습니다. 세상의 즐거움을 추구하고 부를 쌓는 일에 매진하며, 자신의 영광을 얻는 것을 인생의 목적으로 삼았습니다. 사람들은 세상의 것으로 행복을 추구했습니다. 따라서 사람들은 세상을 얻기 위해서 하나님을 무시했고, 하나님께 관심을 두지 않았으며, 하나님을 잊어버렸습니다.

3. 우리가 세상에 살고 있고 세상에 필요한 것들이 있는데 어떻게 세상과 원수가 됩니까?

우리는 세상에 살면서 집이 필요하고 아내와 남편과 자녀가 필요하며, 돈과 건강, 의복이 필요합니다. 또 생명 유지를 위해서 음식이 필요하며, 필수적인 물건들이 있어야 합니다. 이처럼 우리는 세상 밖으로 나가서 살 수 없습니다. 그러나 마귀는 이러한 세상의 필요에 대한 욕망을 사람들에게 일으켜서 그것을 인생의 목적으로 만들었습니다. 더 나아가 필요 이상의 것을 추구하게 하고 허영심을 갖게 했습니다.

따라서 사람들은 필요한 것 이상으로 세상의 것들을 취하고 자신의 허영심을 만족시키는 삶을 살게 되었습니다. 부와 명예를 인생의 목적으로 삼고 사는 것입니다. 이러한 삶을 세상적인 삶이라고 말합니다. 이런 삶은 하나님을 배제하고 경건한 삶을 부정하게 합니다. 더욱이 세상적인 마음은 욕망과 만나면서 우상 숭배의 삶을 살게 합니다. 세상적인 사람들은 경건한 삶을 사는 신자들을 미워하고 핍박하는데, 이는 자신들의 죄와 불경건을 감추기 위한 것입니다. 따라서 세상은 신자에게 원수가 됩니다.

4. 사람들은 세상에 대해 어떤 환상을 가지게 되었습니까?

사람들은 자신들의 죄와 어리석음으로 인하여 이 세상의 만물이 하나님의 목적에 따라 지어졌음을 바라보지 못하고 세상에 대한 거짓 환상을 갖게 되었습니다. 우선 세상적인 것이 자신의 영혼을 안전하게 해줄 수 있다는 잘못된 생각에 빠졌습니다. 특히 부자가 되려고 하고 재물을 쌓아두고자 하는데, 이는 그 재물이 자신의 미래와 영혼을 지켜줄 수 있다고 생각하기 때문입니다. 이렇게 잘못된 생각에 빠지면 인생의 목적을 평안히 쉬고 먹고 마시고 즐거워하는 것에 둡니다(눅 12:18-19). 하나님의 말씀을 읽어야 할 필요를 전혀 느끼지 못하고 깨닫지도 못합니다(눅 16:31). 모든 것을 공급해주시는 하나님께 감사하지도 않으며, 오직 자신만을 생각하고 자신의 즐거움만을 추구합니다. 부자가 되고자 하는 이러한 바람은 더 나아가 시험과 올무와 여러 가지 어리석고 해로운 정욕에 빠지게 합니다(딤전 6:8).

5. 세상의 것들 가운데 지속적이고 영원한 것이 있습니까?

우리는 이 세상의 삶에서 필요한 것들을 얻음으로써 부족함을 해소하고, 몸의 위로를 얻을 수 있습니다. 그러나 이러한 것들은 양심이 고통 가운데 있거나 죽음의 시간에 있을 때는 그 어떤 위로도 줄 수 없으며, 더욱이 영혼에 위로를 줄 수 있는 것이 아닙니다. 이 세상의 것들은 모두 우리에게 확실성을 제공하지 않으며, 단지 불확실한 것일 뿐입니다.

이러한 것들은 우리 영혼에 만족을 줄 수 없습니다. 이 땅에서 육체 가운데 있을 때 일시적인 만족을 주는 것일 뿐입니다. 우리의 영혼은 영적이어서 이러한 물질적인 것으로는 만족을 얻을 수 없습니다. 또 이 세상의 것들은 모두 변하는 것들이어서 지속적인 만족을 주지 못합니다. 그것들은 모두 변하거나 썩는 것들이며, 영원한 것이 아닙니다. 따라서 성도는 이 세상의 것들을 인생의 목적으로 삼을 수 없습니다.

6. 세상이 성도에게 어떻게 원수의 역할을 합니까?

세상에 대해 소망을 갖는 것은 하나님을 떠나게 할 뿐만 아니라 실망을 줍니다. 세상이 마치 행복과 만족을 약속하는 것 같고, 때로는 이 세상에서 번영을 누린다고 할지라도, 그것이 영원하거나 지속적인 것이 아니기 때문입니다. 따라서 사람들은 세상에서 형통할 때 그 행복이 흔들리지 않고 영원할 것처럼 확신하다가 하나님께서 그것들을 한순간에 거두어가시면 큰 근심과 걱정에 빠집니다(시 30:6-7). 세상에 대한 소망이 자신의 영혼을 속인 것입니다. 세상에 대한 사랑은 하나님을 사랑하는 것과 결코 공존할 수 없습니다. 오히려 마귀는 세상을 이용해서 영혼들을 지옥으로 집어넣습니다(딤전 6:9).

7. 세상이 성도의 믿음을 찌르는 방법은 무엇입니까?

어떤 것이 세상에서 살아가는 데 필수적이라고 할지라도 하나님의 섭리에 의지하기보다 자신의 방법에 의존하여 그것을 얻고자 지나치게 마음을 두면 그것은 신자를 찌르는 가시가 됩니다(마 13:22). 즉 걱정과 염려에 빠지게 되고, 실망과 마음의 고통 가운데 있게 됩니다. 또 현재 하나님께서 주신 것에 자족하지 못함으로 인하여 마음의 즐거움을 빼앗깁니다. 그리고 자신의 것을 잃어버릴 수 있다는 데 대한 두려움으로 마음에 평안함이 없습니다. 즉, 성도가 세상의 것을 염려하고 걱정하며 두려워하면 그것이 화살과 같이 되어 믿음을 찌르며, 결국 세상 사람과 다를 바 없어지는 것입니다.

8. 세상의 유혹을 물리치기 위한 믿음의 역할은 무엇입니까?

그리스도에 대한 믿음으로 우리에게 주신 구원이 얼마나 소중한지 생각하는 것입니다. 이것은 금과 은으로 얻을 수 없으며, 그러한 것들과 비교할 수도 없습니다. 이것을 묵상하는 것입니다(행 3:6). 또한 세상이 구원의 길을 방해하며, 세상을 사랑하는 마음속에는 하나님 아버지의 사랑이 있을 수 없다는 것을 기억하며 유혹을 물리쳐야 합니다(요일 2:15). 이것이 세상을 사랑하는 마음을 십자가에 못 박는 것입니다(갈 6:14).

9. 하나님의 섭리에 대한 묵상은 세상의 유혹을 어떻게 물리치게 합니까?

하나님의 자녀들은 하나님의 섭리에 대한 신앙으로 이 세상의 유혹을 극복할 수 있습니다. 하나님은 당신의 자녀들에게 부족한 것과 필요한 것을 이미 알고 계십니다. 그래서 그들에게 가장 필요한 때에 공급하실 것이며, 그 분량도 가장 알맞게 제공하실 것입니다. 하나님의 섭리에 대한 묵상은 우리의 마음에 일어나는 세상 유혹의 불을 끄기 위한 가장 확실한 방법입니다.

10. 하나님의 자녀들이 현재 상태에 자족하는 것은 세상의 유혹을 어떻게 극복하게 합니까?

신자에게 일어나는 세상의 유혹은 세상에서 추구하는 것들을 세상의 방식으로 얻고, 그것을 더 많이 가지려는 유혹입니다. 세상의 유혹은 항상 정욕을 일으켜서 신자의 마음을 사로잡고, 하나님의 말씀과 하나님을 잊어버리게 합니다. 따라서 이러한 정욕이 일어나지 않도록 현재 하나님께서 허락하신 분량과 상태에 만족해야 합니다.

11. 세상의 유혹을 따라 사는 것의 위험성은 무엇입니까?

신자는 계속해서 세상의 유혹에 굴복해서 그 가운데 살 수 없습니다. 하나님께서는 이 세상의 부를 추구하는 것이 가시가 되어서 그를 찌를 것이라고 말씀하셨으며, 이 세상을 사랑하여 정욕 가운데 살 때는 그에게 진노를 쏟아부을 것이라고 말씀하셨습니다(골 3:6). 그러므로 하나님의 뜻은 "위의 것을 생각하고 땅의 것을 생각하지 말라"(골 3:2)는 것입니다.

12. 영원한 것을 바라보는 시각은 세상의 유혹을 물리치는 데 어떤 도움을 줍니까?

우리의 믿음으로 우리의 눈을 더 나은 하늘에 두는 것입니다(요일 5:4; 히 11:24). 이것은 우리가 이 세상을 사랑하는 것을 억제하고 세상에서 오는 고난과 위협을 견디게 합니다(계 12:11). 하나님의 영원한 나라를 바라보는 것은 이 땅의 것들이 일시적임을 더욱 분명히 알게 해줍니다. 따라서 장래의 참된 생명의 소중함을 알기에 이 땅의 것들로 영적인 일에 사용하게 합니다(딤전 6:18-19).

37

육신의 유혹에 대한 저항

1. 육신은 어떻게 신자의 원수가 됩니까?

육신(flesh)이라는 것은 아담으로부터 물려받은 우리의 부패한 성질로, 사람이 태어나면서부터 가지고 있는 것입니다. 따라서 육신은 부패한 본성의 작용과 활동을 의미하는데, 거듭나서 신자가 되었음에도 그 본성이 계속해서 남아 있는 것입니다. 마귀는 신자에게 남아 있는 이 부패한 본성을 부추겨서 죄를 짓게 하기 때문에 신자에게 원수가 됩니다.

2. 거듭나지 않은 상태의 육신은 어떻습니까?

거듭나지 않은 상태의 육신은 죄로 향하는 타락한 성향 그 자체로 있습니다. 이러한 성향은 율법에 의해 자극되고 촉발되어서 항상 죄를 범합니다. 율법이 하지 말라고 하는 것을 더 하고 싶어 하며, 그 탐심으로 인하여 죄를 더욱 행하게 됩니다. 결국 자신을 율법의 정죄 아래에 두며 사망에 해당하는 열매를 맺습니다(롬 7:5). 따라서 사람이 거듭나기 전에는 완전히 육신의 지배를 받기 때문에 죄의 종이 되어 죄 아래에 있는 상태입니다. 사람에게 있는 죄의 성향을 억제할 수 있는 어떤 힘이나 능력이 없기 때문에 오직 죄를 지을 뿐입니다.

3. 거듭난 자에게 남아 있는 육신은 어떻게 작용합니까?

사람은 거듭났음에도 육신, 즉 죄의 부패성과 성향이 남아 있어서 죄의 유혹을 받을 때 그것에 이끌립니다. 물론 이때 거듭난 성질로 인하여 심령은 죄를 미워하고 반대합니다. 그래서 본인이 영적인 것을 선택해야 함을 분명히 인지하면서도 한편으로 죄에 대한 마음도 동시에 있습니다. 따라서 그 심령 안에는 전쟁과 같은 갈등이 일어납니다. 거룩하고 선한 일을 해야 하는 것을 분명히 아는데도 불구하고, 그것보다는 악을 행하려는 마음이 있기 때문입니다. 사도 바울은 이것을 '내 속에 거하는 죄'라고 말했고(롬 7:17), 자신에게 악이 함께 공존하고 있다고 했습니다(롬 7:20). 거듭났음에도 불구하고 자신 안에 계속 악이 내재하고 붙어 있다는 것입니다. 더욱이 이 육신은 선을 행하고자 할 때 강력한 힘으로 신자들을 방해합니다.

4. 신자 안에서 영적인 원리와 육신의 충돌은 어떻게 일어납니까?

성령께서 영혼을 거듭나게 하실 때, 그 심령에 영적 성향 혹은 영적 성질을 심으셨습니다. 이 영적 성향은 하나님의 법을 즐거워하고 영적인 것을 추구하게 합니다. 이는 성령의 역사로써 그 심령이 갱신된 증거입니다. 그러나 한편으로는 아담으로부터 물려받은 부패한 본성이 남아 있습니다. 이것은 하나님의 법과 반대되는 것을 행하고자 합니다. 따라서 이 두 원리가 계속해서 충돌하고 서로 싸웁니다. 육신은 죄의 법으로 이끌고, 성령의 역사로 갱신된 은혜의 원리는 하나님의 법으로 이끄는 것입니다(롬 7:25). 그래서 이 두 법은 신자의 심령 안에서 서로 거스르며, 대적하고 싸웁니다(약 4:1; 벧전 2:11).

5. 마귀는 신자에게 남아 있는 육신을 어떻게 유혹합니까?

마귀는 신자에게 남아 있는 육신을 유혹하기 위해 세상의 아름다움과 즐거움을 미끼로 던집니다. 신자의 거듭난 부분과 육신이 충돌하고 있을 때, 육신을 더욱 부추겨서 육체의 정욕을 일으키고, 영적으로 갱신된 부분이 제 기능을 하지 못하도록 거세게 공격합니다. 더욱이 마귀는 육체의 소욕을 지속시키고 강화해서 성령을 거스르게 합니다(갈 5:17). 만약에 신자가 영적으로 깨어있지 못하고 은혜의 수단에서 떨어져 있다면, 마귀는 이 기회를 놓치지 않고 육신을 계속 유혹해서 죄로 넘어질 때까지 공세의 고삐를 놓치지 않습니다.

6. 신자에게 일어나는 육신의 유혹과 마귀의 유혹에는 어떤 차이가 있습니까?

마귀는 외부적인 경로를 통해 신자를 시험해서 죄를 짓게 하지만, 육신의 유혹은 각각의 마음속에서 일어나는 것입니다. 마귀와 세상은 어떤 특정한 때를 기회로 삼아 시험하지만, 내면의 부패는 때를 가리지 않고 일어납니다. 따라서 육신적인 내면의 부패는 외부로부터 오는 시험보다 더 많은 위험성을 가지고 있습니다. 반면 내면의 부패성이 억제되어 있다면, 마귀와 세상의 시험은 큰 효과가 없을 것입니다. 따라서 신자가 육신과 싸우는 일은 유혹과 시험을 원천적으로 봉쇄하는 길입니다.

7. 성령은 신자들이 어떻게 육신을 극복하게 하십니까?

육신의 소욕은 항상 성령을 거스르게 합니다. 그러나 성령께서는 영적으로 갱신된 부분을 더욱 강화하여 육신을 거스르게 하십니다. 이때, 신자는 성령께서 심령 안에서 역사하시는 것에 주의를 기울여야 하며, 은혜의 수단 아래에 있어야 합니다. 신자는 성령의 영향력 아래에서 육신을 십자가에 못 박아야 합니다(갈 5:24).

이렇게 육신을 죽이는 것은 자신의 힘과 의지로 되는 것이 아니며 오직 성령의 도움으로 가능합니다(엡 6:10; 슥 4:6). 이로써 신자들 안에 있는 죄악의 정서를 제압할 수 있습니다. 이것은 그리스도 안에 있는 신자에게만 가능한 일이기 때문에, 진정한 그리스도인의 표시이기도 합니다. 따라서 육신에만 속해 있는 자는 자신이 신앙고백을 했을지라도 아직 진정한 그리스도인이 아닙니다(롬 7:5).

8. 성령께서 신자가 육신을 극복하도록 도우시는 방법은 무엇입니까?

성령께서는 지속적으로 신자의 마음에 감화를 주셔서 하나님의 뜻을 더 잘 깨달을 수 있도록 도우십니다. 성령께서는 육신에 일어난 유혹들이 그를 악한 행위로 몰아가게 한다는 것을 깨닫게 하십니다. 그래서 하나님의 뜻에 맞는 생각과 말과 행동을 하도록 이끄십니다. 이것은 성령께서 신자가 거듭날 때 심으신 영적 성질을 더욱 강화하시는 것입니다. 이로써 신자 안에 있는 육신의 영향력은 점차 줄어들게 되며, 그 힘이 약화되는 만큼 영혼은 새로워집니다(고후 4:16).

9. 신자가 육신의 부패성이 일어나지 않도록 주의해야 하는 것은 무엇입니까?

신자가 성령으로 육신을 죽이고 점점 더 거룩한 성질이 확장되었다 하더라도 계속해서 영적으로 주의해야 합니다. 은혜의 수단을 사용하는 일을 게을리하거나 심령에 교만한 마음이 들면, 억제되었던 육신은 언제든지 다시 힘을 얻어서 마음의 부패성이 살아 작용하기 때문입니다. 신자의 육신에 대한 경계와 싸움은 쉬지 않고 해야 하며, 죄에게 기회를 주지 않고 시험으로부터 최대한 멀리 떨어져 있어야 합니다(잠 5:8). 육신과 죄에 대한 경계는 우리가 죽을 때까지 혹은 그리스도가 다시 오실 때까지 해야 합니다.

10. 개인에 따라 자신에게 활발하게 역사하는 육신을 어떻게 억제합니까?

개인마다 각각 자주 범하는 죄의 특징들이 있습니다. 이것은 육신의 본성상 어떤 기능이 다른 기능보다 활발하게 작용함으로 나타나는 것입니다. 그래서 신자마다 각자 특정한 죄를 쉽게 짓게 되는 죄의 원리가 있습니다. 자신이 속해 있는 집단의 관습이나 생업, 문화에 따라서 특정 죄들에 더욱 익숙해져 있기 때문입니다. 이것은 자신에게 특징적으로 나타나는 육신의 부패성과 연약함입니다. 이런 경우 그 특정한 육신의 유혹에 대해 늘 경계해야 합니다. 성경을 보면 심지어 사도 바울에게도 이러한 성향이 있었음을 알 수 있습니다. 그래서 그는 "내가 내 몸을 쳐 복종하게"(고전 9:27) 한다고 했으며, "나는 날마다 죽노라"(고전 15:31)고 했습니다.

11. 신자의 교제가 육신을 억제하는 데 어떤 도움을 줍니까?

신자는 신자들과의 교제 속에서 형제들의 책망과 권고를 받습니다. 그래서 신자의 교제는 그리스도인이 자신의 영적 상태를 지킬 수 있는 효과적인 수단이 됩니다. 경건한 자의 모범을 통해서 자신의 허영을 죽이고, 겸손한 자의 모범을 따라서 자신에게 일어나는 교만을 꺾을 수 있습니다. 또 자족하면서 천성을 바라보는 신자의 모습을 보면서 자신에게 일어나는 세상적인 마음을 내려놓을 수가 있습니다. 물론 때로 유혹을 받아 넘어지는 신자를 보면서 자신도 그러한 시험을 받을 수 있다는 것을 깨닫고 더 주의할 수도 있습니다(갈 6:1).

12. 신자가 육신의 유혹에 져서 죄를 지었을 경우 어떻게 해야 합니까?

신자도 영적인 연약함으로 인하여 육신에서 일어난 유혹에 져서 죄를 범하기도 합니다. 이런 경우 하나님의 말씀과 성령의 역사를 통해 얼마 동안 경건한 슬픔이 일어나야 합니다(고후 7:11). 자신의 죄에 대해서 슬퍼하고 그 죄가 하나님을 불쾌하게 만든 것에 대한 통한의 눈물을 흘려야 합니다. 이는 통상적으로 성령께서 회개로 이끄시는 가운데 일어나는 영적인 현상입니다(렘 31:18-19). 그리고 용서의 은혜가 그리스도 안에 있으므로, 자비롭게 용서하시는 하나님께 용서의 은혜를 구해야 합니다.

진정한 회개에는 보통 7가지의 열매가 나타납니다. 자신을 넘어지게 한 죄에서 떠나며, 용서의 은혜를 구하면서 자신을 책망하고, 자신의 부주의에 대해서 꾸짖으며, 같은 죄에 또다시 빠지지 않도록 주의를 기울입니다. 이와 더불어 하나님을 기쁘시게 하려는 갈망이 크게 일어나고, 하나님의 영광에 대한 열심을 가지며, 자신의 죄에 대해 스스로 징계합니다.

38

순종과 선행

1. 거듭난 자의 순종에서 요구되는 것은 무엇입니까?

성령의 역사로 인하여 거듭난 영혼은 하나님이 받으십니다. 하나님은 거듭난 영혼에게 바른 방법으로 행하는 선행을 요구하십니다(엡 2:10). 거듭난 영혼은 새로운 피조물로서 그리스도에게 연합되어 은덕들 가운데 있기 때문에 선을 행할 수 있습니다. 더욱이 그리스도 안에서 성령의 능력으로 가능합니다(롬 8:10). 선행은 하나님의 뜻과 법칙에 따라 행동하는 것입니다. 이는 하나님의 계명에 대한 순종으로 나타나고, 하나님의 영광을 목적으로 합니다(고전 10:31). 선행은 우리의 선택을 확실히 하는 것이며(벧후 1:10) 다른 사람들을 믿음으로 세우는 것입니다(고전 10:23).

2. 모든 사람이 선을 행할 수 있습니까?

모든 사람이 선을 행할 수 있는 것은 아닙니다. 오직 새로운 피조물로 성령의 은혜 가운데 있는 자만이 하나님이 요구하시는 선행을 할 수 있습니다. 더 나아가서 하나님께서 신자에게 은혜를 베푸시는 목적은 신자를 깨끗하고 거룩하게 하셔서 선한 일을 열심히 하는 친 백성이 되게 하시려는 것입니다(딛 2:15). 따라서 거듭나지 않은 자는 하나님이 원하시는 선행을 할 수 없는데, 그것은 그가 그리스도의 지체가 아니기 때문입니다. 그들은 악한 나무로서 악한 열매를 맺을 뿐입니다(마 7:17; 렘 13:23).

3. 거듭나지 않은 자들이 행하는 선한 행위는 무엇입니까?

거듭나지 않았음에도 불구하고 사람들은 도덕적 행위를 합니다. 시민 사회의 구성원으로서 사회를 질서 있게 유지하기 위해서 도덕적 행위들을 하는 것입니다. 그들은 시민으로서 사회에 정직하게 행합니다. 이것은 자연법에 따른 것입니다. 그러나 이러한 행위로 그들이 하나님께 받아들여지는 것은 아닙니다. 그 속에는 유전적인 부패성이 있기 때문입니다. 그들은 헛된 영광을 위해서나 많은 사람 앞에서 자신을 나타내기 위해 착한 행위들을 하는 것입니다. 그러나 이런 것은 믿음에서 나온 것이 아니며, 하나님을 사랑하는 것도 아닙니다. 다만 자신이 착하다는 것을 보여주는 것일 뿐입니다.

4. 신자의 선행에서 요구되는 영적 자질은 무엇입니까?

선행이 하나님께서 받으실 만한 것이 되기 위해서는 그리스도에게 연합되어 있어야 합니다. 사람이 정해놓은 규범이나 관습에 의한 일반 사람들의 선행은 성경에서 말하는 선행이 아닙니다. 이러한 것은 하나님이 받으실 만한 것이 아닙니다. 선행은 반드시 하나님의 율법에 따른 것이어야 하며, 하나님이 정해놓으신 방법에 의한 것이어야 합니다. 그 방식이 잘못되었다면 합법적인 것이 아닙니다. 선행은 거룩한 목적이 있어야 합니다. 이로써 하나님의 영광이 나타날 수 있습니다. 선행은 하나님을 영화롭게 하고, 우리 자신의 구원을 확실하게 하는 것입니다.

5. 신자의 선행이 하나님께 호의를 얻는 것에 자격과 공로를 부여합니까?

그렇지 않습니다. 우리가 아무리 선행을 한다고 해도 우리는 그것보다 몇천 배나 더 하나님께 빚을 지고 있습니다. 우리는 하나님으로부터 오는 은혜가 없이는 선행을 할 수 없습니다. 우리가 선행을 한다고 해도 그것보다 훨씬 더 많은 죄를 범합니다. 더욱이 우리의 최고의 선행은 완전하지 않으며, 그 가운데에서 흠이 발견됩니다. 따라서 신자에게 선행이 있다 할지라도 그것이 의롭다 여김을 받기에 합당하다거나 하나님의 호의를 받기에 충분하다는 말을 할 수 없습니다. 차라리 우리의 부족함과 연약함을 보고 선행이 우리에게서 나온 것이 아니라 오직 하나님의 은혜로 가능했다고 고백해야 합니다(시 143:2; 사 64:6).

6. 우리의 선행이 불완전하며 흠이 있는데 어떻게 하나님을 기쁘시게 하며, 하나님은 어떻게 그것에 대해 상을 주십니까?

하나님께서 우리의 선행에 대해서 상을 주시겠다는 것은 우리의 행위가 가치가 있어서가 아닙니다. 오직 하나님께서 자신의 은혜와 자비로 주시겠다고 약속하셨기 때문입니다. 더욱이 우리의 선행 속에도 우리의 부패성으로 인한 흠이 있는데, 그리스도의 중보에 의해서 선행의 불완전한 것이 가려져서 하나님께서 받으실 만하게 됩니다. 마치 완전한 것과 같이 여겨져서, 그것에 대해 상을 주시는 것입니다(벧전 2:5; 출 28:36-38). 따라서 하나님께서 신자의 선행에 대해 상을 주시겠다고 하는 약속은 그 선행이 자격이 있어서가 아니라, 하나님께서 자신의 자녀들로 선행을 하도록 도전을 주고 격려하며 위로하시는 것입니다. 그리고 신자의 선행은 오직 그리스도 안에서만 하나님께서 받으실 만하게 된다는 것을 깨닫게 하시는 것입니다.

7. 하나님께서 신자에게 선행을 요구하시는 목적은 무엇입니까?

선행의 규칙은 하나님의 율법에 따라서 행하는 것입니다. 일찍이 하나님께서 에덴동산에서 아담과 행위 언약을 맺으실 때 아담에게 율법을 지켜 행할 것을 요구하셨습니다. 아담의 타락 이후 그리스도를 믿는 믿음을 통해서 하나님의 언약 백성이 됨에도 불구하고, 하나님은 자신의 백성에게 율법을 지켜 행할 것을 명령하셨습니다. 따라서 하나님의 언약 백성으로서의 선행은, 하나님이 그들의 언약의 주이시며 하나님이시라는 것을 나타냅니다. 이로써 하나님의 영광이 나타나기 때문입니다.

한편으로 신자의 선행은 자신이 하나님의 은덕을 받은 백성으로서 하나님께 감사함을 나타내는 것입니다. 더욱이 이것은 자신에게 주신 믿음과 부르심에 대한 확신을 얻게 합니다. 또한 신자의 선행은 다른 사람을 세우는 기능을 합니다. 그래서 하나님께서 신자에게 선행을 요구하시는 것입니다.

8. 선행을 명령하시는 하나님은 신자의 심령을 어떻게 낮추십니까?

하나님은 선행을 명령하셔서 자신의 영광을 드러내려는 목적을 갖고 계십니다. 또한 선행에 대한 명령에는 신자들이 자신의 영적 상태를 알고 교만하지 않게 하려는 목적도 있습니다. 선행을 애쓰는 신자는 자신의 무능과 연약함을 더욱 절실하게 깨닫습니다. 그러나 교만한 자들은 자신의 행위를 근거로 자신을 의롭게 여기고, 자신이 받은 은혜가 마땅하다고 생각합니다. 따라서 하나님은 신자에게 자신의 힘으로는 선행이 가능하지 않다는 것을 더욱 깨닫게 해서 선행을 위해 하나님의 은혜를 구하게 하십니다. 결국, 신자는 선행에 애쓸수록 하나님의 은혜에 더 의지하게 되고, 그 선행에 대해서도 하나님의 은혜로 되었다고 고백하게 됩니다(고전 15:10; 눅 17:10).

9. 신자의 선행이 주는 유익들은 무엇입니까?

신자의 선행은 자신이 가지고 있는 믿음이 진정한 것임을 증거하고, 이로써 자신이 의롭다 여김을 받았다는 것을 확신하게 합니다. 신자는 자신이 하나님의 계명에 대해 순종하고 있다는 것을 선행으로 나타냅니다. 이로써 하나님께 자신이 구원을 감사하고 있음을 증거하며, 더욱 구원의 확신을 갖습니다(요일 2:3, 5). 신자의 선행은 입술의 고백에만 머무는 명목상의 신자나 위선자들을 부끄럽게 하며, 복음의 원수들에게 그들의 입술을 막는 기능을 합니다(벧전 2:15). 무엇보다 신자의 선행은 하나님께서 자신 가운데 일하고 계심을 더욱 확신하게 하며, 마지막에 영원한 생명을 얻을 것과 하나님 나라에 넉넉히 들어감을 얻을 것을 확신하게 합니다(벧후 1:11).

10. 신자가 선행으로 의롭다 함을 받은 것이 아니기에 선행이 필요 없다는 주장은 무엇이 잘못된 것입니까?

선행이 공로가 되어서 의롭게 된다는 주장은 분명 잘못된 것입니다. 사람이 자신의 행위를 완전하게 해서 그 공로로 자신을 의롭게 할 수는 없습니다. 그래서 하나님은 선행에 무능한 사람을 말씀과 성령으로 새롭게 갱신시키셔서, 선행을 할 수 있는 새 사람으로 창조하셨습니다. 하나님께서 신자를 만드신 이유는 그들이 선을 행하게 함으로써 자신이 하나님이심을 드러내려는 것입니다(엡 2:10).

하나님이 구원하시는 목적은 불법으로 살아가는 사람을 만드시려는 것이 아닙니다. 따라서 자신이 의롭게 되었다고 주장하면서 하나님의 계명을 지키지 않거나, 혹은 선행에 전혀 힘쓰지 않는 자들은 사실상 의롭게 된 자들이 아닙니다. 그들은 구원의 은혜가 없는 자들입니다. 선행에 열심을 내지 않는 자들은 여전히 옛 본성 가운데 있는 자들일 뿐입니다.

39

주기도문의 서문

1. 기도는 무엇입니까?

기도는 그리스도의 이름으로 하나님께 친밀한 말로(요 5:14) 우리 마음의 원하는 바를 아뢰는 것이며, 우리의 마음을 하나님 앞에 쏟아붓는 것입니다. 기도는 주를 존경하며 우리에게 필요한 은혜들을 얻는 것입니다. 따라서 우리가 기도할 때 겸손히 간구하며 거룩한 마음으로 하나님께 감사해야 합니다(빌 4:6).

기도는 하나님을 섬기는 것입니다(시 50:15). 그러므로 우리가 기도할 때 반드시 하나님의 뜻에 따라서 기도해야 하며 믿음 가운데 기도해야 합니다(약 1:6). 하나님께서 그리스도로 인하여 우리의 간구를 들으실 것을 확신하고(시 145:18) 거짓 없이, 그리고 열심히 지속적으로 기도해야 합니다(약 5:16; 눅 18:1).

2. 기도는 어떻게 은혜의 수단이 됩니까?

기도는 하나님 집의 창고 문을 여는 도구가 됩니다. 우리는 기도를 통해 하나님의 창고로 들어가 우리에게 필요한 것들을 얻습니다. 기도는 우리의 믿음을 강화하고 증가시키는 도구가 됩니다(눅 17:5-6; 유 1:20; 살전 5:17-18). 더욱이 기도는 구원의 외적 수단인데, 자신이 죄인이라는 것을 깨달은 상태에서 구원을 위해 기도하게 함으로써 은혜의 수단이 됩니다(눅 18:13).

또 기도는 하나님과의 교통을 더욱 증진하는 수단이 됩니다(단 9:9; 요일 1:3-4). 기도는 하나님의 위엄과 자비, 선하심과 위대하심을 찬양하게 하는 의무이지만, 동시에 기도를 통해 기도하는 자가 영적 감화를 받는 은혜의 수단이 됩니다. 그리스도는 제자들에게 기도의 모범을 보여주셨으며, 기도하는 내용을 가르치셨습니다.

3. 주기도문은 무엇입니까?

그리스도가 가르쳐주신 절대적인 기도로서, 기도의 목적과 내용 및 형식에 대해서 지시하고 있습니다. 예수님께서 "너희는 이렇게 기도하라"(마 6:9)는 말씀과 함께 주기도문의 내용을 가르쳐주셨기 때문에, 이는 기도의 플랫폼(platform)으로서 우리가 반드시 기도해야 할 내용을 알려주고 있습니다. 더욱이 주기도문은 기도의 방법과 내용은 무엇이고, 누구에게 기도해야 하는지, 누구를 통해서 무엇을 위해 기도해야 하는지를 가르쳐줍니다. 또 기도로 하나님께 나아갈 때 어떤 정서를 가지고 나아가야 하는가도 알려주고 있습니다.

4. 주기도문은 어떤 구조로 되어있습니까?

주기도문은 기도를 시작하는 부분인 서문과 여섯 개의 간구인 본문, 기도를 마무리하는 결론 부분으로 구성되어 있습니다. 본문인 여섯 개의 간구는 둘로 나눌 수 있는데, 앞부분의 세 가지 간구는 하나님과 관련된 것이며, 뒷부분의 세 가지 간구는 우리 자신과 이웃에 대한 것입니다.

첫 번째 세 가지 간구는 하나님의 위엄과 관련된 간구입니다. 이는 우리에게 필요한 것을 구하기 이전에 하나님의 영광과 하나님을 향한 봉사를 기도해야 하고, 가장 먼저 하나님의 영광을 생각해야 한다는 것을 가르쳐줍니다. 우리는 우리 자신의 유익을 구하기에 앞서서 반드시 하나님을 예배하는 것을 구해야 하며, 우리의 구원에 앞서서 하나님의 이름을 영화롭게 해야 합니다(롬 9:3).

두 번째 세 가지 간구는 사람에게 필요한 것과 우리 자신의 복지에 대해서 기도하는 것입니다(시 50:15). 따라서 주기도문의 본문 구조는 십계명과 같은 구조로서, 우리에게 필요한 것보다 하나님의 영광을 먼저 구해야 하며, 우리에게 선한 것을 구하기에 앞서서 하나님의 이름을 영화롭게 해야 함을 보여줍니다 (마 6:33).

5. 주기도문의 서문은 무엇입니까?

"하늘에 계신 우리 아버지여"(마 6:9)입니다. 이는 모든 그리스도인이 심령의 준비 없이 성급한 마음으로 하나님께 나아갈 수 없음을 의미합니다(전 5:1; 시 26:6; 출 3:5). 우리는 이 땅에서도 고귀하고 높은 지위에 있는 사람을 만날 때는 먼저 준비하고 만납니다. 그에게 할 말을 미리 생각하고 복장에도 신경을 써서 준비합니다. 하물며 왕의 왕이며 주이신 하나님께 나아가 기도할 때 성급하게 나아가서는 안 되며, 반드시 준비해야 합니다. 즉, 악한 생각과 정서를 버리고(딤전 2:8) 정직한 심령으로 나아가야 합니다. 또한 하나님께 아뢸 말에 대해서 심사숙고해야 합니다.

6. 주기도문의 서문에서 가장 먼저 생각해야 할 것은 무엇입니까?

주기도문의 서문은 우리가 누구에게 기도하며 그 하나님과 우리의 관계가 무엇인가를 생각하게 합니다. 하나님의 엄위와 사랑과 능력, 선하심과 위대하심을 생각하게 하고, 하나님 앞에서 우리의 비천함과 보잘것없는 존재임을 생각하게 합니다. 이러한 생각들은 하나님께 겸손과 경외함으로 나아가게 하며, 자격이 없음에도 불구하고 은혜를 얻기 위해 간절함으로 나아가게 합니다.

7. 하나님을 '우리 아버지'로 부르는 것은 무엇을 의미합니까?(마 6:9)

우리가 하나님께 나아가 기도할 때 하나님을 우리의 아버지라고 부를 수 있는 것은 그리스도의 은덕입니다. 그리스도 안에서 우리는 하나님을 아버지라고 부를 수 있습니다. 그리스도 안에 양자 됨의 은혜가 있기 때문입니다. 우리는 오직 그리스도 안에서 하나님을 아버지라고 부를 수 있는 자유가 있습니다(갈 4:5). 물론 하나님을 아버지라고 부를 수 있는 것은 성령의 사역으로 되는 것입니다. 성령께서 하나님을 아버지로 확신시켜 주시며, 기도할 것을 가르쳐주십니다. 물론 그리스도와 성령께도 기도할 수 있지만(행 7:59; 고후 13:13), 우리는 그리스도를 묵상하는 가운데 성령의 역사를 통하여 아버지께 기도합니다.

8. 기도의 시작에 하나님을 '우리 아버지'로 부르는 것은 우리에게 어떤 영향을 줍니까?

먼저 우리 자신을 겸손하게 합니다. 우리에게 하나님의 은혜를 구할 자격이 없다는 것을 확인시켜주며, 오직 그리스도의 은혜로 말미암아 하나님께 나아갈 수 있게 되었다는 것을 기억하여 겸손하게 합니다. 또한 하나님께서 그리스도를 통해서 우리를 자녀로 삼으신 것에 대한 분명한 확신을 얻으며, 전능하신 하나님이 우리를 위해 하실 일에 대한 믿음을 갖게 합니다. 하나님이 우리 아버지라는 것은 우리를 기도하게 합니다(히 11:6).

9. 하나님을 '우리 아버지'로 부르면서 얻는 확신은 무엇입니까?

하나님 아버지의 부성과 자신의 자녀들을 향한 자비와 사랑을 확신하게 합니다(시 103:13). 따라서 우리는 자비로우신 하나님께 담대함으로 나아가게 됩니다. 우리는 때로 기도할 때 의심하거나 혹은 두 마음을 가지고 기도할 수 있습니다(약 1:6). 그러나 하나님을 '우리 아버지'라고 부를 때 이러한 의심과 불신을 제거할 수 있습니다. 하나님과 언약 관계에 있다는 사실을 기억하고 언약에 대해서 끝까지 성실하신 하나님을 생각할 수 있습니다. 그것은 우리로 하나님을 경외하게 하고, 의무를 다하게 만듭니다. 우리가 하나님을 아버지로 부를 수 있는 것은 그리스도의 은덕으로 인한 것이므로, 그리스도의 은혜의 귀중함을 더욱 깨닫습니다.

10. '하늘에 계신'이라는 표현은 우리의 기도에 어떤 영향을 줍니까?(마 6:9)

하나님께서 하늘에 계신다는 말로 기도를 시작하는 것은 하나님의 영광과 전능하신 능력, 그의 섭리와 지혜, 거룩함을 묵상하는 것입니다. 하나님은 높고 거룩한 곳에 계십니다(시 11:4; 57:11). 하나님은 하늘에서 자신의 영광을 드러내시는데, 그곳은 어떤 부족함도 없는 곳입니다. 하나님은 그곳에서 자신의 선하심을 우리에게 나타내시며, 우리와 교통하십니다. 따라서 우리는 하나님을 찾아야 하며(시 123:1; 고전 3:1-2) 하나님의 도우심을 구해야 합니다. 우리는 하나님께 기도할 때 경외함으로 할 뿐만 아니라 열정적으로 기도해야 하며, 하나님을 더욱 확신해야 합니다. 하나님은 우리를 위하여 모든 것을 행하실 수 있는 분입니다.

11. '하늘에 계신'이라는 표현은 기도하는 자에게 어떤 소망을 줍니까?

하나님은 하늘에서 우리의 유업을 마련해 두셨습니다. 따라서 우리 자신이 하늘의 유업에 합당하도록 믿음의 수고를 해야 하며, 하나님과 영원히 함께하는 것을 소망으로 삼아야 합니다. 이 땅에서의 어떤 영광도 하늘에서 하나님과 함께하는 영광을 능가하는 것은 없습니다. 비록 주기도문이 이 땅에서 우리의 부족과 필요를 위해서도 구하라고 했지만, 그것은 일시적인 것으로서 하늘의 영광과는 비교할 수 없는 것입니다.

따라서 우리는 기도의 시작에서 가장 중요한 것이 무엇인지를 기억해야 합니다. 우리가 가장 중요한 것으로 구해야 할 것은 하늘에서 하나님과 영원히 거하는 것입니다. 비록 이 땅에서 우리가 천국을 눈으로 볼 수 없지만, 기도할 때마다 천국을 소망하는 기도를 해야 합니다(벧전 1:3-4). 하나님께서 하늘에 계시기 때문에 천성을 향한 마음을 갖는 것입니다(빌 3:19-20). 그러나 어리석은 자들은 이 땅에서의 일시적인 것만을 구하며, 그들은 하늘에서 하나님과 영원히 함께하는 것에 마음이 없습니다.

40

주기도문 전반부의 세 가지 간구

1. 주기도문 전반부의 세 가지 간구가 의미하는 것은 무엇입니까?

주기도문 전반부의 세 가지 간구는 우리의 부족이나 필요한 것으로 인하여 하나님께 나아가지 말고, 하나님께 드리는 예배를 위해서 나아가라는 것을 가르쳐줍니다. 첫 번째 간구는 하나님의 영광 자체를 위한 기도이며, 두 번째와 세 번째 간구는 나라가 임하고 그의 뜻이 성취됨으로써 하나님께서 영화롭게 되기를 기도하는 것입니다.

2. 첫 번째 간구는 무엇입니까?

첫 번째 간구는 "(하늘에 계신 우리 아버지여) 이름이 거룩히 여김을 받으시오며"(마 6:9; 눅 11:2)입니다. 하나님은 모든 것에 영광을 받으셔야 합니다. 하나님 자신과 하나님의 말씀, 하나님의 사역은 가장 거룩하고 영광스럽습니다. 우리는 이것을 인정하고 하나님을 영화롭게 해야 합니다(시 96:8; 벧전 2:9). 이는 우리에게 가장 자랑스러운 것입니다. 우리는 무엇을 하든지 하나님의 영광을 위해서 해야 합니다(고전 10:31).

3. 하나님의 이름이 거룩히 여김을 받으신다는 의미는 무엇입니까?

우리는 하나님의 이름으로 우리의 하나님이 어떤 분이신가를 알 수 있습니다(왕상 5:5; 사 26:8). 왜냐하면 하나님께서 자신의 이름으로 우리에게 자신을 알리셨기 때문입니다. 하나님은 자신의 이름 가운데 속성도 계시하셨는데, 이는 지혜, 능력, 사랑, 선하심, 자비, 공의, 진리 등입니다(출 33:18-19; 34:5-6). 따라서 사람은 하나님의 창조와 세상의 통치 가운데 있는 그의 사역과 행위들을 기억해야 합니다(시 104편). 특히 구속의 사역과(시 19:14) 하나님의 속성 및 하나님의 말씀을 기억하면서 하나님을 예배해야 합니다(시 138:2). 따라서 하나님의 이름이 거룩히 여김을 받는다는 것은, 하나님의 이름을 거룩하게 구별하여 사용하는 것이며, 경외함으로 그 이름을 부르고 하나님의 이름을 남용하지 않는 것입니다.

4. 첫 번째 간구에서 우리는 하나님께 무엇을 구해야 합니까?

하나님은 스스로 영광스러운 분입니다. 따라서 하나님은 모든 사람에게 영광받으셔야 하지만 특별히 하나님의 자녀인 우리에 의해서 영광스럽게 되기를 원하십니다. 그래서 우리는 하나님의 이름을 거룩하고 경외하는 심령으로 불러야 합니다. 또 이를 위하여 하나님께서 우리 안에 은혜를 더해주시기를 구해야 합니다. 이것은 하나님께서 자신의 지혜와 능력, 선하심과 자비, 진리와 의로우심을 하나님의 백성에게 더 풍성하게 부여해주시기를 청원하는 것입니다. 이 기도에 하나님께서 응답하시면 우리를 통해 모든 사람이 하나님의 이름을 더욱 경외하는 마음으로 거룩하게 사용할 것입니다.

5. 첫 번째 간구에서 우리가 특별히 기도해야 하는 은혜는 무엇입니까?

먼저, 하나님을 아는 지식과 그의 말씀과 사역을 아는 지식을 위해 기도해야 합니다. 하나님을 아는 지식 없이는 그의 이름을 영화롭게 할 수 없기 때문입니다. 하나님의 말씀을 믿고 의지할 수 있도록 은혜를 달라고 구해야 합니다. 아브라함은 하나님의 약속을 믿는 가운데 하나님을 영화롭게 했습니다.

그리고 두 번째로, 겸손을 위해 기도해야 합니다. 겸손 없이는 하나님께 영광을 돌릴 수 없습니다(시 115:1; 삼하 7:18; 눅 1:48). 세 번째로, 우리가 하나님께 구해야 할 은혜는 인내입니다. 인내 없이는 우리 자신을 하나님의 손에 굴복할 수 없습니다(사 39:8).

6. 두 번째 간구는 무엇입니까?

주기도문의 두 번째 간구는 "나라가 임하시오며"(마 6:10; 눅 11:2)입니다. 이 간구의 내용은 하나님께서 우리의 마음 가운데 통치하시며, 그리스도의 나라가 성령으로 인하여 내적으로 확장되고, 외적으로도 날마다 증가해서 그리스도가 다시 오셔서 심판하시기까지 완전하게 되기를 구하는 것입니다. 한편으로 사탄의 나라와 죄는 점점 더 무너지기를 기도하는 것입니다(행 26:18; 골 1:13).

7. '나라가 임하시오며'는 무엇을 위한 기도입니까?

하나님의 나라는 창조주 하나님께서 우주적 주권을 모든 피조물 위에 행사하시며, 자신의 목적에 따라서, 그리고 자신의 영광을 위해서 모든 것을 처리하시는 것을 뜻합니다(사 6:5; 시 95:3). 하나님께서는 그리스도를 왕으로 정하셨으며(시 2:6; 호 3:5) 그의 성도들을 다스리게 하셨습니다(계 15:3). 따라서 '나라가 임하시오며'라고 기도하는 것은 하나님의 말씀이 더욱 널리 반포되기를 원하는 것이며, 그 효과 면에서는 말씀으로 인하여 순종이 일어나기를 구하는 것입니다(롬 6:17). 이것은 이 시대에 은혜의 증가가 나타나게 해달라는 기도이며(마 13:8), 죽음을 맞이할 때 영혼이 천국에 들어가게 해달라는 것과(눅 23:42-43), 성도가 완전한 구속에 이르게 해달라는 것을 포함하는 기도입니다(마 25:34).

8. 두 번째 간구에서 우리가 하나님께 기도해야 하는 것은 무엇입니까?

그리스도가 내적, 외적으로 교회를 다스리시는 것을 구해야 합니다. 하나님께서 자신의 성령을 주심으로 그리스도가 그의 백성들을 모으고 자신의 교회를 다스리실 것을 기도하는 것입니다. 하나님께서 그리스도의 말씀을 흥왕하게 하셔서 그의 나라가 진전하게 되기를 기도해야 합니다. 이는 하나님께서 직무 맡은 자들을 교회에 채우시고, 그들에게 은사들을 주셔서 그들이 자신에게 부과된 직무를 부지런하고 성실하게 수행할 수 있기를 기도하는 것입니다.

9. 하나님 나라의 진전과 관련해서 특별히 기도해야 하는 것은 무엇입니까?

하나님께서 세상의 모든 지역에 복음이 전파되게 하셔서 그의 선택한 자들을 불러 모으시도록 기도해야 합니다. 하나님의 신실한 사역자들이 세움을 받아서 그리스도의 양 떼들을 돌보며(마 9:38), 자유롭게 하나님의 말씀을 선포하도록 기도해야 합니다(살후 3:1). 하나님께서 말씀 위에 성령으로 축복하셔서 많은 영혼이 회심하도록 기도하며, 하나님께 유효하게 부르심을 받은 자들의 마음에 성령의 은혜와 은사가 증가하기를 기도하는 것입니다. 또 주께서 자신의 말씀과 성령으로 신자들의 마음과 삶 속에서 통치하시기를 기도하고, 모든 사람이 신자들의 경건한 삶을 보고 그리스도의 통치를 인정하게 되기를 기도하며, 사탄의 왕국이 점점 더 소멸하기를 기도해야 합니다(살후 2:8).

10. 세 번째 간구는 무엇입니까?

세 번째 간구는 "뜻이 하늘에서 이루어진 것 같이 땅에서도 이루어지이다"(마 6:10)입니다. 하나님께서는 우리가 우리의 부패한 성향을 버리고 사탄의 뜻을 거부하며(딤후 2:26; 벧전 4:2), 자발적으로 하나님께 굴복해서 하나님의 뜻을 전심으로 행하기를 원하십니다(골 3:23). 따라서 우리는 하나님의 뜻에 순종하도록 기도해야 합니다. 이것은 하나님의 뜻을 분명하게 아는 것과 하나님의 뜻에 순종할 수 있는 은혜의 도움을 간구하는 것입니다.

11. 하나님의 뜻을 어떻게 알 수 있습니까?

하나님의 뜻을 '작정'(decree)이라고 하는데, 여기에는 감추어진 것이 있고 드러난 것이 있으므로 이중적입니다(신 29:29). 은밀하고 감추어진 하나님의 뜻은 하나님의 영원한 계획과 그것들의 시간입니다(행 1:7). 반면 하나님의 드러난 뜻은 하나님의 말씀에 계시된 것들입니다. 이것은 우리가 믿어야 할 하나님의 약속들과 우리가 따라야 할 계명들입니다. 하나님의 은밀한 뜻에 대해서 우리는 인내하고 하나님의 뜻에 굴복해야 합니다. 그리고 하나님의 드러난 뜻, 즉 말씀으로 계시된 것에 대해서는 순종해야 합니다.

12. 하나님의 드러난 뜻에 순종하기 위해 무엇을 기도해야 합니까?

첫째로, 우리가 하나님의 뜻을 알 수 있도록 기도해야 합니다. 하나님의 뜻을 알지 못하면 기도할 수 없기 때문입니다. 둘째로, 우리가 하나님의 뜻을 행할 수 있도록 기도해야 합니다. 우리 자신이 하늘에 계신 아버지에게 순종하는 것을 보여야 합니다. 셋째로, 하나님의 뜻을 순종할 수 있도록 성령의 은혜를 주시기를 기도해야 합니다. 오직 은혜로 우리의 심령이 강해지며, 순종이 가능하기 때문입니다(시 119:32, 36). 넷째로, 하나님의 뜻을 아는 것과 그 뜻을 실행하는 것에 방해되는 요소들이 제거되도록 기도해야 합니다. 우리의 무지와 배역과 불순종과 불평이 제거되기를 기도해야 합니다(삼상 15:22-23).

13. '뜻이 하늘에서 이루어진 것 같이 땅에서도 이루어지이다'라고 기도하는 이유는 무엇입니까?

하늘에서는 천사들이 모든 부패에서 벗어나 하나님께 신속하고 완전하게 순종하여 하나님의 뜻을 실행합니다(시 103:20, 22; 마 18:10). 그러므로 이 땅에서 우리의 순종도 이렇게 이루어져야 합니다. 이를 위해서 우리는 가장 겸손하고 즐겁게, 기꺼이, 온전하게 하나님의 뜻을 이행해야 합니다. 우리의 순종은 하늘의 패턴을 따라서 지체됨이 없이(시 119:60), 가식 없이(신 5:28-29), 거리낌이 없이(시 119:6), 중단 없이(시 119:112) 이행되어야 합니다.

41

주기도문 후반부의 세 가지 간구

1. 주기도문 후반부의 세 가지 간구의 특징은 무엇입니까?

우리는 먼저 하나님에 대한 봉사와 관련하여 세 가지 간구를 한 다음에 우리 자신을 위해 선한 것을 구해야 합니다. 즉, 하나님의 영광과 관련된 것을 가장 먼저 마음에 두고 구해야 하며, 그 후에 우리의 경건을 위해 기도해야 하는 것입니다(딤전 4:8). 특히 주기도문의 후반부에는 '우리'라는 대명사를 사용하고 있는데, 이는 우리 이웃의 어려움과 비참함과 필요에 대해서 동료의식을 가지고 그들을 위해 기도해야 한다는 것입니다.

2. 이 세 가지 간구의 순서에는 어떤 의미가 내포되어 있습니까?

첫 번째 간구는 사람들의 몸과 관련된 것이며, 나머지 두 가지 간구는 영혼과 관련된 것입니다. 세 가지 간구는 모두 하나님께 전적으로 의존해야 하는 것을 가르쳐줍니다. 우리는 삼위 하나님의 각위와 관련하여 외적인 축복을 위해서는 하나님 아버지의 섭리를 의지해야 하고, 죄 용서와 관련해서는 우리 구주 예수 그리스도의 자비를 의지해야 하며, 사탄의 시험을 물리치고 저항하기 위해서는 성령의 능력과 도움을 얻어야 합니다.

3. 이 세 가지 간구의 구성은 어떻게 되어있습니까?

하나는 외적인 것을 구하는 기도이며, 두 가지는 영적인 것을 구하는 기도입니다. 즉 영적인 것에 관한 관심이 외적인 것의 두 배가 되어야 합니다(마 6:33). 우리는 이 땅의 것과 하늘의 것을 구별할 수 있어야 하며, 이 땅의 것을 하늘의 것보다 상대적으로 작게 여겨야 합니다. 이 땅에서 우리의 삶은 짧지만, 하늘에서의 삶은 영원한 것이기 때문입니다.

그럼에도 불구하고 이 땅의 필요를 구하는 것이 첫 번째로 언급된 이유는, 외적인 것이 영적인 의무를 수행할 수 있게 하기 때문입니다(창 28:20-21). 예수님께서 몸의 질병을 고쳐주신 것은 그들의 영적인 것을 고치기 위해서였으며, 일시적인 것을 공급해주신 것은 그들이 영원한 것을 구하도록 하기 위해서였습니다. 예수님은 이로써 진정한 믿음을 가진 자와 위선자를 구별하셨습니다. 예수님은 나환자 열 명을 고쳐주셨지만, 그중 사마리아 사람만 예수님께 와서 감사했고, 그 사람만 믿음을 인정받았습니다(눅 17:19).

4. 주기도문의 네 번째 간구는 무엇입니까?

주께서 가르쳐주신 기도의 네 번째 간구는 "오늘 우리에게 일용할 양식을 주시옵고"(마 6:11; 눅 11:3)입니다. 하나님께서는 우리에게 외적으로 필요한 것들과 필요한 수단을 공급해주십니다. 이는 우리의 부르심에 따른 하나님의 축복입니다. 하나님께서는 우리에게 은혜를 주셔서 이 땅의 일시적인 삶의 모든 수단을 위해서 하나님의 섭리를 의존하게 하시며, 우리에게 허락하신 것을 자족하게 하십니다(빌 4:11-12).

5. 일용할 양식은 무엇을 의미합니까?

우리가 생명을 유지하는 데 필요한 외적인 모든 것을 의미합니다. 여기에는 음식과 수명과 주거와 건강이 포함됩니다. 이러한 것들은 신자에게 적절한 즐거움을 줍니다(잠 27:27; 31:14). 우리는 일용할 양식을 반드시 구해야 합니다. 그러나 이것은 부자가 되기 위한 것이 아니며(약 4:3; 민 11:4-6), 우리의 생명을 유지하고 생활하는 데 알맞은 것이어야 합니다(잠 30:8; 딤전 6:8).

이 간구에서 '일용할 양식'이라고 명시되어 있는 이유는, 우리가 필요한 것들에 대해 너무 염려하지 않고 하나님의 섭리에 의존하도록 하기 위해서입니다(마 6:34). 또 현재의 축복에 자족하고 탐욕적인 마음을 품지 않게 하려는 것입니다(잠 30:8). 그러므로 하나님께서 우리에게 이 땅의 일시적 필요를 우리의 분량에 맞게 주시는 것에 감사하고, 다른 사람의 소유를 시기하거나 탐욕을 부리지 말아야 합니다.

6. 다섯 번째 간구는 무엇입니까?

주께서 가르쳐주신 기도의 다섯 번째 간구는 "우리가 우리에게 죄지은 자를 사하여 준 것 같이 우리 죄를 사하여 주시옵고"(마 6:12; 눅 11:4)입니다. 우리는 그리스도로 인하여 죄 용서와 의롭다 함을 받았으며, 하나님과 화목하게 된 상태입니다. 그러나 하나님께서는 우리에게 죄에 대한 지식과 함께 우리의 죄를 지각할 수 있는 성령을 주셨습니다. 따라서 우리는 매일 하나님께 나아가 죄를 고백할 뿐만 아니라, 죄 용서의 확신을 얻습니다. 또 우리에게 죄지은 자들을 용서합니다(욥 33:24; 시 35:3; 렘 14:7; 골 3:13).

다섯 번째 간구는 우리가 자신의 죄를 깨닫는 것에 더디고, 자신의 죄에 대해 영적으로 느슨하며, 죄를 가볍게 여기는 성향을 억제하는 것입니다. 따라서 우리는 매일 자신의 죄를 돌아보고, 하나님께 정직하고 솔직하게 죄를 고백하며, 하나님의 은혜로 죄를 피하도록 간구해야 합니다.

7. 다른 사람의 죄를 용서하는 것이 우리가 하나님께 용서를 받는 조건이 됩니까?

우리가 다른 사람들의 죄를 용서하는 것이 하나님께 죄 용서함을 받는 조건이 되거나 원인이 되는 것은 아닙니다. 다만 우리가 하나님께 죄를 용서받은 것의 열매로 다른 사람의 죄를 용서하는 것입니다. 우리는 하나님의 은혜가 있어야 다른 사람의 죄를 용서할 수 있습니다. 하나님의 은혜가 있어야 보복하고 복수하려는 마음을 억제할 수 있습니다(롬 12:19). 다른 사람의 죄를 용서하는 것은 우리가 하나님께 간구하는 것에 대한 확신을 주는 것이며(약 2:13), 조건이 아닙니다. 더욱이 이 간구는 하나님께서 우리에게 매일 자비의 심령을 주시고, 그들의 구원을 갈망하도록 하시는 것입니다.

8. 다섯 번째 간구에서 우리는 자신이 위선하고 있는지 그 여부를 어떻게 확인할 수 있습니까?

다섯 번째 간구는 우리가 하나님 앞에서 죄를 용서받는 것에 어떤 공로도 없으며, 오직 그리스도의 은덕이라는 것을 깨닫게 합니다. 그리고 다른 사람이 우리에게 행한 죄에 대해서 긍휼히 여기는 심정을 갖습니다. 그러나 다른 사람의 죄에 대해 용서하지 않는 심령을 가지고 하나님께 간구한다면, 그것은 하나님께 헛된 말을 하는 것입니다. 위선자들은 자신들의 죄는 가볍게 보고 다른 사람의 죄를 크게 보는 성향을 가지고 있습니다. 또한, 자신은 죄 용서를 받았다고 생각하면서 다른 사람의 죄에 대해서는 매우 엄격한 태도를 보입니다. 이러한 위선자들은 진정한 죄 용서함의 원리를 모르는 자들입니다(마 18:23-35).

9. 여섯 번째 간구는 무엇입니까?

주께서 가르쳐주신 기도의 여섯 번째 간구는 "우리를 시험에 들게 하지 마시옵고 다만 악에서 구하시옵소서"(마 6:13; 눅 11:4)입니다. 여섯 번째의 간구는 성화를 위한 기도입니다. 우리에게 죄를 이길 영적인 힘을 달라는 간구로서, 죄 용서를 위한 간구와 마찬가지로 매일 우리 자신의 죄를 억제하기 위한 것입니다(롬 6:1-2). 물론 죄의 억제와 함께 하나님의 섭리를 통해 죄의 유혹으로부터 지켜주시며(잠 30:8; 고후 12:8), 은혜로 보전되기를 간구해야 합니다(고전 10:13; 고후 12:9). 우리는 하나님의 능력에 의해서 모든 유혹을 이길 수 있으며, 하나님께 순종으로 나아갈 수 있습니다. 죄를 억제하는 것은 새로운 순종으로 나아가는 길입니다(고후 7:1; 롬 6:11).

10. 시험이란 무엇입니까?

여섯 번째 간구에서의 시험은 유혹(temptation)을 의미합니다. 시험이라는 단어는 믿음과 은혜를 테스트(test 또는 trial)한다는 의미도 있지만, 여기서는 그런 의미가 아닙니다. 유혹으로 인해 우리의 부패성이 일어나면 우리는 죄를 짓게 되어있습니다. 이때, 기도는 이러한 유혹을 극복하는 유용한 수단이 됩니다. 기도 가운데 자신의 연약성을 더욱 인식하고, 그것을 극복하기 위해 은혜가 필요하다는 것을 깨달아 주의 능력을 구하는 것입니다. 죄를 짓지 않기 위한 이러한 기도는 영적 주의력(spiritual carefulness)을 더하며, 죄의 유혹을 극복하게 합니다.

11. 죄의 유혹은 무엇으로 일어납니까?

죄의 유혹은 사탄과 우리 자신, 혹은 다른 사람으로부터 일어납니다. 마귀는 사람이 죄를 짓도록 유혹합니다(시 78:18-19). 우리의 생각 속에 죄를 제안하고, 우리의 상황 속에서 외적인 것으로 미끼를 던지기도 합니다. 또한, 우리 자신에게 부패성이 남아 있어서 스스로도 유혹을 받습니다. 따라서 시험에 들지 않게 해달라는 기도는 유혹의 힘을 극복할 수 있도록 은혜를 달라는 기도입니다. 유혹을 받았을 때 그것을 저항하지 않으면 죄에 빠지는 것이지만, 그것을 극복하면 죄에 대한 승리이기 때문입니다.

12. 악에서 구해달라는 간구는 무엇을 의미합니까?

악에서 구해달라는 간구는 우리의 연약성으로 인하여 유혹에 빠졌을 때 하나님의 강력한 능력으로 건져달라는 것입니다. 이는 우리의 본성으로부터의 강력한 건짐을 의미합니다(롬 7:24). 사람은 수렁으로 미끄러져 들어가듯이 죄 안으로 깊이 빠지기도 하는데, 죄악의 힘이 우리가 저항할 수 있는 것보다 더욱 강합니다(롬 7:24-25). 사탄, 즉 마귀는 죄악의 힘을 더욱 부추깁니다(고후 12:8). 따라서 하나님의 강력한 은혜로만 건짐을 받을 수 있습니다. 하나님은 말씀으로 우리의 의지를 강화시키시고, 성령의 능력을 통해서 강력한 영적 갈망이 일어나게 하셔서 죄악에서 빠져나오게 하십니다. 따라서 악에서 구해달라는 간구는 우리의 연약함을 날마다 인정하고 우리에게 은혜의 증가가 있기를 간구하는 것입니다(히 13:21).

42

주기도문의 결론

1. 주기도문의 결론은 무엇입니까?

주기도문의 결론은 "나라와 권세와 영광이 아버지께 영원히 있사옵나이다 아멘"(마 6:13)입니다. 이 부분은 감사 형태의 기도라고 할 수 있습니다. 다윗이 하나님을 찬양할 때 이러한 형식을 취했으며(대상 29:10-13), 다니엘도 마찬가지입니다(단 7:14). 따라서 그리스도는 우리에게 이렇게 기도하라고 가르치셨습니다. 사도 바울은 이 기도의 형태를 따랐고(딤전 1:17), 유다서의 마지막 부분도 마찬가지입니다(유 1:25). 기도의 결론 부분에 하나님을 찬양하는 기도가 들어가는 이유는 모든 간구가 하나님께 드리는 것이라는 의미이자, 간구한 것을 얻을 것이라는 확신으로 인한 것입니다. 새로운 축복을 위한 기도에는 항상 이전에 주신 복에 대한 감사가 연결되어 있습니다. 감사의 표현이 없이는 기도가 마무리될 수 없습니다.

2. 주기도문의 결론 부분에는 하나님의 속성이 어떻게 언급됩니까?

주께서 가르쳐주신 기도문의 마지막에는 하나님의 속성들에 대한 언급이 있습니다. '나라'라는 언급에서는 하나님의 주권이(시 22:8), '권세'라는 말에서는 하나님의 전능성이(렘 32:17; 대하 20:6), '영광'이라는 표현에서는 하나님의 탁월성이(시 113:4; 사 6:3), '영원'이라는 단어에서는 하나님의 영원성이(시 90:2; 사 57:15) 나타나 있습니다.

하나님의 네 가지 속성들은 오직 하나님께만 있는 것으로서, '당신의'(Thine)로 표현되어 있습니다. 따라서 주기도문은 서문에서 "하늘에 계신 우리 아버지여"(마 6:9)로 시작하고, 결론에서 하나님의 속성에 대한 묵상으로 마무리됩니다. 이는 주께서 가르쳐주시는 이 기도를 우리가 누구에게 하는 것이며, 그 기도에 응답하시는 이가 누구이신지 분명하게 말하는 것입니다. 또한, 하나님의 존귀와 영광이 우리 모든 기도의 목적이자 요지임을 나타냅니다.

3. '나라'는 무엇을 의미합니까?

'나라'는 모든 사람과 모든 것을 주관하시고 움직이시는 하나님의 우주적 능력을 의미합니다. 더욱이 '당신의 나라'(Thine Kingdom)라고 할 때 이것은 은혜의 왕국이며, 세상에서 당신이 선택한 백성들을 주장하시고 그들에게 선하심과 지혜와 거룩하심과 충분한 은혜를 나타내시는 것을 뜻합니다. 주기도문의 결론 부분에서 '나라'에 대한 언급은 본론의 두 번째 간구 "나라가 임하시오며"(마 6:10)에서의 청원에 대한 응답의 감사입니다. 주의 나라가 우주적 교회를 통해서 지속하여 진전되고 있는 것과, 영원한 왕이신 그리스도가 이를 완성하실 것에 대한 찬양입니다. 또한, 신자들을 공격하고 넘어지게 하는 사탄과 세상과 육신에 대한 승리를 확신하는 것입니다. 따라서 주기도문 결론 부분에서 나라에 대한 찬양은 모든 것을 주관하시는 하나님의 절대적 주권에 대한 감사이며, 우리의 왕께서 자신의 백성들을 보전하시고 그들이 필요로 하는 것을 풍성히 주실 것에 대한 감사입니다(대상 29:11).

4. '권세'는 무엇을 의미합니까?

주기도문의 결론에서 하나님의 권세에 대한 언급은 전능하신 하나님께서 모든 것을 하실 수 있다는 감사의 고백입니다(눅 1:37). 이는 본론 부분의 세 번째 간구인 "뜻이 하늘에서 이루어진 것 같이 땅에서도 이루어지이다"(마 6:10)에 대한 확신입니다. 따라서 우리는 반드시 구해야 할 것을 구해야 하며, 우리가 하나님의 뜻대로 무엇을 구하든지 하나님께서 들으신다는 것을 확신할 수 있습니다(요일 5:14). 또한 '권세'는 주의 나라의 진전에 있어서 하나님께서 원수들을 굴복시키시며, 자신의 특별한 백성을 보전하신다는 것을 함축하고 있습니다. 따라서 주기도문의 결론 부분에서 권세에 대한 찬양은 우리의 기도에 응답하셔서 자신의 의롭고 거룩한 목적을 성취하시는 하나님께 감사하는 것입니다.

5. '영광'은 무엇을 의미합니까?

나라와 권세가 하나님께 속해있음을 기도하는 것과 동시에 하나님께 영광을 돌려야 할 필요가 있음을 말합니다. 하나님의 영광은 하나님의 속성에서 나오는 것입니다. 따라서 하나님이 어떤 분이신지 알면 알수록 하나님께 더 영광을 돌리게 됩니다. 하나님께서는 우리가 원하는 것들을 허락하실 것이며, 강력하게 역사하셔서 자신의 나라를 세우실 것입니다. 따라서 모든 영광과 찬양을 하나님께 돌려드려야 합니다.

또한, 우리는 하나님께서 주신 것을 가지고 하나님께 감사드리며 하나님을 예배하는 데 사용해야 합니다(시 65:1-2). '당신의 영광'(Thine Glory)이라고 할 때 그 영광은 오직 주님만이 가지고 계신 탁월성과 완전함을 의미합니다. 그러므로 기도의 끝부분에서 하나님께 영광을 돌리는 것은 하나님이 반드시 예배와 찬양을 받으셔야 함을 기억하며, 우리의 기도가 받아들여질 것을 확신하는 것입니다. 즉 하나님께서 우리의 기도를 들으실 것에 대한 확신으로 기도의 끝부분에서 하나님께 영광을 돌리는 것입니다.

6. 주기도문의 결론이 확증하는 것은 무엇입니까?

나라와 권세와 영광을 하나님께 돌릴 뿐만 아니라, 우리가 기도하는 가운데 하나님께서 하늘과 땅의 왕으로서(계 3:7) 그의 권위로 그의 모든 보화를 우리에게 베푸실 것을 고백하며 믿는 것입니다. 하나님은 전능하셔서 우리가 구하고 생각하는 것보다 더욱 풍성하게 공급해주시는 분입니다(엡 3:20). 하나님 자신의 이름과 그가 약속하신 진리를 위해서 자기 종들의 필요에 관심을 가지고 축복하시는 분입니다(시 35:27; 119:49). 따라서 주기도문의 결론은 하나님께서 우리의 왕으로서 그의 신하 된 우리를 그의 능력으로 도우실 것이며, 그의 영광을 위해 우리의 간구를 허락하실 것을 믿고 고백하는 것입니다(엡 3:20; 렘 14:7; 겔 36:22).

7. 주기도문의 결론이 하나님을 향한 찬양인 이유는 무엇입니까?

우리의 모든 간구가 하나님을 향한 찬양으로 끝나야 하는 이유는, 기도가 우리 자신의 유익만을 위한 것이어서는 안 되며, 주의 나라와 권세와 영광을 나타내는 것이어야 하기 때문입니다. 우리는 하나님의 영광으로 시작해서 하나님의 영광으로 마무리해야 합니다. 하나님의 영광을 사랑하는 것이 우리 기도의 첫 번째 원리입니다. 여기에서부터 우리의 바라는 것과 기도가 흘러나와야 합니다.

우리가 하나님께 얻고자 하는 모든 것은 하나님의 영광의 증진을 위한 것이 되어야 합니다. 우리가 장차 하나님과 그리스도의 영광으로 들어갈 때 우리는 완전히 만족할 것이며, 그 어떤 부족함이 없을 것입니다. 이때 우리가 계속해서 주님께 드릴 찬양은 "하늘 위에와 땅 위에와 땅 아래와 바다 위에와 또 그 가운데 모든 피조물이 이르되 보좌에 앉으신 이와 어린 양에게 찬송과 존귀와 영광과 권능을 세세토록 돌릴지어다"(계 5:13)입니다.

8. 주기도문이 '아멘'으로 마무리되는 이유는 무엇입니까?

'아멘'이라는 것은 우리가 기도한 것이 진정한 것이며 또한 우리가 기도한 대로 될 것이라는 의미입니다(계 22:20-21). 이것은 강력한 열망과 확신의 표시이며, 믿음의 선언입니다. 기도에 있어서 이러한 확신이 없다면 그 기도는 거절될 것입니다. 우리는 우리가 하나님께 기도한 것들을 하나님께서 허락해주실 것으로 확신해야 합니다. 특히 기도의 마무리 부분에서 강력한 갈망과(약 5:17) 믿음이(약 1:6) 있어야 합니다. 이렇게 기도할 때, 하나님께서 그리스도를 위해 우리가 구한 것을 허락하실 것입니다. 따라서 '아멘'이라는 말은 믿음의 말로서 우리의 갈망과 확신을 표현하는 것입니다.

9. 우리의 기도도 '아멘'으로 마무리되어야 합니까?

우리가 기도를 마무리할 때도 그리스도가 가르쳐주신 대로 '아멘'이라고 해야 합니다. 이것은 우리의 의무입니다(느 8:6; 고전 14:16). 이는 우리의 간구와 감사가 하나님께 드려졌다는 사실에 서명하는 것과 같습니다. 또한, '아멘'으로 마무리하는 것은 다른 사람과 함께 기도할 때 알려진 언어를 사용해서 기도해야 함을 함축하고 있습니다(고전 14:9, 11, 16, 19). 또, 기도하는 자의 기도에 집중해야 하는 것이 우리의 의무라는 것을 알 수 있습니다. 그렇지 않다면 '아멘'이라고 할 수 없을 것입니다. 그리고 '아멘'이라는 것은 우리의 소원이 성취되기까지 하나님의 역사를 기다려야 함을 의미합니다.

금식과 구제

1. 신앙적인 금식은 무엇입니까?

신앙적인 금식 혹은 '거룩한 금식'(holy fasting)이란, 기도에 간절함을 더하기 위해서나 비상한 기도를 위해서(고전 7:5; 슥 8:19; 느 8:9) 금식하는 것입니다. 이러한 금식을 거룩한 금식이라고 부르는 이유는 잠시 감각적인 즐거움을 내려놓고(욜 2:16) 자기 자신을 겸비케 하며, 자신을 기도에 더욱 적합하게 만드는 것이기 때문입니다. 이는 통상적인 음식물을 취하지 않고 자기 자신의 죄에 대해 심각하게 생각하며, 더 열심히 하나님께 간구하는 것입니다.

2. 금식의 필요성은 무엇입니까?

하나님의 전능하신 손 아래에서 자신을 스스로 낮추는 것이 필요하기 때문입니다. 자기 자신의 죄에 대해서 심각하게 생각함으로써 자신의 영혼을 돌아보는 것은 기도생활에 도움을 줍니다. 금식함으로 하나님께 비상한 도움을 구하는 것입니다(행 13:3). 금식은 선행은 아니지만, 기도에 도움을 줍니다.

3. 언제 금식합니까?

비상하고 긴급한 경우에 금식합니다. 어떤 큰 죄를 피하기 위해 금식하며(삼상 7:6), 큰 어려움을 만났을 때 금식합니다(에 4:16). 혹은 하나님의 특별한 자비와 도우심을 얻기 위해 금식합니다(느 1:4; 행 10:30). 즉 우리는 금식을 통해서 하나님께서 죄악을 막거나 제거해주시기를 간절히 구하고(고전 5:2), 영적인 은덕들을 얻기 위해 우리 자신을 준비시킵니다. 또 그 은혜를 받기에 합당하게 행합니다.

4. 금식에는 어떤 종류가 있습니까?

금식에는 공적인 금식과 사적인 금식이 있습니다. 공적으로는 교회나 국가의 죄가 편만하거나 재앙을 만났을 때 금식합니다(느 9:1). 교회가 엄숙한 총회를 열어서 신학적으로 중요한 것들을 논의할 때 금식합니다. 한편으로 개교회가 영적으로 특별한 문제를 만났을 때도 공적으로 금식할 수 있습니다. 또 개인적인 문제에 있어서는 개인이 홀로 금식하거나 가족들과 함께 혹은 특별한 친구들과 함께 금식할 수 있습니다. 이러한 금식은 은밀하게 진행되어야 합니다. 그리스도는 금식의 유용성을 말씀하셨지만, 외적으로 보이고자 하는 위선적인 금식을 경고하셨습니다(마 6:16-18).

5. 금식하는 것이 기도에 어떤 실제적인 도움을 줍니까?

금식하는 기간에는 음식을 취하지 않는데, 이것은 영적인 것에 더욱 집중할 수 있게 합니다. 이렇게 함으로써 우리는 현재의 삶에서 누리는 하나님의 모든 은덕에 대해서 자신이 무가치한 자라는 것을 고백하는 것입니다. 구약의 성도들은 재를 뒤집어쓰는 행위를 하기도 했습니다(욥 2:12; 렘 6:26; 겔 27:30; 단 9:3). 이는 자신의 영혼을 하나님 앞에서 비상하게 낮추고 죄에 대해서 슬퍼하는 것입니다(단 9:3-5). 금식은 주의 이름을 더욱 간절히 부르는 데 도움을 줍니다(사 58:4).

6. 금식하면서 자신을 낮추는 데 실제적인 도움을 주는 것은 무엇입니까?

하나님의 율법을 거울로 삼아서 자신을 들여다보는 것입니다. 이럴 때 자신의 죄가 얼마나 큰 것인가를 보게 됩니다. 또 성경에서 악한 자들에 대한 하나님의 심판을 살펴봄으로써 금식 가운데 자신을 더욱 낮출 수 있습니다. 그리고 예수님께서 십자가에서 피 흘리신 것을 묵상함으로써, 우리의 죄가 그리스도를 십자가에 못 박히게 한 것을 생각하고 자신을 낮출 수 있습니다(슥 12:10).

7. 금식이 은혜를 구하는 것에 어떤 도움을 줍니까?

금식은 우리의 죄에 대한 하나님의 심판이 거두어지기를 간구하는 데 도움을 주며, 이와 함께 죄의 용서와 하나님의 자비의 문을 두드리는 데 유용합니다. 즉, 금식은 우리에게 특별한 하나님의 은혜와 축복이 허락되기를 구할 때 필요합니다(시 51:14). 주의 갱신하는 은혜가 필요할 때나(욘 3:8) 믿음으로 주를 간절히 찾고 구해야 할 때, 금식이 도움을 줍니다(겔 36:37).

8. 금식과 마찬가지로 특별한 감사의 날들도 하나님 앞에 지킬 수 있습니까?

금식하는 동안에는 음식물을 섭취하지 않고 자신을 낮추어서 하나님께 예외적으로 기도합니다. 마찬가지로 하나님께서 엄중한 위험과 악에서 건져주신 것에 대해, 그리고 금식하면서 간절하게 간구한 것에 대한 하나님의 축복에 엄숙히(solemn) 감사해야 합니다. 이것은 하나님의 자비에 대한 우리의 특별한 응답입니다(에 9장). 물론 우리는 추수 때에도 하나님께서 주신 자비에 대해 감사의 날들을 가질 수 있으며, 특별한 은덕을 받았을 때는 더욱 그렇게 해야 합니다.

이것은 구약의 의식법 아래에서의 절기를 지키는 것이 아닙니다. 하나님께서 주신 자비를 기억하면서 하나님께 감사의 목소리를 높이는 것입니다. 17세기에 잉글랜드 청교도들은 의회 중심으로 금식일과 감사일을 정해서 준수했고, 뉴잉글랜드 청교도들은 추수감사일을 지켰습니다.

9. 자선을 베푸는 것은 무엇입니까?

자선(alms)은 그리스도인의 의무로서, 필요한 자들에게 자신이 가지고 있는 것들을 기꺼이 제공하는 것입니다(요일 3:17; 딤전 6:17-18; 마 5:42). 자선은 하나님께서 축복하신 것에 대해서 청지기로서 다른 사람의 유익을 위해서 베푸는 것이며(벧전 4:10), 이는 하나님의 공의와 의를 이루는 것입니다(시 112:9; 마 6:1). 그러므로 자선을 무시하거나 외면하는 자는 마지막 날에 심판에 처할 것입니다(마 25:32, 42). 하나님께서 자선을 우리에게 선택 사항으로 두신 것이 아니라 의무로 두셨으며, 그것을 행할 때도 자유롭고 즐겁게 하고 억지로 해서는 안 된다고 하셨기 때문입니다(고후 9:7).

10. 누가 자선을 베푸는 것입니까?

모든 그리스도인이 자선을 베풀어야 합니다. 이 세상의 재물을 가지고 형제의 궁핍함을 보고도 외면하고 도울 마음을 억누르고 있다면 그 심령에 은혜가 없다는 증거입니다(요일 3:17). 누구든지 자선을 베풀되 자신의 분복에 합당하게 하면 됩니다(눅 21:2-3). 따라서 자선은 부자만 하는 것이 아니라 모든 사람의 의무이며(딤전 6:17), 특별히 자선을 위해서 자기 일을 해야 하는 것입니다(엡 4:28). 그래서 일하는 자들은 자신이 받은 임금에서 자선을 행하고, 아내는 남편에게서 받은 생활비에서 구제하며, 심지어 아이들도 부모에게서 받은 용돈에서 자선을 베풀어야 합니다.

11. 어떻게 자선을 베풀어야 합니까?

우리는 좋은 것을 베풀되(느 8:10) 받는 자에게 유익이 되는 것을 제공해야 합니다. 또한 주는 자의 능력에 따라 해야 하며(눅 3:11; 고전 16:2), 자선을 함으로써 자신을 극도로 가난하게 해서는 안 됩니다(고후 8:13). 필요한 자에게는 차별 없이 하되, 지극히 궁핍한 자에게는 그들의 생명이 유지되게 해야 합니다. 성경에서는 고아와 과부와 병든 자와 노인들을 더욱 염두에 두고 있으므로 특히 이들에게 구제 사역을 해야 합니다(레 25:35). 구제의 우선순위에 있어서는 공공을 위한 것보다 친척에게 먼저 해야 하며(딤전 5:8), 이웃 중에서는 신자에게 먼저 해야 합니다(갈 6:10).

12. 자선을 베풀 때의 태도는 어떠해야 합니까?

필요한 형제에게 긍휼히 여기고 불쌍히 여기는 심령으로 자선을 베풀어야 하며(시 112:4), 겸손하고 은밀하게 행해야 합니다. 자신을 드러내거나 사람들로부터 칭찬을 얻고자 해서는 안 됩니다. 오직 하나님께서 인정해주시기를 바라는 마음으로 해야 합니다(마 6:1). 또한, 즐거움으로 해야 합니다. 하나님께서는 즐겨내는 자를 사랑하시기 때문입니다(고후 9:7). 그리고 성실함으로 해야 합니다(롬 12:8). 하나님의 영광과 동료의 유익을 위해서 해야 합니다(고후 8:4-5).

13. 자선을 베푸는 것이 공로가 됩니까?

자선을 베푸는 것이 공로가 될 수 없습니다(대상 29:14). 다만 자선을 베푸는 것은 하나님의 약속에 따라 하나님을 우리의 채무자가 되게 하는 것입니다(잠 19:17). 이는 마지막 날에 그리스도가 인정하실 것이며(마 10:42; 25:35; 딤후 1:18), 우리의 신앙이 진정한 것임을 증거하고(약 1:27), 구원의 확신을 주는 것입니다(히 6:9-10; 요일 3:14; 딤전 6:19). 한편 자선을 베푸는 것은 탐욕스럽고 악한 사람들을 돌아서게 할 수 있으며(신 4:24-25; 눅 19:8), 우리의 소유를 거룩하게 하는 것이자(눅 11:41) 우리의 수고를 복되게 하는 것입니다(신 15:10).

VII. 교회론:
참된 교회란 무엇인가?

그리스도의 교회

1. 교회는 무엇입니까?

교회는 "주는 그리스도시요 살아 계신 하나님의 아들이시니이다"(마 16:16)라는 고백 위에 그리스도가 세우신 것으로, 그리스도 안에 있는 신자들의 모임입니다(마 16:18; 엡 1:21-22; 4:16; 5:25-26; 골 1:18, 24). 하나님의 말씀 사역으로 인하여 부패한 인류로부터 구별된 신실한 자들의 모임입니다. 이들은 교회의 머리이신 그리스도에게 연합되어 있으며, 그리스도의 은덕에 참여한 자들입니다(갈 1:13; 고전 15:9; 행 5:11). 교회는 하나님을 예배하기 위해 모여 있으며(행 9:31; 14:23; 고전 11:16), 맡겨두신 진리를 선포하여 주의 백성들을 모으고, 주의 백성들을 양육하기 위해 있습니다.

2. 교회에 대한 호칭에는 어떤 것들이 있습니까?

진정한 믿음을 가진 자들이 하늘의 하나님 앞에 모여 있는 곳으로서의 교회를 '하늘의 도성', '하늘의 예루살렘'이라고 부릅니다(히 12:22). 또 하나님의 진리를 널리 알리고 떠받치며 지지하는 곳으로서의 교회를 '하나님의 집', '하나님의 교회', '진리의 기둥과 터'로 일컫습니다(딤전 3:15). 그리스도를 따르는 자로서의 교회를 '그리스도의 양무리'(요 10:16), 부패함이 없는 정결한 처녀로서의 교회를 '그리스도의 신부'(아 4:8; 고후 11:2; 계 21:9), 머리이신 그리스도의 영향을 받는 지체로서의 교회를 '그리스도의 몸'(엡 1:22-23; 골 1:18)이라고 부릅니다. 이러한 호칭들은 교회의 각 특성을 나타냅니다.

3. 교회는 어떻게 분류할 수 있습니까?

우선 교회는 승리의 교회와 전투적인 교회로 분류할 수 있습니다. 승리의 교회는 육신과 세상과 마귀를 극복하고 하늘의 영광스러운 하나님과 그리스도의 통치 아래에 있는, 천상의 교회입니다(딤후 4:6-7; 히 12:23; 계 7:9; 21:22-23). 반면, 전투적인 교회는 이 땅에서 원수들과 싸우고 있는 상태의 교회입니다.

교회는 가견적(可見的) 교회와 불가견적(不可見的) 교회로 분류할 수 있습니다. 가견적 교회는 지상에 있는 교회, 즉 볼 수 있는 교회로서 신앙을 고백하는 자들로 구성되어 있는데, 선택된 자와 유기된 자가 함께 섞여 있습니다. 불가견적 교회는 선택된 자들로만 구성되어 있으며, 과거, 현재, 미래의 진정한 신자들의 모임으로서, 눈에 보이지 않습니다.

또한, 교회는 특정한 교회와 보편적 교회로 분류할 수 있습니다. 특정한 교회는 어떤 특정한 지역에 있는 신자들의 모임이며(고후 1:1; 고전 16:19; 골 4:5), 보편적 교회는 모든 시대와 지역과 모든 종류의 사람들의 모임으로 교리에 있어서 같은 고백을 하는 교회입니다.

4. 보편적 교회의 특징은 무엇입니까?

보편적 교회는 거룩합니다(고전 14:33; 계 11:2). 그리스도가 교회의 머리로서 거룩하시며(히 7:26) 교회를 자신의 거룩함에 참여하게 하셨기 때문입니다(요 17:19). 따라서 교회는 세상으로부터 분리되어 구별되며(딤전 1:9) 거룩한 하나님의 말씀이 교회에 맡겨져 있습니다(롬 3:2). 교회가 거룩한 것은 특권이면서 의무입니다(신 26:18; 28:9). 하나님과 연합되어 있으므로 거룩하며(벧후 1:4; 3:14), 하나님께 구별되어 드려졌으므로 거룩합니다(롬 1:1). 따라서 보편적 교회라고 할 때, 거룩하게 된 백성들의 모임으로서 그 거룩성의 효과가 눈으로 나타나는 특징이 있습니다.

5. 누가 교회의 회원이 될 수 있습니까?

복음 설교의 외적 부르심뿐만 아니라 내적 부르심으로 인하여 그 심령에 영적 각성과 갱신이 일어나고, 그리스도에 대한 믿음이 있어서 구원을 위해 그리스도를 붙잡은 자들만이 교회의 회원이 될 수 있습니다(행 2:39). 외적 부르심만 있고 내적인 부르심이 없다면 그는 선택함을 입은 자가 아니며(사 48:12; 53:1), 교회의 회원이 될 수 없습니다. 하나님께서 선택한 자에게만 회개와 믿음이 일어나는데, 부르심을 받은 자는 많지만 택함을 받은 자는 많지 않습니다(마 22:14). 따라서 외적인 신앙고백만을 가지고는 교회의 회원이 될 수 없으며, 교회는 세례를 신청한 자들에게 회심의 증거가 분명한지를 살펴야 합니다.

6. 보편적 교회는 각 시대에 가견적일 수 있습니까?

하나님은 외적인 수단 위에 내적인 수단을 사용하셔서 자신의 성도들을 부르고 모으십니다. 따라서 교회는 함께 모여 신앙고백을 하며(행 2:42), 그리스도로부터 영적 공급을 받고, 그리스도와 교제합니다. 그러므로 교회는 가견적입니다. 더구나 아버지와 아들이 자신의 백성에게 성령을 주셔서 계명을 지켜 행하게 하시고(렘 31:33), 그들이 죄와 싸우며 하나님을 따라 살게 하시므로 교회는 가견적일 수밖에 없습니다. 이러한 가견성은 그리스도께서 하나님의 택하신 백성을 세상에서 건지신 이유이기도 합니다(요 15:19). 따라서 보편적 교회는 이 땅의 그 시대에 보이는 것이기 때문에, 진정한 교회를 찾아서 그 교회에 기꺼이 가입해야 합니다(롬 11:5; 사 60:4).

7. 진정한 교회의 표시는 무엇입니까?

진정한 교회에는 그 표시들이 있는데, 복음과 구원의 도를 고백하며, 성례를 바르게 시행하고, 치리를 시행합니다. 하나님의 말씀을 올바르게 설교하며, 하나님의 이름을 바르고 순수하게 부르고, 복음 사역자의 영적 지도에 순복하며, 성도 간에 교통하고, 예배의 규례를 올바르게 행합니다. 이러한 교회가 진정한 교회입니다. 또한, 교회에 속한 회원들이 성화 가운데 있기 때문에, 거룩을 추구하는 그들의 삶으로 인하여 세상과 구별됩니다. 이러한 표시들이 없다면 그 교회는 거짓 교회입니다. 따라서 진정한 신자는 그 교회가 교리적으로 올바르게 가르치며 고백하고 있는가를 살펴야 합니다. 하나님의 말씀을 신실하게 설교하는지, 그리스도의 명령에 따라서 성례를 집행하고 있는지, 하나님의 말씀에 복종하여 순종하고 있는지를 확인해야 합니다.

8. 진정한 교회의 표시가 될 수 없는 것들은 무엇입니까?

교회가 오래되었다는 것이 진정한 교회의 표시라고 볼 수는 없습니다. 잘못된 가르침들도 오래되었기 때문입니다. 많은 사람이 모인다는 것도 진정한 교회의 표시로 말할 수 없습니다. 그리스도의 양 떼는 적었으며(눅 12:32), 그리스도는 다수의 사람을 물리치셨고(요 6:66), 오히려 적그리스도에 속한 자들은 매우 많았습니다(계 13:8; 계 18:3). 또 기적과 표적이 일어나는 것도 진정한 교회의 표시로 볼 수 없습니다. 믿음이 없으며 악한 자들도 기적과 표적을 행했기 때문입니다(마 7:22-23).

9. 진정한 교회의 표시가 잘 드러나지 않는 시대에는 어떻게 해야 합니까?

우주적 교회의 특징이 거룩성입니다. 그런데 교회의 이러한 특징은 어느 시대에는 더 분명하게 보이기도 하고 어떤 시대에는 분명하게 보이지 않기도 합니다(계 12:6, 14). 특히 교회가 세상적으로 번영의 시기를 만났을 때 거룩성을 잃어버리는 것이 일반적입니다(사 1:4). 이러한 시기의 교회는 우선 하나님과 구원에 관해 관심이 없으며, 하나님의 말씀에 무지하고(사 5:12-13), 지극히 세상적입니다(사 5:8). 교회에 사람들이 많이 모일지라도 그 안에 진정한 구원의 백성은 소수에 불과합니다(사 10:22; 33:14).

그러나 교회가 핍박과 환란의 시기를 만날 때는 참된 교회의 순수성이 더욱 드러나기도 합니다(슥 9:16). 따라서 교회와 세상의 구별이 희미한 시대를 만났다면 교회가 세상에 취해 있는 상태이며, 교회가 구원의 도를 가르치지 않고 있다는 증거입니다. 이러한 시대에 진정한 교회를 찾기 위해서는 구원의 도가 명확하고 정확하게 가르치며 설교하는가를 보아야 합니다(사 62:6).

10. 거짓 교회를 분별하는 표시는 무엇입니까?

성경에서 벗어난 교리들을 가지고 있는 교회는 거짓 교회입니다. 원죄, 자유의지, 성령의 유효한 역사, 율법, 칭의, 성화와 같은 교리들을 인간적으로 해석하여 가르치는 교회는 거짓 교회입니다. 이단의 가르침을 받은 교회는 거짓 교회이며(딛 3:10-11), 사탄에 의한 깊은 영적 무지의 교회는 거짓 교회입니다. 예배를 성령과 진리 안에서 드리기보다 인간의 자의적인 방식을 첨가해서 드리는 교회는 거짓 교회입니다.

예배의 규례들은 하나님께서 직접 정하신 것으로서, 이것을 변경하거나 인간적인 요소들을 첨가해서 사람 중심으로 예배한다면 우상 숭배를 하는 거짓 교회입니다. 죄와 오류를 징계하지 않는다면 거짓 교회입니다. 하나님께서는 거짓된 교회로부터 자신의 말씀과 예배의 수단을 거두어가시며(행 13:46), 이러한 교회에 이혼장을 발부하십니다(사 50:1). 우리는 이러한 거짓된 교회를 교회라고 불러서는 안 됩니다.

11. 거짓 교회에 대한 참된 신자의 의무는 무엇입니까?

참된 신자는 거짓 교회로부터 자신을 분리해야 합니다(요일 2:19; 계 18:4). 참된 신자가 오류 가운데 있을 수 없기 때문입니다. 더욱이 교회가 교리적으로나 생활적으로 부패하고, 오류를 고칠 수 없는 상태가 되었다면 반드시 그 교회를 떠나야 합니다. 이는 신자의 의무이며, 교회를 분리하는 죄가 아닙니다.

45

말씀 사역자

1. 그리스도가 제정하신 교회의 사역은 무엇입니까?

신약에서 그리스도는 교회의 사역을 제정하셨습니다(고전 12:28; 엡 4:11). 그리스도가 제정하신 사역은 화해의 말씀 사역입니다(고후 5:18; 롬 10:15). 이로써 천국의 문을 열고 닫습니다(마 16:19). 그리스도는 말씀 사역에 특별한 권위와 약속을 부여하셨고(마 28:18-20; 사 66:2), 사역자들을 세우셔서 그리스도의 대사로서 직무를 감당하게 하십니다. 이 직무는 매우 중요한 것이며 이것으로 성도들을 모으고 그들을 온전하게 합니다(엡 4:11-12). 그리스도가 제정하신 말씀 사역은 그가 재림하실 때까지 계속됩니다.

2. 말씀 사역의 내용은 무엇입니까?

외적으로의 말씀 사역은 설교와 교리를 가르치는 것입니다(행 2:40-4; 5:42; 11:20; 고전 4:15). 하나님은 이것을 통상적 수단으로 사용하셔서 믿음을 일으키십니다(요 17:20; 롬 10:17; 엡 1:13). 한편 믿음을 일으키기 위한 내적 수단은 성령입니다. 외적인 수단 위에 반드시 내적인 수단이 동반되어야 합니다(고전 2:4). 이 둘은 분리될 수 없습니다(마 19:6). 구약의 선지자들은 하나님께서 성령과 말씀을 주셔서 언약 백성을 일으키시고 그들과 언약을 맺으실 것이라고 예언했습니다(사 59:21). 사도 바울도 이 두 가지 수단이 함께 묶여 있다고 말하면서 성령을 소멸하지 말라고 했습니다(살전 5:19-20).

3. 복음의 말씀을 전달(전도)할 때 내용상의 순서가 있습니까?

먼저는 율법이 전해져야 합니다. 이를 통해 자신의 죄를 깨닫고 자신의 죄에 대한 하나님의 심판이 있다는 것을 알아야 합니다. 하나님께서는 죄를 지은 아담과 하와에게 나타나셔서 여자의 후손을 약속하기 이전에 먼저 그들의 죄를 드러내셨습니다(창 3:11). 또 그리스도께서는 먼저 자신의 죄를 깨닫는 자에게 그리스도가 필요하다고 말씀하셨습니다(막 2:17). 성령께서는 그 영혼을 그리스도께 이끌기 위해 죄와 하나님의 심판에 대해서 책망하십니다(요 16:8). 따라서 율법을 통해서 죄를 깨달은 죄인들은 하나님의 진노를 두려워하며, 양심에 가책을 느낍니다.

이러한 상태에서 죄인들은 자신을 구원하기 위한 노력을 하지만, 곧바로 자신에게 구원을 이룰 수 있는 능력이 없다는 것을 알게 되고 구원의 방법을 찾습니다. 이렇게 심령이 낮아져서 구원의 은혜를 찾고 구할 때 복음의 약속이 제시되면 죄인은 용서의 소망을 갖게 되며 자비의 은혜를 얻기 위해 하나님께 갑니다. 하나님께서 그리스도 안에 죄 용서의 은혜를 마련해 두신 것을 깨닫고 그리스도의 은덕을 자신의 영혼에 적용하기 위해 그리스도를 붙잡습니다(롬 3:19; 7:9-10; 갈 2:16; 3:22-23; 행 2:37; 마 15:24; 히 4:16; 롬 8:15-16). 따라서 말씀 사역, 특히 복음 전도에는 분명한 순서가 있으며, 말씀 사역자는 그 영혼의 구원을 위해서 이 순서를 잘 분별해야 합니다.

4. 말씀 사역자는 어떻게 세워집니까?

그리스도께서 말씀 사역자를 정하셨습니다. 말씀 사역자는 사람들의 회심을 위해 수고하는 자로서, 성령에 의한 내적 부르심이 있어야 하며, 하나님의 영광과 사람의 구원을 위해서 말씀의 직무를 행하고자 하는 열망이 있어야 합니다. 물론 내적 부르심만으로 말씀 사역에 충분한 것은 아닙니다. 외적 부르심이 있어야 합니다. 말씀 사역을 위해 외적인 권위를 받아야 합니다(딤전 4:14; 딛 1:5).

5. 말씀 사역자의 의무는 무엇입니까?

말씀 사역자는 구원의 길에 대해서 가르쳐야 합니다(딤후 2:15). 또한 바른 교리들을 가르쳐야 합니다(딤전 3:9; 4:6-7). 말씀 사역자는 양들을 먹이고 돌보아야 하며(벧전 5:2), 진리를 따라 행해야 합니다(갈 2:14). 말씀 사역자는 하나님의 백성들을 위해 기도해야 합니다(삼상 12:23).

6. 말씀 사역자를 '목자'라고 부르는 이유는 무엇입니까?

말씀 사역자를 목자(shepard) 라고 부르는 이유는, 목자가 양을 인도하여 먹이고 돌보며 지키듯이(요 10:2-4) 회심하지 않은 영혼이 회심하도록 수고하며, 구원에 대해서 찾고 구하는 자들에게 그리스도의 문을 제시해주기 때문입니다. 또 목자가 양들을 세심하게 돌보듯이 이미 회심하여 믿음 가운데 있는 자들을 위해 수고하기 때문입니다. 말씀 사역자는 회중과 그 가족을 돌보고 병든 자들을 돌아보며(약 5:14), 진리에서 벗어난 자들을 교정하고 훈계하며(딤후 4:2), 교회의 치리를 시행하는 등 회심한 자들을 돌봅니다.

7. 말씀 사역자는 어떻게 사역해야 합니까?

말씀 사역자는 열심히 설교하고 가르쳐야 하며(요 5:35), 영혼을 향한 열정과(마 9:36; 23:27) 확신이 있어야 합니다(골 2:2). 말씀 사역자가 설교하거나 가르칠 때는 가르치는 자의 마음이 듣는 자의 마음으로 전달되어야 합니다(고후 2:4). 지식만 전달하는 것이 아니라 영적으로, 혹은 체험적으로 전달되어야 합니다. 말씀 사역자는 기회를 얻어서 자주 설교하고 가르쳐야 합니다(눅 21:37; 행 5:42). 말씀 사역자는 구원의 도와 교리를 가르치는 자이기 때문에 신중하게 설교하고 가르쳐야 합니다(딛 2:8).

8. 말씀 사역자들이 사역할 때 항상 염두에 두어야 하는 것은 무엇입니까?

말씀 사역자들은 자신의 부르심에 충성해야 합니다. 사역에 성실하기 위해서는 하나님의 전체적인 뜻을 드러내도록 애써야 하며(행 20:27), 자신이 사역하고 있는 회중과 교회가 하나님의 뜻을 알도록 모든 수고를 다해야 합니다(잠 27:23; 요 10:14; 행 20:20, 28; 빌 2:19; 살전 3:5; 골 4:8; 히 13:17). 더욱이 말씀 사역자들은 자신이 가르치는 것과 모순되는 삶을 살아서는 안 되며(마 5:13), 가르치는 것에 있어서 담대해야 합니다. 따라서 말씀 사역은 수고하는 것 그 자체입니다(살전 2:9; 살후 3:8).

9. 신자들은 말씀 사역자들에 대해서 어떤 태도를 보여야 합니까?

말씀 사역자들은 신자들에게 소금과 같아서 신자들이 신앙고백과 믿음의 실천에서 맛을 내게 하며, 그들의 신앙고백과 생활이 부패하지 않게 합니다. 그래서 말씀 사역자들을 '하나님의 사람'이라고 부릅니다(삼상 9:6). 그들의 주된 일이 하나님을 전하고 사람들에게 메신저(messenger) 역할을 하며 하나님의 뜻을 알리는 것이고, 하나님께서도 그들을 보호하시기 때문입니다(계 3:10). 따라서 말씀 사역자들은 신자들에게 하나님의 선물입니다.

더군다나 말씀 사역은 사람의 영혼과 관련되어 있으며, 영원한 것과 직접적인 관련이 있기에 신자들은 말씀 사역자들을 마땅히 존경해야 합니다. 말씀 사역으로 영혼이 하나님께 굴복되어 마음에 영적인 하나님 나라가 세워지는 것이 그 영혼을 영원한 행복으로 이끄는 것입니다. 따라서 말씀 사역자들의 사역을 귀중히 여기고 존경하며(딤전 5:17), 그들에게 순종해야 합니다.

10. 신자들은 말씀 사역자들을 어떻게 대우해야 합니까?

신실한 신자들은 충성된 말씀 사역자들을 사랑합니다(대하 30:22; 31:4; 35:2; 마 10:11; 행 16:15). 브리스가와 아굴라는 바울의 목숨을 위하여 자신의 생명까지도 내놓았다고 했으며(롬 16:4), 바울 자신은 신자들에게 충분히 사랑받을 권한이 있다고 했습니다(고후 12:15). 그리고 오바댜는 위험을 무릅쓰고 선지자들을 숨겨주었습니다(왕상 18:4). 따라서 신자들은 말씀 사역자들을 사랑하고 좋은 것을 함께 해야 할 뿐만 아니라(갈 6:6), 그들의 사역이 유지되도록 충분히 공급해야 합니다. 이것은 사역자를 존경하는 방법입니다(딤전 5:17).

11. 말씀 사역자들에게 반대하는 것의 위험성은 무엇입니까?

고집스러우며 완고한 자들은 진정한 말씀 사역자들을 반대하고 그 사역을 모욕하기까지 합니다. 말씀 사역자들의 사역의 귀중성과 하나님께서 그들의 사역을 높이시는 것을 볼 때, 말씀 사역자들을 비방하고 방해하는 것은 상당히 무거운 죄입니다. 선지자를 비웃고 그의 말씀을 경멸한 것에 대해서 하나님은 진노를 퍼부으셨으며(대하 36:16), 그리스도의 말씀 전하는 자들을 저버리는 것은 곧 그리스도를 저버리는 것이라고 하셨습니다(눅 10:16).

예배

1. 예배의 통상적인 요소들은 무엇입니까?

통상적인 예배에는 성경을 읽는 것(행 15:21; 계 1:3), 설교를 바르게 행하는 것(딤후 4:2), 성실히 설교를 듣는 것(약 1:21-22; 행 10:33; 마 13:19; 히 4:2; 사 66:2), 시편을 노래하는 것(골 3:16; 엡 5:19; 약 5:13), 기도하는 것(골 4:2), 성례를 올바르게 시행하고 받는 것이 있습니다(고전 11:23-29). 물론 이외에 특별하게 필요한 경우에 행하는 예배에는 신앙적 맹세(신 6:13; 느 10:29), 서원(사 19:21; 전 5:4-5), 금식(욜 2:12; 에 4:16; 마 9:15; 고전 7:5)과 감사가 있습니다.

2. 공예배에서 성경을 읽는 것은 어떤 의미가 있습니까?

성경을 개인적으로나 가정에서 식구들과 함께 읽는 것은 모든 그리스도인의 의무입니다. 그러나 공적으로 예배할 때 회중이 성경을 읽는 것은 하나님을 향한 공적 예배의 행위입니다. 이는 바울이 디모데에게 권한 것이며(딤전 4:13), 모세와 에스라도 회중의 예배에서 성경을 읽었습니다(신 31:10-13; 느 8:2-3). 공예배에서 성경을 큰 소리로 읽는 것은 교회력에 의한 교독문을 읽는 것이 아니며, 설교의 성경 본문을 읽는 것도 아닙니다. 교회가 택한 성경 본문을 질서 있게 읽는 것입니다. 이는 하나님의 전능하신 행위를 선언하는 것입니다(시 96:2-3; 벧전 2:9). 또한, 성경을 큰 소리로 읽는 가운데 겸손히 하나님의 진리의 말씀을 들을 것과, 언약 백성으로서의 충성을 다할 것을 선언하는 행위입니다.

3. 예배에서 설교의 직무는 왜 필요합니까?

공적으로 드리는 예배에서 사역자가 성경을 해석하고 적용하는 것이 필요합니다. 설교자는 하나님의 말씀을 올바로 분해하여 설명하고(느 8:8), 그 의미를 분명하게 하며, 적용해야 합니다. 사역자는 목회자이기보다는 말씀의 해석자입니다. 이 직무로 인해 신자들은 하늘로부터 오는 은혜를 받고, 하나님의 뜻을 깨달아 온전하게 됩니다. 이 사역은 그리스도에 의해 세워진 것이며, 설교자는 그리스도의 도구로서 이 직무를 수행하는 것입니다.

4. 회중의 유익을 위한 설교는 어떤 특징을 가지고 있습니까?

회중의 유익을 위한 설교는 단순하고 평이한(plain) 언어로 전해져야 합니다. 그리스도가 평이한 언어로 설교하셨고, 그리스도의 제자였던 사도들도 쉬운 말로 설교했으며, 학자였던 바울도 그러했습니다. 사람들의 귀를 긁어주는 설교나 단순한 언어유희와 같은 설교는 피해야 합니다(딤후 4:3). 설교자는 자신의 지식을 드러내는 설교를 해서는 안 되며, 진정으로 영혼을 건지고자 하는 심령으로 설교해야 합니다. 한편 설교자는 사변적인 설교를 피해야 하며, 설교 본문에서 구원의 교리를 추출하여 듣는 자들로 성경 전체의 교훈에 익숙하게 할 뿐만 아니라, 진리에 대해 확증해야 합니다. 설교자는 적용을 통해서 오류를 논박하고, 죄에 대해 책망하며, 권면하고 위로해야 합니다.

5. 공예배에서 하나님의 말씀(설교)을 듣는 것은 왜 중요합니까?

하나님의 말씀은 은혜의 수단이므로 말씀을 듣는 것은 거듭나는 수단이며(롬 10:17) 구원의 수단입니다(약 1:21). 하나님의 말씀을 듣는 것은 모든 그리스도인의 의무이며(엡 2:17; 히 12:25; 벧전 1:11; 3:18-19) 영적으로 영양을 공급받는 것입니다(벧전 2:2). 이로써 우리는 영적으로 성장하며, 영적 망각을 극복할 수 있습니다(히 2:2-3; 사 62:6; 벧후 1:12). 또 자신의 영적 상태를 점검할 수 있습니다. 성령께서 설교 위에 역사하셔서 회개가 일어나게 하시고, 믿음을 일으키시며, 강화하시는 것입니다. 따라서 하나님의 은밀한 역사를 주장하면서 설교를 무시하는 것은 잘못된 일입니다. 이는 마치 씨 뿌리지 않고서 추수를 기대할 수 없는 것과 같습니다.

6. 설교를 어떻게 들어야 합니까?

첫째, 설교자를 위해 기도해야 합니다. 설교자가 반드시 말해야 할 것을 하도록 기도하는 것입니다(엡 6:19; 골 4:3-4). 이는 설교를 듣는 자기 자신에게 유익이 되는 일입니다(잠 2:3, 5; 시 25:4; 119:10, 18, 27). 둘째, 하나님의 말씀을 들을 때, 자기 자신을 하나님의 임재에 두어야 합니다(신 32:2; 눅 10:16; 살전 2:13). 고넬료가 그랬던 것처럼 하나님께서 설교자를 통해 말씀하신다는 사실을 인식해야 합니다(행 10:33).

셋째, 자신이 듣는 것에 집중해야 합니다(눅 19:48). 이를 위해서 하나님의 말씀이라는 사실을 다시 생각하고, 나의 영혼에 매우 필요한 것으로 여겨서 하나님의 말씀에 대한 간절함을 가져야 합니다. 그리고 말씀을 집중하는 것에 방해되는 요소들을 제거해야 합니다. 넷째, 하나님의 말씀을 즐거움과 영적 정서를 가지고 들어야 합니다(막 13:37). 다섯째, 모든 말씀을 자기 자신을 위한 것으로 취해야 합니다(마 19:25, 27).

7. 들은 말씀을 가지고 어떻게 해야 합니까?

자신이 들은 말씀에 대해 묵상하고(행 17:11), 자기 자신에게 적용해야 합니다(시 119:111). 그리고 들은 말씀을 다른 사람과 나누어야 합니다(렘 33:25). 이로써 배운 것을 확인할 뿐만 아니라 자기 자신이 놓친 부분을 다른 사람으로부터 배우게 됩니다. 이것은 서로를 세우는 방법입니다(잠 1:5; 벧후 1:12). 그리고 대화 속에서 배운 가르침을 실천해야 합니다(시 103:18; 마 7:24; 눅 11:28).

8. 설교를 듣지만 유익이 되지 않는 경우는 무엇입니까?

첫째, 하나님의 말씀에 교리적으로 무지한 경우입니다. 이들은 설교가 지루하고 또한 그 내용에 관심이 없습니다. 이런 경우에는 먼저 교리 성경공부를 해서 듣는 귀를 준비해야 합니다.

둘째, 설교를 자신의 감정에 이입하여 듣는 경우입니다. 자신에게 기분 좋은 메시지만 받아들이고 그 외에는 마음을 두지 않는다면 그 설교에서 유익을 얻지 못하며, 그 심령 속에 말씀이 뿌리내리지 못합니다. 이러한 태도를 보인 자는 자극적이거나 환상적인 믿음에 빠지곤 합니다.

셋째, 설교가 전혀 자신에게 적용되지 못하는 경우로서, 그 마음에 세상적인 탐욕과 욕심이 가득 차 있는 경우입니다. 세상의 염려와 근심에 빠져있으면 들은 말씀의 효력이 나타나지 않고 세상 사람과 똑같은 모습을 보입니다. 따라서 설교가 자신에게 유효하게 되려면 바른 은혜의 수단 아래에서 성령의 역사가 있기를 기도해야 합니다.

9. 공예배에서 찬송을 부르는 이유는 무엇입니까?

찬송을 부르는 것은 하나님을 공적으로 예배하는 오래된 방법입니다. 구약에서는 모세 시대(출 15:1), 사사 시대(삿 5:1), 사무엘 시대(삼상 18:6-7) 다윗과 솔로몬 시대(대상 6:32), 느헤미야 시대(느 12:42)에 찬송을 불렀습니다. 또 신약에서는 그리스도 자신과 사도들이 찬송했고(마 26:30) 초대교회에서도 그렇게 했습니다(골 3:16). 찬송을 부르는 것은 공예배에서만이 아니라 개인적인 예배에서도 불렀습니다(행 16:25).

공예배에서의 찬송은 구약 때부터 시편을 보편적으로 사용했습니다(대하 29:30; 스 3:10-11; 느 12:46). 시편을 찬송으로 불렀던 이유는 시편이 하나님의 말씀 전체의 축약으로서 하나님의 구속 사역과 하나님의 약속, 하나님의 경고, 하나님의 교훈, 하나님의 위로를 담고 있기 때문입니다. 성경에서 시편이 가장 교리적인 책입니다. 따라서 공예배 가운데 시편을 노래하면 하나님을 예배하는 데 거룩한 정서(holy affections)를 일으키는 수단이 됩니다(엡 5:19). 시편을 순서대로 찬송함으로써 하나님의 백성이 그것들을 잘 알게 되고, 구원의 은혜를 고백하며 노래하게 됩니다(시 118:15).

중세 시대에 로마 가톨릭교회는 시편을 노래하는 것을 없앴으나, 16세기의 종교개혁자들과 17세기의 청교도 목회자들이 예배 중에 시편을 노래하는 것을 회복했습니다. 그러나 근대교회와 현대교회가 복음송을 보편화시키면서 예배 가운데 시편을 노래하는 것을 무시하게 되었습니다.

10. 공예배에서 기도하는 이유는 무엇입니까?

기도는 모든 그리스도인의 의무로서 개인적으로 혹은 신자들이 함께 모여 행하는 것입니다. 기도는 그리스도의 이름으로 하나님을 향해서 마음을 다하여 우리의 간구와 감사와 죄의 고백과 용서를 요청하는 것입니다. 그러나 공적인 예배에서의 공적인 기도는 다른 사람들의 간구를 대표해서 하나님께 구하는 것입니다. 그러므로 공적인 기도에서는 우선 사람들의 죄와 부족함을 위해 기도하고, 그다음에 사람들이 필요로 하는 하나님의 은혜와 복을 구합니다(딤전 2:1-2). 또 가정들이 평안하도록 기도하고 교회와 사회를 위해 기도합니다.

물론 이렇게 기도할 때, 기도자는 무질서하게 기도하거나 복잡하고 길게 늘어지는 기도를 해서는 안 됩니다. 기도자는 반드시 기도의 적절한 내용을 생각하고, 적절한 순서로 주제를 정해서 기도해야 하며, 전적으로 성령의 인도하심을 구해야 합니다. 공예배에서 기도자가 공적으로 기도할 때 그 기도에 참여하는 회중은 마치 자신이 하나님께 구하는 것과 같은 은혜를 얻으며, 하나님께서 그 기도를 듣고 계신다는 것을 확신합니다. 따라서 공예배에서의 공적 기도는 설교와 마찬가지로 회중을 교화(edification)하는 기능이 있습니다.

세례

1. 성례는 무엇입니까?

성례는 세례와 성찬을 의미하며, 그리스도 안에 있는 외적인 표시로 하나님의 언약을 인증하는 것입니다. 즉, 눈에 보이는 은혜입니다. 그리스도는 성례로 그리스도인의 마음 안에 그의 구원의 은혜를 나타내고 전달하며 보증합니다. 성례는 은혜 언약과 연결되어 있으며(롬 4:11; 고전 11:23), 그리스도 안에서 그의 은덕들을 가르치고 이를 얻는 것을 확신하게 하고(갈 3:17), 하나님께 순종하게 합니다(롬 6:4).

2. 하나님의 말씀으로 충분한데 왜 성례가 필요합니까?

우리의 연약함으로 인하여 우리가 하나님의 은혜를 쉽게 망각하고 믿기를 더디 하므로, 우리의 이해와 기억을 위해 주께서 성례를 제정하셨습니다. 하나님의 사랑과 자비를 나타내시기 위해 하나님의 말씀과 더불어 눈에 보이는 표시를 더하셨습니다. 따라서 우리는 우리의 귀로 진리의 말씀을 들을 뿐만 아니라 우리의 눈으로 진리를 분명하게 볼 수 있습니다. 이는 우리의 믿음을 강화하며 은혜 언약을 확증하고 순종을 독려하는 것입니다. 그러므로 성례는 은혜 언약의 약속인 그리스도의 보혈을 나타내고, 성례의 시행으로 그리스도와 그의 은덕들이 우리에게 제공되는 것을 증거합니다.

3. 세례는 무엇입니까?

세례는 물로 씻는 성례입니다(엡 5:26). 이는 그리스도의 보혈과 그의 성령으로 강력하게 씻는 것을 나타냅니다(고전 9:11; 히 10:22). 이것은 우리의 거듭남을 인증하고, 우리가 은혜 언약으로 들어가는 것과 그리스도에게 접목되어 그리스도의 몸으로 들어가는 것을 나타냅니다(딛 3:5; 행 8:38). 그리스도 자신도 세례 요한에게 세례를 받으셨으며(마 3:13), 사도들과 사역자들에게 명령하시기를, 사람들을 가르치며 그 가운데 믿는 자들에게 세례를 베풀고, 그들을 하나님의 가족으로 등록하는 일을 계속하라고 하셨습니다(마 28:19-20).

4. 물로 씻는 표시는 무엇을 나타냅니까?

물로 씻는 것은 사람이 본성상 죄와 부패성으로 오염되었기 때문에 영적으로 씻는 것이 필요함을 나타냅니다. 물은 그리스도의 보혈을 나타내며, 하나님께서 자신의 아들을 피 흘리게 하셔서 그 피로 선택하신 백성의 죄를 속하는 것을 의미합니다. 세례는 그리스도의 보혈을 영혼에 뿌려서 그 영혼의 죄를 사하고, 신자가 된 것을 보증하는 것입니다. 따라서 세례를 받는 자는 자신의 본성적 죄와 부패성을 인정하고, 그리스도의 보혈만이 자신의 죄와 더러움을 씻을 수 있다는 믿음의 고백을 하며, 성령에 의해서 그리스도의 보혈이 자신에게 적용된 것과(히 9:14) 용서의 축복에 대해서 하나님께 감사하는 기도를 해야 합니다.

5. 물을 세례의 외적 수단으로 삼은 이유는 무엇입니까?

물은 외적으로 더러운 것을 씻는 수단이기 때문입니다. 그리스도의 보혈은 내적으로 모든 죄를 씻는 것입니다(요일 1:7). 물이 사람의 생명 유지에 필수적인 것과 같이 그리스도의 보혈은 영적인 삶에 필수적입니다. 물이 고갈된 상태에서의 갈증은 큰 고통인 것과 같이 그리스도의 보혈은 영혼의 갈증 해소에 절대적입니다(요 4:13-14). 이사야 선지자가 "너희 모든 목마른 자들아 물로 나아오라 돈 없는 자도 오라 너희는 와서 사 먹되 돈 없이, 값 없이 와서 포도주와 젖을 사라"(사 55:1)고 했듯이, 그리스도의 보혈은 우리의 행위로 얻어지는 것이 아니라 오직 주의 값없이 베푸시는 은혜로 주어지는 것입니다.

6. 세례를 받으면 거듭나게 됩니까?

아닙니다. 세례 자체가 마치 마술적 능력이 있어서 거듭나게 하는 것은 아닙니다. 세례는 이미 성령에 의해 내적으로 거듭난 자들이 믿음으로 그리스도에게 연합되어 그리스도 안에서 그의 은덕들을 얻게 된 것을 인증하는 외적 표시입니다. 성령께서 그리스도의 보혈을 영혼에 적용한 효과로 인하여 그리스도인이 된 것을 외적으로 나타낸 것입니다. 따라서 세례를 베풀기 이전에 말씀의 사역으로 인하여 내적으로 씻는 효과가 먼저 일어났다는 것을 전제합니다. 그리고 세례를 통해서는 하나님이 주시는 약속의 유업을 얻게 된 것을 외적으로 인증합니다.

7. 세례는 절대적으로 필요한 것입니까?

세례가 구원을 보증하는 것이 아니며, 세례를 받기 전에 이미 말씀의 사역으로 인하여 구원이 유효하게 일어나기 때문에, 절대적으로 필요한 것은 아니라고 할 수 있습니다. 그러나 세례는 하나님의 규례로서, 하나님께서 그리스도와 그의 은덕들을 우리 영혼에 제공하기 위해 정하신 수단이므로 이것을 무시하거나 가볍게 여겨서는 안 됩니다. 또 세례를 행할 때 우리에게 경외함과 감사하는 심령이 반드시 있어야 합니다. 진정으로 거듭난 신자라면 반드시 세례를 받아야 합니다.

8. 세례가 교회의 회원이 된 것을 어떻게 증거합니까?

세례는 교회의 회원이 된 것을 나타내는 외적 표시입니다. 이것은 신자와 불신자를 구분하는 것입니다. 세례를 받은 자들에게는 구원의 도를 분명하게 이해하고 믿음이 성장하는 언약 백성의 증거가 더욱 분명하게 나타날 것입니다. 따라서 세례는 세례 교인이 아닌 자들에게 신앙과 교회의 중요성을 보여주고, 세상 사람에게도 교회의 구별성을 보여줍니다. 그러므로 교회는 세례 후보자들의 회심의 상태를 확인해야 하며, 회심의 증거가 분명하지 않을 때는 세례 베푸는 것을 미뤄야 합니다. 은혜 언약은 진정한 믿음을 가진 자들에게만 적용되기 때문입니다(요 1:12; 막 16:16). 교회가 그 사람의 신앙고백만을 보고 세례를 베푼다면 교회에는 위선자와 형식주의자가 넘칠 것이며, 이것은 교회의 경건 능력을 허물어뜨리기 때문에 더욱 주의해야 합니다.

9. 성례로서 세례의 중요성은 무엇입니까?

세례는 우리가 이미 하나님의 언약과 약속 안에 있다는 것을 인증하고, 그리스도 안에 있는 은혜에 대한 권리를 확증하는 것입니다. 하나님께서 아담에게 주신 생명나무는 그가 눈으로 볼 수 있는 것으로서, 약속에 대한 확증이었습니다. 하나님의 약속 없이는 생명나무가 아무것도 아니듯이, 하나님께서 그리스도와 그의 은덕들을 그의 백성에게 약속하셨고, 세례를 정하심으로 그 약속을 보증하신 것입니다. 그러나 세례가 우리를 구원하는 것이 아니라 그 언약이 구원하는 것이며, 물이 우리의 죄를 깨끗하게 하는 것이 아니라 그리스도의 보혈이 우리의 죄를 깨끗하게 하는 것입니다. 세례는 그의 언약이 확실하고 분명하게 성취되는 것을 보여주어 우리의 믿음을 강화합니다.

10. 유아 세례를 베푸는 이유는 무엇입니까?

회심한 부모의 유아들은 아직 구원의 교리를 이해하지 못하고 성례의 의미를 알지 못하지만, 그 유아들에게 세례를 베푸는 것은 구약의 할례에서 적용한 것입니다. 회심한 부모가 언약에 속해있으며 그들의 유아도 언약에 대한 권리가 있으므로 그 권한을 빼앗을 이유가 없습니다. 사도 바울은 신자의 자녀들을 거룩하다고 했는데(고전 7:14) 이는 연합적인 거룩이며(federal sanctity), 최소한 믿는 부모의 자녀들에게 나타나는 외적 거룩성입니다.

더욱이 하나님께서 성령으로 그들을 거룩하게 하실 수 있으며, 하나님은 은밀한 역사를 선택된 유아(elect infant)에게 베푸시기 때문입니다. 하나님께서는 예레미야 선지자를 어머니의 모태로부터 구별하셨고(렘 1:5), 세례 요한도 모태로부터 성령의 충만함을 입었습니다(눅 1:15). 따라서 만일 신자들의 유아가 사망한 경우에는, 유아가 말씀의 사역을 받을 능력이 없음에도 불구하고 성령과 그리스도에 의해서 중생하며 구원받는다고 말합니다(웨스트민스터 신앙고백서 10장 3항).

11. 세례에 대한 오류들은 무엇입니까?

세례를 미신적으로 행하는 것과 무지한 가운데 세례를 불경스럽게 행하는 것은 오류입니다. 더욱이 세례를 단순히 교회의 의식으로만 보고, 그 안에 있는 효과를 무시하는 것도 오류입니다. 세례를 교회의 가입을 위한 요식 행위로 여기고 세례를 신청한 자들의 회심 여부를 확인하지 않고서 시행하는 것은 오류입니다. 교회는 세례 신청자들에게 상당 기간 교리 교육을 해야 합니다. 그래서 그들이 기독교의 체계와 교리를 분명히 알고 있는 것을 확인해야 하며, 그들에게 회심이 일어난 것을 반드시 살피고 확인해야 합니다.

한편으로 세례를 행할 때 말씀 사역자가 아닌 일반 개인이 시행하는 것은 오류입니다. 또 세례에 앞서서 반드시 세례에 대한 하나님의 말씀이 선포되어야 합니다. 죽음을 앞두고 구원의 보증을 위해 사적으로 세례를 베푸는 것은 오류입니다. 세례는 전체 회중이 모인 가운데 공적이고 엄숙하게 이행되어야 합니다. 유아 세례에서의 언약의 개념을 무시하고 유아 세례를 반대하거나, 혹은 헌아식 정도로 생각하여 시행하는 것도 오류입니다.

주의 성찬

1. 주의 성찬은 무엇입니까?

주의 성찬에서 떡과 포도주는 그리스도의 찢기신 몸과 흘리신 피를 나타내며, 성찬은 이것들을 받음으로써 그리스도 안에서 영적 공급을 받고 성장하는 것을 의미합니다. 주의 성찬은 신자들이 그리스도 안에서 지속해서 성장해야 하며, 영생에 이르기까지 영적 공급을 받아야 하는 것을 인증합니다. 즉, 떡을 받고 포도주를 마시는 것은 그리스도와의 교통(communion)을 나타냅니다.

2. 세례와 주의 성찬에는 어떤 차이가 있습니까?

세례에서는 언약이 엄중하게 승인되며, 주의 성찬에서는 언약이 갱신됩니다. 둘 다 같은 은혜가 제공되는 것인데, 세례는 그리스도의 교회에 들어가는 인증이지만, 주의 성찬은 그리스도 안에 계속 머무는 것으로서 그리스도로부터 영적 공급을 받으며 그리스도의 교회에서 성장하는 인증입니다. 세례는 거듭나서 그리스도의 몸에 접붙임을 받는 것이지만(딛 3:5; 요 3:5), 주의 성찬은 그리스도 안에서 지속해서 성장하는 것입니다(고전 10:16; 11:23; 벧전 3:21). 따라서 세례는 한번 받는 것이지만, 주의 성찬은 자주 계속해서 받는 것입니다.

3. 그리스도가 죽으시기 전에 사도들에게 행하신 성찬은 어떤 성격의 것입니까?

그리스도는 유월절 만찬 대신에 사도들에게 성찬을 베푸심으로 주의 성찬을 제정하셨습니다. 그리스도가 십자가 죽음을 앞두고 제정하신 떡과 포도주는 그리스도의 몸과 피를 나타내며, 그가 십자가에 죽으심으로써 가져오는 은덕들을 의미합니다. 그리스도의 고난과 죽음은 우리의 죄를 위한 것입니다. 십자가에서 그리스도의 몸은 찢겼으며, 피가 쏟아져 나왔습니다. 따라서 그리스도가 죽으시기 전날 밤에 행하신 성찬은, 중재자인 그리스도의 죽음이 그를 믿는 자들에게 풍성한 은혜와 구속을 가져온다는 것을 가르치신 것입니다(마 26:27). 그러므로 주의 성찬이라고 부릅니다.

4. 그리스도가 행하신 성찬의 방식에서 강조된 것은 무엇입니까?

첫째, 그리스도는 자신의 손으로 떡을 떼어 제자들에게 나누어 주시고, 포도주도 그와 같이 나누어 주셨습니다. 이것은 하나님께서 육신의 몸을 입은 그리스도를 이 땅에 보내셔서 우리의 구속을 위해 일하게 하신 목적을 강조하는 것입니다. 둘째, 그리스도는 떡과 포도주를 가지고 축복하고 감사하셨습니다. 하나님께 기도하심으로 떡과 포도주를 거룩하게 하셔서 영적인 용도로 만드신 것입니다. 이는 그리스도가 우리의 구속을 위해 일하시기에 적합하도록 하나님께서 그에게 성령과 능력을 주신 것을 인지할 수 있게 합니다.

셋째, 그리스도는 빵을 떼셨습니다. 이것은 모든 선택된 자들의 죄에 대한 하나님의 공의를 만족시키기 위해 그리스도를 십자가에서 죽게 하신 하나님의 행위를 강조하는 것입니다. 넷째, 그리스도는 제자들에게 각각 떡과 포도주를 주셨습니다. 이는 그리스도가 구속의 은덕을 선택된 특정한 자에게 주신다는 것을 강조합니다.

5. 성찬을 받는 것은 어떤 의미가 있습니까?

그리스도는 떡과 포도주를 나누어 주셨으며, 사도들은 이것을 받았습니다. 따라서 떡과 포도주를 받는 것은 그리스도와 그의 모든 은덕을 믿음으로 받고 영생을 얻기 위한 것입니다. 이것은 그리스도와 그의 은덕들을 우리의 영혼에 적용하는 것이며, 영적으로 우리를 먹이는 것입니다. 성찬을 받는 자들은 은혜의 언약을 확증합니다. 떡은 배고픔을 면하게 해주고 포도주는 갈증을 해소해 주듯이, 떡과 포도주를 먹는 것은 우리 영혼의 완전한 만족을 나타냅니다. 주의 성찬은 내적인 은혜를 우리의 영혼에 충분히 공급해서 영원한 생명으로 보존하는 것입니다(요 6:50-51). 또한, 그리스도가 자신에게 온 모든 자를 완전하게 구원하신다는 것을 나타냅니다.

6. 그리스도가 성찬을 제정하신 목적은 무엇입니까?

성찬을 통해서 신자들이 그리스도의 죽음의 은덕을 다시 새롭게 기억하게 하고(고전 11:24), 하나님께서 약속하신 것을 새롭게 적용하며(마 26:22), 말씀 설교와 함께 우리에게 남아 있는 부패성을 치료하고, 우리의 약한 믿음을 강화하려는 것입니다. 성찬은 그리스도에 대한 우리의 사랑을 불일 듯 일어나게 합니다. 성령 안에서 우리의 즐거움을 증가시켜서 우리의 양심으로 평안하게 하고 영원한 생명에 대한 소망을 갖게 합니다. 주의 성찬은 우리가 더욱 담대하게 그리스도를 고백하게 하고, 거룩한 의무를 다하도록 우리 마음을 깨우치며, 순종으로 나아가게 합니다. 또한 그리스도 안에서 우리에게 베푸신 하나님의 자비를 감사하게 하고, 우리가 더욱 주의 뜻을 행하게 하며, 회중 가운데 분명한 신앙고백을 하게 합니다. 결국 성찬은 수찬자에게 자신이 언약 백성임을 확신하게 합니다.

7. 성찬을 통해 그리스도의 은덕이 증가하는 이유는 무엇입니까?

성찬으로 믿음이 발생하는 것이 아니라 증가하는 것입니다. 성찬으로 회심하는 것이 아니라 갱신하는 것입니다. 성찬은 이미 회심한 자들을 위해 주께서 정하신 은혜의 수단입니다. 성찬은 그 안에 은혜 언약이 인증되어 있어서, 성찬을 통해 은혜가 공급되며 증가합니다. 성찬은 우리의 믿음에 대한 인증이 아니라 언약의 인증입니다. 성찬을 받음으로써 믿음이 강화되고 확고해집니다. 성찬을 통해서 성령의 은혜가 증가하는 것이며, 믿음이 증가하고 하나님과 하나님의 백성에 대한 사랑이 증가하는 것입니다.

8. 누가 성찬을 받을 수 있습니까?

세례를 받은 자로서 주의 몸을 분별할 수 있는 자만이 성찬을 받을 수 있습니다. 성찬을 받을 수 있는 자는 진실한 믿음을 고백하고 자기 자신을 영적으로 점검하여 예비하는 자입니다(사 66:23; 고전 11:27-28). 그러므로 성찬을 받기에 앞서서 자기 자신이 주의 성찬에 합당한 자인지를 반드시 살펴보아야 합니다.

자신의 믿음과(딤전 1:5, 15) 회개를 살펴보고(히 10:22) 주의 성찬을 통한 하나님의 축복을 위해 기도해야 합니다. 주의 고난과 죽음에 대한 지식이 없거나 심각한 죄 가운데 있는 자는 떡과 포도주를 받을 수 없습니다. 이러한 자가 성찬을 받는 것은 스스로 자신을 정죄하는 것입니다(고전 11:29). 또 비록 교회에서 쫓겨나지는 않았지만 수찬 정지 처분을 받은 자는 떡과 포도주를 받을 수 없습니다.

9. 성찬을 받는 과정은 무엇입니까?

성찬을 받기에 앞서서 먼저 자기 점검을 해야 합니다. 그리고 성찬에 대한 하나님의 말씀을 들어야 합니다. 그다음 하나님께 기도로 가까이 나아가야 합니다. 이는 성찬이 은혜 언약의 유익을 나타내고, 구원의 전체 내용을 표시하고 있으며, 주의 특별한 사랑을 증거하고 있기 때문입니다(요 6:33). 따라서 성찬을 받는 자들은 성찬을 받기 전에 해야 할 의무들이 있습니다. 성찬에서 우리는 그리스도와 하나가 되며(고전 10:16), 성찬을 받음으로써 우리의 영혼은 새롭게 됩니다.

10. 성찬을 합당하게 받지 않는 것에 대한 위험성은 무엇입니까?

과거의 죄 가운데 머물면서 성찬을 받는 것은 위험합니다. 또 성찬을 미신적인 방식으로 받아서는 안 되며, 떡과 포도주를 경배해서도 안 됩니다. 하나님의 성찬을 합당하지 않게 받는 것은 자신과 교회에 죄를 짓는 것으로서 하나님의 진노를 일으키며, 이 땅에서 하나님의 두려운 심판에 처하게 됩니다(겔 22:26; 고전 5:6). 따라서 성찬을 받기에 앞서서 자기 점검이 필요하며, 성찬을 받을 때 경외하는 마음과 기도하는 가운데 받아야 합니다. 또한 성찬을 받을 때 그리스도의 죽음을 기억하는 것이 그 영혼에 위로와 새롭게 함을 더해 줍니다(고전 11:17, 26).

11. 성찬을 받은 후에는 어떻게 해야 합니까?

성찬을 받은 후에 우리는 기쁨 가운데 감사해야 합니다. 우리를 향한 하나님의 사랑에 대한 묵상으로 위로를 받으며, 주님께 찬송해야 합니다(마 26:30). 우리는 그리스도 안에서 우리의 믿음의 증가를 위해 수고해야 하며, 옛사람을 죽이고 죄를 억제해야 합니다. 또한 새 생명의 힘을 증가시키고 하나님과 동행하기에 힘써야 합니다.

교회의 권징

1. 교회의 권징은 무엇입니까?

하나님께서는 이 땅에 두 개의 권세를 주셨는데, 하나는 교회에 천국 열쇠를 맡기신 것이고, 다른 하나는 시민 정부에게 검을 맡기신 것입니다. 교회에 맡기신 열쇠는 사람들의 죄와 관련해서 사용하도록 정하셨습니다. 이렇게 교회에 주신 열쇠를 '권징'이라고 부릅니다. 이것은 교회의 통치자이시며 목자와 인도자이신(히 13:7, 17; 고전 12:28) 그리스도가 교회의 지도자들에 주신 것입니다 (마 16:18-19; 요 20:23).

2. 교회의 권징과 성례는 어떤 관계입니까?

권징과 성례 모두 그리스도가 교회에 맡겨두신 권세입니다. 교회는 이중적 사역의 권한을 가지고 있습니다. 먼저는 말씀을 설교하고 성례를 실행하는 권세를 가지고 있으며, 그다음에는 회개하지 않는 자들을 묶고 회개하는 자들을 풀어주는 사법적 권한을 가지고 있습니다. 전자는 성례와 관련된 것이며, 후자는 권징과 관련된 것입니다. 전자를 위해서 말씀 사역자는 믿음과 관련한 교리를 결정하고 시행하며, 후자를 위해서는 교회의 권징을 시행합니다. 교회가 권징을 시행함으로써 교회를 더럽히는 스캔들로부터 교회를 아름답고 영광스럽게 보전하는 것입니다. 교회는 복음을 위협하고 변질시키는 것이나 하나님의 말씀과 성례를 남용하는 것에 대해서 교회적으로 판단하고 권징해야 합니다.

3. 교회에 권징이 필요한 이유는 무엇입니까?

교회에는 모든 종류의 사람들이 있는데, 경건한 자도 있고 경건치 않은 자들도 있습니다. 따라서 교회에 교정(correction) 없이 질서를 유지하는 것은 불가능합니다. 그러므로 교회는 권징을 시행함으로써 경건한 자들이 신실한 삶 가운데 있게 하고, 순종을 독려하며 비슷한 죄를 짓지 않게 해야 합니다. 또한 권징을 통해서 악한 자들에게 불순종과 오류에 대해 심판함으로써 교회 전체를 오염시킬 수 있는 누룩을 제거해야 합니다. 그래야 교회가 경건을 잃어버리지 않고 그리스도의 명예와 복음에 대한 거룩한 고백을 유지할 수 있습니다.

교회의 권징은 경건한 자에게 도움을 주며, 교회 안의 악한 자들을 억제합니다. 특별히 교회 안의 악한 위선자들을 억제하기 위해서는 권징이 필요합니다. 완고한 범죄자로 인하여 교회가 더럽혀지면 교회 위에 하나님의 진노가 임하기 때문입니다. 그러므로 이를 피하기 위해 권징이 필요합니다(고전 5장, 딤전 5:20; 마 7:6; 딤전 1:20; 고전 11:27-34; 유 1:23).

4. 교회에는 위선자들이 어떻게 일어납니까?

위선자들에게는 일반적인 부르심이 있을지라도 특별한 부르심은 없습니다. 그들의 심령은 죄에 대한 인식이 있다고 해도 쉽게 사라지고 말 뿐이며, 거듭나지 않은 상태에 계속 있습니다. 그러나 그들은 화려한 신앙고백을 하고 교리에 대한 지식도 있습니다. 그들은 교회에서 종교적인 활동에 열심을 내기도 하며, 심지어 성령의 은사를 가지고 있기도 합니다(히 6:4-5). 이들은 외적으로는 의심할 여지 없이 신앙생활을 하는 것처럼 행동합니다. 그러나 그들의 심령에는 구원의 은혜가 없으므로 이러한 종교적 행위들은 사람들에게 보이기 위한 것일 뿐입니다. 결국에 이들은 자신들의 영적인 본색을 드러내고 진리에서 멀어지며, 진리를 반대합니다.

따라서 말씀 사역자와 교회는 교인들의 심령과 내적 상태를 주의 깊게 관찰하고 목양해야 합니다. 그렇지 않고 외적인 신앙고백과 봉사 활동만을 보고 신앙이 있다고 판단한다면, 교회에 위선자가 많이 일어날 수 있으며, 그 교회는 경건의 능력을 잃어버리고 맙니다. 따라서 교회의 권징은 이러한 자들을 교정하여 고치기 위한 것입니다. 그러나 그들이 권징에 굴복하지 않고 더욱 강퍅하게 행한다면 교회적으로 처벌해야 합니다.

5. 개인적 훈계의 첫째 단계는 어떻게 행합니까?

권징의 단계는 마태복음 18장 15-20절에 기록되어 있습니다. 권징의 단계는 죄의 정도에 따른 것입니다. 개인적 훈계의 첫째 단계는, 그의 죄가 개인적인 경우입니다. 이때는 그를 개인적으로 불러서 죄를 알게 하고 은밀히 책망하되, 사랑 가운데 해야 합니다. 또 죄를 책망할 때는 하나님의 말씀으로 그의 죄를 분명하게 깨닫게 해야 합니다. 만약 하나님의 말씀으로 죄를 확증할 수 없다면 처음부터 훈계하지 말아야 합니다. 그렇지 않으면 훈계하는 자가 오히려 조소를 당할 것입니다.

이때 주의해야 할 것은, 다른 사람에게 가서 그의 죄를 중상모략하면 안 된다는 것입니다(레 19:16). 그의 죄를 소문내서도 안 됩니다. 또 훈계하는 자는 마음속에 받은 상처를 간직하면 안 됩니다. 이것은 나중에 보복하는 마음을 갖지 않게 하려는 것입니다. 또한, 죄지은 자를 거칠게 대해서는 안 되며, 미워하거나 비난해서도 안 됩니다. 사랑과 부드러운 태도로 하나님의 영광을 구하는 가운데 훈계해야 합니다. 죄지은 자를 무시해서는 안 되며, 그를 고치기 위한 바른 수단을 사용해야 합니다.

6. 개인적 훈계의 둘째 단계는 어떻게 행합니까?

형제가 개인적인 훈계를 듣지 않았을 때는 첫째 단계보다 공개적으로 훈계합니다. 이 경우에는 두세 증인을 데리고 가서(마 18:16) 말마다 확증하여, 죄를 지은 자가 자신의 죄를 더욱 확실히 알게 합니다. 물론 첫째 단계의 훈계와 같이 사랑으로 하되, 주의를 기울여서 훈계해야 합니다. 개인적인 훈계의 둘째 단계는 두세 증인의 증거를 통해 더욱 확증하기 위한 것입니다. 따라서 이 단계에서 효과가 없는 경우에는 교회 앞에서 공개적 책망의 단계로 나아가게 됩니다.

7. 교회의 공개적 훈계는 어떻게 행해집니까?

교회의 말씀 사역자가 회중의 도움으로 죄지은 자의 죄를 공개적으로 책망합니다(딤전 5:20). 민수기에서 남편이 아내의 부정을 의심하는 경우에 여인을 제사장에게로 데려가서 여호와 앞에 진실을 고백하게 했던 것처럼(민 5:15-16) 교회 앞에서 엄중하게 죄를 고백하고 회개하게 하는 것입니다. 이것은 죄지은 자에게 수치를 주거나 모욕을 주기 위한 것이 아닙니다. 교회의 훈계를 듣게 하고, 받아들여서 회개하게 하려는 것입니다. 더욱이 이것은 경고이며, 만약 그가 교회의 훈계를 무시하고 더욱 강퍅하게 된다면 영원한 멸망에 이를 수밖에 없음을 증거하는 것입니다.

8. 교회는 죄를 교정하기 위해서 어떤 권징을 내릴 수 있습니까?

교회의 직원들은 죄지은 자의 범죄의 성질과 죄의 경중에 따라 권징의 정도를 판단하여 결정합니다. 권징의 단계는 훈계, 한시적인 수찬 정지, 출교로 진행할 수 있습니다(살전 5:12; 살후 3:6, 14-15; 고전 5:4-5, 13; 마 18:17; 딛 3:10). 만약 훈계로도 고쳐지지 않는다면 그를 교회에서 일시적으로 분리하기 위해 수찬 정지를 내릴 수 있으며 교회의 직무에서 정직시킬 수 있습니다. 또한 교회의 훈계와 한시적인 수찬 정지에도 그 심령이 더욱 완고해진다면 교회에서 출교시켜서 사탄에게 내어주게 됩니다. 출교는 교회로부터 얻는 모든 유익을 박탈하고 교회에서 완전히 분리하는 것입니다. 그리스도는 교회가 사탄에게 내어준 자를 그의 나라로부터 추방하십니다.

9. 출교의 목적은 무엇입니까?

완악한 죄인을 교회에서 출교시키는 데는 하나님과 교회와 관련하여 두 가지 목적이 있습니다. 첫째는, 하나님의 영광과 관련해서 그의 거룩한 이름이 악한 자에 의해서 더럽혀지지 않게 하기 위한 것입니다. 이로써 교회는 더러움에서 구별되고 정결한 곳임을 드러냅니다. 교회는 교만하고 술 취하며 간음하는 자들과 경건하지 못한 자들로 인하여 고통을 받아서는 안 됩니다. 또 진리가 훼방 받고 복음이 모욕당해서는 안 됩니다(갈 5:19-21; 계 21:8). 둘째로, 악한 자들을 교회에서 쫓아냄으로써 죄의 누룩이 교회 속에 번지지 않게 하고(갈 5:9; 고전 5:6), 신실한 자들이 경건 생활을 유지하며 연약한 자들이 진리에서 떠나지 않게 하려는 목적이 있습니다.

10. 교회의 권징이 어떻게 그리스도에 의해서 확증됩니까?

그리스도는 제자들에게 "진실로 너희에게 이르노니 무엇이든지 너희가 땅에서 매면 하늘에서도 매일 것이요 무엇이든지 땅에서 풀면 하늘에서도 풀리리라 진실로 다시 너희에게 이르노니 너희 중의 두 사람이 땅에서 합심하여 무엇이든지 구하면 하늘에 계신 내 아버지께서 그들을 위하여 이루게 하시리라 두세 사람이 내 이름으로 모인 곳에는 나도 그들 중에 있느니라"(마 18:18-20)고 말씀하셨습니다. 이것은 그리스도가 교회에 권징의 권한을 주신 것입니다. 두세 증인이 그리스도의 이름으로 행한 것을 승인하신다는 것입니다. 교회의 권징은 그리스도의 이름으로 하나님께 기도함으로써 선언됩니다. 특히 출교의 경우에는 그리스도의 이름으로 회중이 모여 있을 때 시행해야 합니다.

50

적그리스도, 거짓 선지자

1. 적그리스도는 누구를 가리키는 용어입니까?

사도 요한이 사용했던 '적그리스도'라는 용어는 거짓된 가르침을 가진 이단자들과 미혹하는 자들을 의미합니다(요일 2:18). 이들은 예수님이 그리스도이신 것을 부인하고, 아버지와 아들을 부인하는 자들입니다(요일 2:22). 더욱이 사도 요한은 그리스도께서 인간의 몸을 입고 오신 것을 부인하는 자들을 적그리스도라고 불렀으며(요일 4:3), 이런 거짓된 가르침으로 미혹하는 자를 적그리스도라고 했습니다(요이 1:7). 따라서 사도 요한이 사용한 적그리스도라는 용어는 어떤 특정한 개인을 가르치는 것이 아니라, 거짓된 가르침으로 미혹하는 자들을 지칭하는 것입니다.

2. 그리스도를 대적하는 자로서
'불법의 사람', '멸망의 아들'이라고 불리는 자는 누구입니까?

데살로니가후서 2장 3절에는 배교하는 자들이 나오고, 2장 4절에는 그들의 우두머리에 대한 설명이 있습니다. 배교자들은 자신들을 그리스도인이라고 고백하면서 그리스도와 그의 진리를 반대하는 자들이며, 이들의 우두머리는 거짓된 교리를 반포하는 자입니다. 이들을 하나님의 법에 굴복되지 않은 '불법의 사람', '멸망의 아들'이라고 부릅니다. 따라서 이 본문에서 언급된 자를 적그리스도라고 부르는데, 그는 스스로 그리스도라고 자처하는 자로서 자신을 높이고 사람들에게 경배를 받으며, 하나님의 성전에 앉아 자기를 하나님이라고 하는 자입니다.

이 자는 그리스도의 원수이며, 그리스도를 대적하는 자입니다. 이 자를 불법의 사람이라고 부르는 이유는 자신의 법과 거짓된 교리들을 만들어 명령하여 영적 간음에 빠지게 하기 때문입니다. 또한, 멸망의 아들이라고 부르는 이유는 수많은 영혼을 멸망하게 만들기 때문입니다. 이 자는 하나님의 교회에서 권세를 가지고 있으며 자신을 높이는 자로서, 어떤 특정한 시대의 특정한 개인이 아니라 그리스도가 오실 때까지 계속 교회 속에서 일어나서 속이는 자를 가리키는 용어입니다.

이러한 자들이 일어나면 거짓된 가르침이 크게 유행하며, 이로써 배교가 널리 일어나고, 많은 교회가 하나님을 예배하지 않으며, 우상 숭배와 사람을 높이는 일이 일어납니다. 종교개혁과 청교도 시대에는 로마 가톨릭의 교황이 여기에 해당한다고 보았습니다. 왜냐하면 교황이 그리스도의 3중적 직무를 취한 것으로 보았는데, 그리스도의 선지자 직무를 흉내내어 자신의 법을 만들어서 반포하고, 왕의 직무를 모방하여 자신이 교회의 머리가 되고, 제사장의 직무를 취하여 교황과 자신들의 사역으로 인하여 속죄함을 받는다고 가르쳤기 때문입니다. 따라서 이 자에 대한 언급은 교회의 역사 속에서 시대에 따라 적용되었습니다.

3. 거짓 선지자는 누구를 가리킵니까?

거짓 선지자라는 용어는 구약에서부터 언급되었던 것입니다(예레미야 23장과 에스겔 13장은 거짓 선지자에 대한 장입니다). 또 예수님은 거짓 선지자에 대해서 직접 언급하셨으며, 마태복음과 요한계시록에는 거짓 선지자에 대해 집중적으로 기록되어 있습니다. 베드로 사도는 거짓 선지자와 거짓 선생을 같이 언급했는데(벧후 2:1) 이는 같은 의미입니다. 또 사도 요한은 적그리스도와 함께 거짓 선지자를 언급했는데, 이것도 문맥상 같은 의미입니다(요일 4:1).

예수님은 거짓 선지자가 신앙과 성결에 있어서 치명적이며 위험한 원수들이라고 말씀하셨고, 이들은 양의 옷을 입듯이 경건한 신앙을 가진 자로 위장해서 사람들에게 접근한다고 하셨습니다(마 7:15). 거짓 선지자들은 영혼을 위험에 빠뜨리는 자들입니다. 예수님은 종말에 대한 언급에서, 거짓 선지자들이 많이 일어날 것이라고 말씀하셨습니다. 이것은 거짓 가르침으로 인하여 신앙을 고백한 자들 가운데 배교가 많이 일어날 것이라는 말씀입니다(마 24:11).

예수님은 또한 거짓 그리스도와 거짓 선지자들을 함께 말씀하셨는데, 이들은 자신을 그리스도로 자처하고 사람들을 끌어모아 자신을 따르라고 하는 자들입니다. 이들은 큰 표적과 기사를 행하여 사람들을 미혹하기도 합니다(마 24:24). 사도 요한은 마귀가 거짓 선지자들을 도구로 사람들을 미혹하는데(계 16:13), 거짓 선지자가 거짓 기적을 보여 백성들을 우상 숭배로 미혹할 것이라고 했습니다(계 19:20). 그러나 거짓 선지자는 마지막 심판을 받은 후에는 영원한 고통 가운데 있을 것입니다(계 20:10). 따라서 거짓 선지자는 선지자의 모습을 하고서 거짓 가르침과 거짓 기적으로 사람들을 그리스도에게서 떠나게 하는 자들입니다.

4. 이단은 무엇입니까?

이단이라는 용어는 보편적으로 사용된 것으로서, 심지어 사람들은 기독교를 이단이라고 부르기도 했습니다(행 24:5, 14). 그러나 사도들은 이단이라는 단어를 분명한 의미로 사용했습니다. 사도 바울은 신앙의 중요한 교리를 살못 가르치는 자들을 이단이라고 불렀으며(갈 5:20), 잘못된 가르침을 완악하고 고집스럽게 붙잡고 있는 자들을 이단으로 부르기도 했습니다(딛 3:10). 사도 바울의 이단이라는 단어의 사용에서, 이단이 오류와 직접적인 관련이 있음을 알 수 있습니다. 사도 베드로는 복음의 교훈에서 벗어난 것을 이단이라고 했는데, 이는 거짓 선지자들이 가르치는 것으로서 영혼을 멸망시키는 것이 목적입니다(벧후 2:1).

5. 오류가 영혼을 파괴하는 방식은 무엇입니까?

오류라는 것은 복음에서 벗어난 잘못된 가르침을 의미하며, 이것을 이단의 가르침이라고 부릅니다. 오류는 구원의 도에서 벗어나게 하고 잘못된 가르침으로 거짓된 구원의 확신을 갖게 합니다. 또 생활에서도 하나님의 법에서 벗어나 부패하게 하며, 결국 영원한 멸망에 빠뜨립니다. 진정하고 바른 복음으로 구원의 길에 들어섰다가 오류에 빠져 믿음의 길에서 벗어나면 배교에 이르게 됩니다(벧후 2:1).

6. 오류는 누구에게서 나오는 것입니까?

오류의 근원은 마귀입니다. 마귀는 하나님과 그리스도에 대적하여 진리를 허무는 자입니다. 마귀가 하나님과 그리스도의 구속에 대해 대적하는 방식은 오류를 만들어서 하나님의 백성이 진리에서 떠나게 하는 것입니다. 마귀는 거짓

말로 하와를 속여서 그것을 진리처럼 받아들이게 했고, 결국 아담과 하와는 죄를 짓고 말았습니다. 이처럼 마귀는 거짓의 아비로서 진리를 왜곡하고, 그것으로 속여서 사람들을 멸망에 이르게 하고 있습니다(요 8:44).

따라서 마귀를 미혹의 영이라고 부르며(요일 4:6), 마귀의 도구가 되어서 속이는 일을 하는 자들을 적그리스도, 거짓 선지자라고 부릅니다. 거짓 선지자들과 거짓 선생은 오류를 가지고 사람들을 미혹하여 거짓된 것을 믿게 하고, 그들의 생활을 방탕하게 만들어(벧후 2:15) 결국 그리스도로부터 떠나게 하는 일을 계속해서 하고 있습니다(유 1:4). 따라서 오류에 빠진 자는 교리적인 것뿐 아니라 생활면에서도 그 결과가 분명합니다.

7. 마귀가 하나님 나라의 진전을 막는 방법은 무엇입니까?

마귀가 하나님 나라의 진전을 방해하는 방법은 거짓과 오류를 교회에 퍼뜨리는 것입니다. 이 방법은 마귀가 아담과 하와에게 사용한 이후로 지금까지 계속 사용하는 방식입니다. 초대교회의 사도 시대에도 거짓과 오류들이 있었는데, 율법을 지켜야 의로워질 수 있다는 율법주의가 퍼져 있었습니다. 이 오류를 물리치기 위해서 사도 바울은 갈라디아서와 로마서를 통해 율법주의가 오류임을 분명히 했고, 천사를 숭배하는 것에 대해서는 골로새서를 통해 오류에 대항했습니다.

한편으로 철학과 기독교 교리를 혼합한 영지주의가 교회에서 퍼져 있었으며, 구원 이후의 경건한 삶을 무시하는 도덕률폐기론이 교회에 들어왔습니다. 그래서 교회는 사도의 가르침을 더욱 강조했고(엡 2:20) 이로써 거짓을 배격하고 오류를 분별하여 물리칠 수 있음을 가르쳤습니다(요일 4:6).

8. 마귀가 하나님 나라의 진전을 막는 또 다른 방법은 무엇입니까?

적그리스도는 사탄의 힘으로 거짓 기적을 행하여 교회에 오류를 퍼뜨리는 전략과 함께 사람들을 미혹합니다. 따라서 우리는 적그리스도의 기적과 그리스도의 기적을 반드시 구분해야 합니다. 그리스도의 기적은 진실한 것이며, 이는 하나님에게서 온 것으로서 하나님의 말씀을 세우는 것입니다(히 2:4). 그러나 적그리스도의 기적은 마귀에게서 온 것이며, 다만 사람들을 놀라게 하고 사람들에게 보여주기 위한 것일 뿐입니다. 적그리스도의 기적은 거짓된 것을 믿게 하고 속이려는 목적이 있습니다(고후 2:13-14). 또한 적그리스도의 기적은 진리를 경멸하게 하고, 그들에게 혼동의 영을 주는 것입니다. 따라서 그 기적이 하나님에게서 온 것인지 혹은 마귀에게서 온 것인지는 그 가운데 어떤 가르침이 있는가를 확인해보면 분별할 수 있습니다. 그러므로 기적 자체를 중요시하기보다는 기적이 제시하는 가르침을 중요시해야 합니다.

9. 적그리스도와 거짓 선지자들의 수단인 오류에 어떻게 대처해야 합니까?

우선 주께서 우리를 오류로부터 지켜주시기를 기도해야 합니다. 물론 하나님께서 특정한 자들에게는 오류의 가르침 가운데 있게 하시고, 이로 인하여 그들의 심령이 더욱 강퍅해져서 멸망에 이르게 하시기도 합니다. 이는 그들이 진리를 믿지 않고 오류를 적극적으로 받아들이며 불의를 좋아하기 때문입니다(살후 2:11-12). 따라서 우리는 이러한 위험으로부터 보전해달라는 기도를 주께 드려야 합니다.

또한, 오늘날의 진정한 신자들은 교회사를 공부해서 교회의 역사 속에서 어떠한 오류들이 일어났으며, 그 오류로 인하여 교회의 경건이 어떻게 무너지고 반복되었는지 알아야 할 필요가 있습니다. 이를 통해 이 시대의 오류를 분별해야 할 책임이 우리에게 있습니다.

VIII. 종말론:
마지막에는 어떻게 되는가?

죽음

1. 사람이 죽게 되는 원인은 어디에 있습니까?

아담이 범죄함으로 인하여 죄가 모든 인류에게 들어왔습니다. 죽음은 죄에 대한 심판이며, 죄의 삯은 죽음입니다(롬 6:23). 바울은 "한 사람으로 말미암아 죄가 세상에 들어오고 죄로 말미암아 사망이 들어왔나니 이와 같이 모든 사람이 죄를 지었으므로 사망이 모든 사람에게 이르렀느니라"(롬 5:12)고 말했습니다. 죄가 존재하므로 죽음이 힘을 가지고 권세를 부리는 것입니다(고전 15:56). 그러므로 그리스도가 다시 오시기 전까지는 모든 사람이 죽음을 맞습니다(히 9:27).

2. 죄 용서함을 받은 그리스도인이 죽는 이유는 무엇입니까?

그리스도인이 죽음으로 죄를 만족시킬 수 있는 것은 아닙니다. 오직 그리스도의 죽음으로 죄에 대해 완전히 만족시킬 수 있습니다. 더욱이 그리스도인의 죽음은 죄에 대해서 완전히 죽고, 영원한 생명으로 들어가는 것입니다. 그리스도인의 죽음 이후에 그 영혼은 그리스도의 다시 오심을 기다리는데, 이것은 하나님의 경륜에서 나온 방식입니다. 따라서 그리스도인은 이 땅에서 죽음을 바라보고 두려워하지 않으며, 죽음 이후의 영화로운 상태를 바라보며 사모합니다(고후 5:1-2).

3. 그리스도는 죽음에서 어떻게 승리하셨습니까?

사람들은 죽기를 무서워하고, 죽음에 직면할 때 두려움과 공포 가운데 있기도 합니다. 마귀는 죽음으로 사람들을 위협하며, 사람들은 죽음에 대한 두려움 때문에 마귀에게 매여 있습니다. 따라서 그리스도는 자신의 죽음을 통하여 마귀의 힘을 부수고 무효화하셨습니다. 그리고 죽음의 두려움에서 벗어나기를 갈망하며 자신에게 오는 자들을 건지십니다(히 2:5).

더욱이 죽음은 마지막 원수이며(고전 15:26), 그리스도가 모든 원수를 다 멸하실 때 죽음도 멸하실 것입니다. 그리스도는 모든 신자를 죽은 자 가운데 부활시키심으로써 죽음을 멸하십니다. 죽음을 마지막 원수로 부르는 이유는 모든 믿는 자들이 장차 부활하게 될 것을 증명하는 것입니다. 따라서 그리스도인들은 죽음을 두려워할 어떤 이유도 없습니다.

4. 사람이 죽으면 그 영혼은 어디로 갑니까?

사람이 죽으면 육체와 영혼의 분리가 일어납니다(삼상 2:6; 욥 14:3, 14; 시 89:48; 호 13:14; 마 16:18; 행 2:27, 31; 계 6:8). 육체는 흙에서 나왔기에 흙으로 돌아가서 썩으며, 영혼은 불멸의 존재이므로 하늘로 올라가거나 지옥에 내던져지게 됩니다. 의인의 영혼은 하늘로 올라가서 그리스도가 다시 오시기까지 그곳에서 기다립니다. 그러나 악인의 영혼은 마지막 심판을 위해 지옥에서 갇혀 있게 됩니다. 성경에서는 분리된 영혼이 갈 곳으로 이 두 장소 외에 어떤 다른 곳도 인정하지 않습니다.

5. 죽음이 심판이 되는 이유는 무엇입니까?

의인이나 악인이나 모두 죽음을 맞습니다. 인류의 죽음은 죄에 의한 것입니다(롬 5:12). 그러나 죽음 이후에 경건한 자와 악인이 같은 상태에 있는 것은 아닙니다. 하나님의 능력과 천사들의 사역으로 모든 사람의 영혼은 즉각적으로 행복의 상태, 또는 비참한 상태로 옮겨집니다. 의인의 영혼은 하나님의 사랑의 표시로 인해 거룩함으로 완전하게 되고 하늘로 올라가지만, 악인의 영혼에는 하나님의 진노가 시작됩니다(시 37:6; 요 18:13-14). 의인에게는 하나님이 그 영혼을 용서하신 것에 대한 실행이지만, 악인에게는 하나님의 정죄가 실행되는 것입니다. 따라서 의인의 영혼은 하늘에서 행복한 가운데 부활을 기다리고, 악인은 지옥에서 고통 가운데 부활을 기다립니다.

6. 경건한 자와 악인이 죽음을 맞이하는 모습에는 어떤 차이가 있습니까?

죽음의 시간에 경건한 자의 양심은 하나님의 축복 선언을 알게 됩니다(히 9:27). 따라서 그리스도 안에서 하나님께서 은혜로 받아 주시는 것에 대한 확신으로 죽음의 두려움이 사라지고, 주를 만나게 될 것을 고대하게 됩니다. 경건한 자는 그의 죽음의 시간에 하나님의 위로가 이미 시작된 것입니다.

그러나 악인의 양심은 죽음의 시간에 하나님의 저주의 선언을 알게 됩니다(히 9:27). 그래서 악인은 자신의 죽음 이후에 심판이 있는 것을 두려워합니다. 악인은 이 땅에서 번영을 누리고 그것으로 즐거워했지만, 죽음의 시간에는 의로우신 하나님께서 그들의 수많은 죄악에 따라 심판하실 것을 깨닫습니다(시 73:17). 악인에 대한 하나님의 진노가 이미 죽음의 시간에 시작된 것입니다.

7. 죽음 후에 의인의 영혼이 하늘에서 누리는 은덕들은 무엇입니까?

경건한 자의 영혼은 죄를 짓지 않는 영화로운 상태에 들어가며(롬 6:7), 하늘에서 이 땅에서의 수고에 대한 위로를 받으며(눅 16:25) 안식합니다(히 4:11; 계 14:13). 그 영혼이 하늘에 계신 아버지와 아들에게로 가는 것입니다. 그 영혼은 하늘의 영광을 직접 목도하고 기뻐하며 하나님을 찬양하고, 그의 나라의 완성과 충분한 복락을 기대하며 열망합니다(계 5:8-9). 또한 그는 신자의 믿음의 객체이신 그리스도를(벧전 1:21) 완전하게 누릴 수 있습니다. 하나님 안에서 완전한 행복을 누리는 것입니다(시 17:15; 73:25-26; 고전 15:28).

또 성도들의 지식은 완전해지는데, 이는 하나님을 보기 때문입니다(마 5:8). 영혼의 모든 기능도 영화롭게 되며, 특별히 마음이 순수해져서 어떤 진리도 볼 수 있습니다(시 19:10). 추가로, 하늘에서 영화롭게 된 성도들을 만나며, 족장들과 선지자들, 사도들과 순교자들을 만날 것입니다. 하늘에서도 성도들의 교제는 계속될 것이며, 서로 대화를 나눌 것입니다. 이는 정신적(mental)인 대화가 아니라 직접 소리를 내면서 하는 대화입니다(고후 12:3).

이 모든 것이 믿음의 열매들로 주어지는 것입니다. 따라서 진정한 그리스도인은 이 땅에서도 하늘을 바라보고, 그리스도에 의하여 주어질 유업들에 대해 분명히 알고 있습니다. 이로써 소망을 가지고 있으며(고후 5:1), 이 땅의 대화에서도 하늘에 관련된 것을 말합니다(골 3:1-2). 따라서 이 땅에서 우리의 믿음의 목적은 이 세상의 것이 아니라(요 17:16) 그리스도가 계신 곳에 이르러 영화롭게 된 그리스도의 영광을 보는 것입니다(요 17:24).

8. 죽음 후에 악인의 영혼은 지옥에서 어떤 고통을 받습니까?

악인에 대한 하나님의 진노와 심판은 죽음 이후에 있을 하나님의 심판에 대한 두려움에서부터 시작합니다. 죽음 후에 악인의 영혼은 지옥에 내던져지게 되고, 그는 자신이 의지했던 것에서 완전히 분리되어 모든 것을 잃어버린 데 대한 극심한 실망 가운데 있게 됩니다. 더구나 이 고통은 영원한 것이므로 더욱 괴롭습니다.

모든 종류의 고통 중에서 더욱 무서운 것은 하나님의 분노와 진노를 계속해서 느끼는 것입니다(사 30:33). 이것은 악인의 영혼을 계속 신음하게 하며, 도무지 감당할 수 없는 고통 속에 있게 합니다. 죄인의 영혼에 대한 하나님의 진노를 느끼는 그 두려움은 이루 말할 수 없습니다. 이는 극도의 후회와 두려움, 실망이 연속해서 일어나는 것입니다. 악인이 지옥에서 당하는 이러한 비참함은 극도(extremity)의 것입니다. 더구나 이러한 고통에서 빠져나갈 수 없다는 것이 그의 영혼을 더욱 절망스럽게 합니다.

9. 죽음 이후 영혼의 상태에 대한 설명이 전도의 메시지에 필요합니까?

복음 메시지의 중심은 그리스도의 죽음과 부활입니다. 그리스도의 죽음은 죄 용서가 왜 필요한가를 설명하는 메시지이며, 그리스도의 부활은 죄 용서의 유일한 수단인 그리스도를 믿지 않을 때 하나님의 심판에 이르게 되는 것을 설명하는 메시지입니다. 사도 베드로는 고넬료에게 복음을 전하면서 "우리에게 명하사 백성에게 전도하되 하나님이 살아 있는 자와 죽은 자의 재판장으로 정하신 자가 곧 이 사람인 것을 증언하게 하셨고"(행 10:42)라고 했습니다. 그리스도를 통해서 죄 용서함을 받으며, 그리스도가 심판자이심을 말한 것입니다. 그러므로 전도할 때, 그리스도의 죄 용서함을 받지 않으면 그리스도에 의해 심판받는다는 것을 전해야 합니다. 그리스도는 산 자와 죽은 자의 재판장이시기 때문에 우리는 죽음과 그 이후의 상태를 전도의 메시지로 사용해야 합니다.

52

그리스도의 재림과 최후 심판

1. 그리스도는 어떻게 다시 오십니까?

그리스도가 이 땅에 오셨을 때 그는 지극히 자신을 낮추셨습니다. 그러나 그리스도가 다시 오실 때에는 세상의 심판자로 오십니다(고전 5:10). 눈에 보이는 영화로운 몸과 말할 수 없는 영광 가운데 공개적으로 자신을 드러내시고 자신의 탁월한 영광을 나타내시며, 위엄 가운데 모든 이성적 피조물이 볼 수 있게 오십니다. 이렇게 그리스도가 다시 오실 때 하늘로부터 하나님의 나팔 소리와 천사장의 외치는 소리가 위엄있게 들릴 것입니다. 그러나 그리스도가 다시 오시는 시간에 대해서는 오직 하나님만이 알고 계십니다(행 1:7).

2. 그리스도가 재림하실 때 가장 먼저 일어나는 일은 무엇입니까?

그리스도가 재림하실 때 그리스도의 능력에 의하여 모든 죽은 신자들이 다시 살아나며, 살아 있는 신자도 변화되어서 그리스도의 심판대 앞으로 나아옵니다(요 5:28; 마 24:31; 고전 15:32). 또한 모든 악인도 부활의 몸을 입고 그리스도의 심판대 앞에 소환됩니다. 의인의 부활한 몸은 이 땅에서 가지고 있었던 몸과 같은 것이지만 질적인 면에서 다르며 영원히 살 수 있는 몸입니다. 악인의 몸도 지상에서 가지고 있던 몸과 같지만 질적인 면에서 영원한 고통과 처벌을 받게 되어있는 몸입니다. 즉, 그리스도가 재림하실 때 죽은 자나 살아 있는 자 모두 부활의 몸을 입고 심판자이신 그리스도의 보좌 앞에 서게 됩니다. 하나님 아버지께서 심판의 권한을 아들에게 주신 이유는 아들을 영화롭게 하시려는 것입니다(요 5:22-23). 이로써 하나님의 공의가 영광스럽게 이루어집니다(계 1:7).

3. 의인과 악인의 부활에서 차이점은 무엇입니까?

의인의 부활은 그리스도 몸인 교회의 회원으로서 그리스도의 부활에서 나온 은덕에 의한 것입니다. 그러나 악인의 부활은 율법의 저주와 그리스도의 법적 능력에 의해 무덤에서 일으켜진 것입니다. 의인의 부활은 영생으로 나아가는 것이지만, 악인의 부활은 수치와 영원한 경멸과 정죄를 위한 것입니다. 부활한 의인의 몸은 영광스럽고 능력이 있으며 민첩한 것이지만(고전 15:42-44; 빌 3:21), 부활한 악인의 몸은 그 죄에 합당하게 지극한 고통을 받게 되어있는 몸입니다.

4. 죽음 이후의 심판과 그리스도의 재림으로 인한 심판에는 어떤 차이가 있습니까?

죽음 이후에 즉시로 일어나는 심판은 그 영혼이 하늘에 올라가거나 지옥에 떨어지는 것입니다(히 9:27). 이것은 특정하고(particular) 사적인(private) 심판입니다. 그러나 그리스도의 재림으로 인한 최후의 심판은 부활한 몸을 입은 상태에서 받는 심판으로, 우주적이며(universal) 공적인(public) 심판입니다. 모든 사람이 부활의 몸을 입고 함께 심판받는 것입니다. 이것은 이 세상의 마지막에 그리스도가 모든 자를 심판하시는 것이며, 그리스도가 우주적인 심판자이신 것을 공개적으로 드러내는 것입니다.

이 심판은 공개적이며 일반적(general)입니다. 따라서 경건한 자의 부활로는 그 영광과 아름다움이 드러나며, 악인의 부활은 죽음과 고통을 위한 부활이기 때문에 그 수치스러움이 드러납니다. 또한, 악인에 대한 그리스도의 심판에 경건한 자도 참여하기 때문에 그리스도의 영광이 더욱 나타날 뿐 아니라 악인에게서 고통을 당한 경건한 자에 대한 위로도 분명하게 드러납니다. 따라서 개인의 죽음 심판이 있지만 그리스도의 재림으로 인한 최후의 심판도 반드시 필요합니다.

5. 그리스도는 마지막 심판을 어떻게 이행하십니까?

모든 영혼이 부활의 몸을 입고 그리스도의 심판대 앞에 설 때, 그리스도는 악인으로부터 경건한 자들을 분리하십니다. 그리스도는 목자로서 자신의 양을 모으듯이 자신의 오른편에 경건한 자들을 서게 하십니다. 그리고 악인들은 마귀와 악한 영들과 함께 왼편에 서게 하십니다(마 25:31-33). 이렇게 악인으로부터 경건한 자를 분리하시는 이유는, 그리스도의 의로우심이 공표되고 불의에 대한 악인들의 완전한 심판이 이루어질 것을 나타내는 것입니다. 그다음에 기록된 책이 열리고 각자 행위에 따라서 심판을 받습니다(계 20:12). 이때 그들의 행위가 다 드러나고 마음속의 은밀한 것도 다 드러나게 됩니다. 그리고 생명책에 기록된 자들이 나타나는데, 하나님의 선택된 백성들이 그리스도에 의해서 구원받은 사실이 모든 사람에게 알려집니다(계 20:15).

6. 그리스도가 사람들의 행위를 조사하시는 이유는 무엇입니까?

그리스도는 사람들의 행위를 하나님의 율법에 따라서 조사(examination)하십니다. 이는 악인을 정죄하기 위한 것입니다. 만약 사람들이 하나님의 법을 몰랐다고 해도 하나님은 아담 이후로 사람의 본성에 새겨진 자연법(롬 2:14-15)을 가지고 판단하시기 때문에 핑계할 수 없습니다. 물론 경건한 자들도 율법으로 판단을 받습니다. 이 율법은 자유의 율법으로서 정죄에 이르지 않고(약 2:12), 다만 그들의 믿음의 진정성을 확인하기 위한 것입니다. 그러나 신앙고백이 있었고 지식도 있었지만 성령을 따라 율법을 행하지 않았다면(롬 8:4; 렘 31:33) 언약 백성이 아닌 것으로 드러나고 정죄의 선언을 받습니다.

7. 그리스도는 심판에서 어떤 선언을 하십니까?

그리스도는 그들의 행위에 따라서 심판하십니다. 경건한 자들에게는 비록 완전하지는 않더라도 하나님께 순종하고 이웃을 사랑했던 행위들이 드러납니다. 그리스도는 이렇게 경건한 자들의 진정한 믿음을 확인하신 다음(약 2:18; 갈 5:6), 하나님 아버지의 나라를 상속받으라는 선언을 하십니다(마 25:34). 그러나 악인은 자신들의 악한 행위에 따라서 마귀와 그의 악한 영들과 함께 영원한 저주의 불 가운데로 던져지는 정죄의 선언을 받습니다. 그들의 악한 행위에 대한 마땅한 의로우신 선언입니다.

8. 악인에 대한 심판은 어떻게 실행됩니까?

악인은 그리스도의 전능하신 능력과 그리스도의 명령에 따라 일하는 천사에 의해서 마귀와 악한 영들과 함께 영원한 심판에 던져집니다. 그들은 영원한 심판의 장소에서 말할 수 없는 육체의 고통을 받으며, 그들의 마음도 괴로워서 견딜 수 없게 될 것입니다. 칠흑 같은 어두움 속에서 슬피 울며 이를 갈 것입니다(마 13:42, 50). 그러나 그곳에서 결코 빠져나올 수 없습니다. 또한, 악인들에 대한 심판이 먼저 실행되므로 경건한 자들은 하나님의 피의 보복을 보면서 기뻐할 것입니다(마 25:46; 시 58:10).

9. 경건한 자들에 대한 그리스도의 선언은 어떻게 실행됩니까?

경건한 자들은 하나님의 영광스러운 나라(새 하늘과 새 땅)를 소유하게 됩니다(계 21:1-2; 벧후 3:13; 사 65:17). 그들은 하나님의 영광스러운 임재 속에 있으며, 그리스도와 그의 성도들과 함께 영광스러운 교제를 합니다. 그들의 몸과 영혼은 말할 수 없는 영원한 복락의 상태에 있으며, 연약함과 불완전함으로부터 완전한 자유를 얻습니다. 그뿐 아니라 완전한 지혜와 거룩을 소유하며 모든 즐거움을 느낍니다.

10. 최후 심판에 대한 교리를 부정하는 자들에게는 어떻게 말해야 합니까?

최후 심판의 교리는 하나님의 심판을 부정하는 자들의 신학을 논박합니다. 이들은 박애주의적 사고방식과 인간 중심의 신학 아래에서 하나님의 사랑만을 강조하고, 하나님의 심판과 최후 심판을 부정합니다. 이러한 신학은 사람들이 경건하지 않게 살아가도 하나님은 사랑으로 품어주어야 한다고 생각하며, 그리스도께서 최종적으로 심판하시면 안 된다고 생각합니다. 신학적으로는 알미니안주의와 도덕률폐기론 둘 다에 해당합니다. 이러한 오류들은 모두 하나님의 공의와 최후 심판 교리를 부정합니다. 그러나 성경에서는 최후 심판 교리를 분명히 말하고 있으므로 이러한 주장들은 명확히 물리쳐야 합니다.

최후 심판 교리는 무신론자들을 논박합니다. 그들은 최후 심판 교리를 헛된 상상으로 말합니다. 이들은 무지로 가득 찬 어리석은 마음의 상태입니다(롬 1:21). 자신들의 정욕적인 삶을 위해서 하나님의 심판과 최후 심판에 대해서 생각하고 싶지 않아 합니다(벧후 3:3-5). 따라서 이러한 자들에게 성경의 예언이 이미 성취되었으며, 최후 심판의 교리는 성취될 예언이라는 것을 분명히 증거해야 합니다.

또한 하나님의 공의와 심판에 마음을 두지 않고 이 땅의 즐거움만을 위해 살아가는 자들은 부활과 최후 심판의 교리를 부정합니다(고전 15:19). 이러한 자들은 최후 심판 교리로 인하여 경건하게 사는 자들을 조롱합니다. 따라서 이러한 자들에게도 성경에서 결론적으로 말하고 있는 최후 심판 교리를 증거해야 합니다(행 24:25).

11. 최후 심판에 대한 교리가 경건한 자들에게 어떤 유익을 줍니까?

최후 심판 교리는 신자들이 이 세상의 즐거움을 구하지 않고 이 세상의 것에 마음을 두지 않게 합니다. 이러한 것들은 모두 지나가는 일시적인 것이기 때문입니다. 최후 심판 교리는 신자들을 인내하게 하고, 고난받는 신자들에게 위로의 샘이 됩니다. 신자들은 다른 세상을 위해 기다리며, 그들의 수고 뒤에 있을 안식을 바라봅니다(살후 1:7). 이 땅의 수고 후에 주님은 상을 주실 것이며(딤후

4:8), 순례의 길 끝에는 영원한 거주지에 이를 것입니다(고후 5:1). 그러므로 주께서 강림하시기까지 참고 인내하며(약 5:8) 주께서 다시 오셔서 심판하실 때 눈물로 뿌린 씨의 열매를 주실 것을 바라봐야 합니다(시 126:5; 약 5:7; 히 10:36).

최후 심판에 대한 교리는 신자들에게 거룩한 삶을 살도록 도전합니다(벧후 3:11-12). 이로써 신자는 거룩한 대화를 하며 경건을 추구합니다. 그리고 신랑 되신 예수님과 함께 혼인 잔치에 들어가기 위해서 지혜로운 다섯 처녀와 같이 등과 기름을 예비하고 신랑을 기다리는 것입니다(마 25:1-13). "아멘 주 예수여 오시옵소서"(계 22:20).

사명선언문

너희가 흠이 없고 순전하여……세상에서 그들 가운데 빛들로
나타내며 생명의 말씀을 밝혀 _ 빌 2:15-16

1. 생명을 담겠습니다
만드는 책에 주님 주신 생명을 담겠습니다.
그 책으로 복음을 선포하겠습니다.

2. 말씀을 밝히겠습니다
생명의 근본은 말씀입니다.
말씀을 밝혀 성도와 교회의 성장을 돕겠습니다.

3. 빛이 되겠습니다
시대와 영혼의 어두움을 밝혀 주님 앞으로 이끄는
빛이 되는 책을 만들겠습니다.

4. 순전히 행하겠습니다
책을 만들고 전하는 일과 경영하는 일에 부끄러움이 없는
정직함으로 행하겠습니다.

5. 끝까지 전파하겠습니다
모든 사람에게, 땅 끝까지, 주님 오시는 그날까지
복음을 전하는 사명을 다하겠습니다.

서점 안내

광화문점	서울시 종로구 새문안로 69 구세군회관 1층 02)737-2288 / 02)737-4623(F)
강남점	서울시 서초구 신반포로 177 반포쇼핑타운 3동 2층 02)595-1211 / 02)595-3549(F)
구로점	서울시 동작구 시흥대로 602, 3층 302호 02)858-8744 / 02)838-0653(F)
노원점	서울시 노원구 동일로 1366 삼봉빌딩 지하 1층 02)938-7979 / 02)3391-6169(F)
분당점	경기도 성남시 분당구 황새울로 315 대현빌딩 3층 031)707-5566 / 031)707-4999(F)
일산점	경기도 고양시 일산서구 중앙로 1391 레이크타운 지하 1층 031)916-8787 / 031)916-8788(F)
의정부점	경기도 의정부시 청사로47번길 12 성산타워 3층 031)845-0600 / 031)852-6930(F)
인터넷서점	www.lifebook.co.kr